# 乡村振兴
# 理论与实践研究

—— 山西乡村发展新路径

RESEARCH ON THEORY AND
PRACTICE OF RURAL REVITALIZATION:

*New Path of Rural Development in Shanxi Province*

张文丽　主编

社会科学文献出版社
SOCIAL SCIENCES ACADEMIC PRESS (CHINA)

# 序　言

　　《辞源》一书中，将乡村解释为主要从事农业、人口分布较城镇分散的地方。纵观人类发展史，大约在 15000 年前，人类进入定居时代，产生了以茅屋等为主的建筑物，出现了由原始居民点构成的聚居形态，也就是早期的村落；大约在公元前 3000 年至公元前 1500 年，随着工具的改进、财富的聚集以及由此带来的交易形成的固定交易场所，逐步形成了"城"与"市"，即城市的初始形态，标志着城市脱离乡村而独立存在的开始。一直到 18 世纪中后期，社会生产力发展较为缓慢，城市形态的演进也较为缓慢，在长达 4000 年左右的时间里，农业一直在社会发展中占据主导地位，乡村在经济上统治着城市。工业革命后，以机器使用为特征的规模化工业生产方式和以家庭为主的小农经济生产方式，产生了极大的生产效率差异，直接导致了城乡生产者技术和经济收入的巨大差距，从而引发了城乡的全面分离，呈现出城乡二元结构特征。从我国来看，由于特定的历史性因素，重城轻乡、重工轻农一度成为发展的主逻辑。在城市化高速发展的过程中，包括土地、就业、社会保障、公共服务和基础设施建设等各种制度的安排主要以城市发展为主，各种资源主要向城市集中，各种利益分配也更倾向于城市，导致城乡发展的不平衡和乡村发展的不充分，落后的"三农"发展水平逐渐成为制约我国现代化进程的重要因素。

　　我国的基本国情决定乡村不能衰败，只有喧嚣发达的城市，没有实现农业农村现代化的国家无法称为现代化国家。由于城乡之间在经济、社会、文化、生态等方面具有不同的功能，城乡之间只有形成不同功能的互补，才有利于整个国家的现代化进程健康推进。我国人口总规模巨大，即使乡村人口的比重降到 30% 以下，总量仍将达到几亿人，有着几亿人生活的地方怎么能不把它建设好？如果城乡差距过大，怎么能建成现代化国家走上共同富裕的道路？因而，调整城乡关系是事关全局的重要现实问题。以党的十六大为转折点，我国城乡关系开始逐步转变，随着"统筹城乡经济社会发展"的理念和政策取向以及"两个趋向"重要论断的提出，"工业反哺农业、城市支持农村""多予少取放活"的政策框架也逐步形成。从2004年起，每年的中央一号文件都聚焦于"三农"领域并实施了一系列支农惠农政策。特别是党的十六届五中全会提出了建设社会主义新农村的重大历史任务，按照生产发展、生活富裕、乡风文明、村容整洁、管理民主的要求，各地从实际出发，开始稳步推进新农村建设，使得农村面貌得到了一定程度的改善。2004~2016年，农村居民人均纯收入年均增长12.7%，城乡居民收入比由3.21:1下降为2.72:1。但是，城乡差距依然十分明显，人民日益增长的美好生活的需要和农业农村发展的不平衡不充分之间的矛盾依然十分尖锐，迫切需要以农业和农村现代化为目标对"三农"的发展进行全方位的战略谋划。

2017年10月18日，党的十九大报告作出中国特色社会主义进入新时代的科学论断，指出我国经济已由高速增长阶段转向高质量发展阶段，明确了建设社会主义现代化强国的宏伟目标，并首次提出了实施乡村振兴战略。报告提出："要坚持农业农村优先发展，按照产业兴旺、生态宜居、乡风文明、治理有效、生活富裕的总要求，建立健全城乡融合发展体制机制和政策体系，加快推进农业农村现代化。"这是新形势下我国城乡关系的新定位，标志着我国城乡关系发展进入新时代。在城乡融合语境下，乡村振兴不仅是农业农村发展的必然要求，也是城市迈向更高层次发展的需要。因此，乡村振兴战略的实施，正是抓住了城乡发展的牛鼻子，是破解当前经济社会发展瓶颈的重要抓手。2018年，中央一号文件对乡村振兴的实施进行了全面部署，着眼于我国现代化建设的总体安排，提出了乡村振兴的近期、中期和远期目标，即：到2020年，乡村振兴取得重要进展，制度框架和政策体系基本形成；到2035年，乡村振兴取得决定性进展，农业农村现代化基本实现；到2050年，乡村全面振兴，农业强、农村美、农民富的目标全面实现。可见，乡村振兴战略的实施是贯穿社会主义现代化国家建设的一项历史性任务，具有长期性、复杂性、系统性特征。从根本上来讲，农业农村现代化是实施乡村振兴战略的总目标，新时代"三农"工作要围绕这个总目标来展开，使农业、农村、农民的现代化同步推进、相得益彰。

要实现乡村振兴，必须持续推进农业现代化，夯实农村产业基础支撑，大力发展现代农业，全面推动农村产业兴旺。发展现代农业是确保国家粮食安全的根本保障，是提高农民收入的重要来源，也是建设美丽乡村的基础支撑。近年来，山西持续推进农业供给侧结构性改革，现代农业建设取得重大进展，在促进农民增收特别是带动贫困农户增收脱贫方面发挥了重要作用。农业综合生产能力稳步提升，立足有机旱作农业比较优势，大力推进有机旱作农业示范区建设，建成高标准农田 1628 万亩，2020 年全省粮食总产量达到 1424 万吨，总产单产均创历史新高。实施"特""优"战略，推进山西农谷、雁门关农牧交错带示范区、运城农产品出口平台等农业三大省级战略和"南果、中粮、北肉、东药材、西干果"五大平台建设，打造农产品精深加工十大产业集群。大力建设特色农产品优势区和现代农业产业园、示范园，截至 2020 年末，全省共建成国家级现代农业产业园 4 个，现代农业产业示范区 12 个，国家级特色农产品优势区 11 个，产业强镇 17 个，省级现代农业产业园 60 个。全力推动特色农产品品牌建设，有机旱作、优势杂粮、山西药茶等特色品牌影响力不断提升。然而，在取得成效的同时，山西农业现代化方面仍然存在一些突出问题，特而不优、小而不强问题仍然凸显，与快速发展的工业化、城镇化、信息化相比，农业现代化步伐仍然滞后，农业在全省经济总体量中占比小、地位不高、发展质量和效益仍待提高。在新时期、新格局大背景下，山西农业现代化建设必须始终立足省情实际，坚持"特""优"发展思路，深入推进农业供给侧结构性改革，加快转变农业发展方式，构建现代农业产业体系、生产体系、经营体系"三大体系"，推动经济发展质量变革、效率变革、动力变革"三大变革"，持续提高农业创新力、竞争力。在稳定粮食生产、保障粮食安全的基础上，优化粮食种植结构，打造全国有机旱作农业特色品牌、北方现代农业发展创新高地措施。具体来看，一是围绕"特""优"战略构建现代产业体系，积极发展特色粮油、现代养殖、中药材等特色农业产业，打造"晋字号"品牌矩阵；二是围绕"三品一标"完善现代农业生产体系，大力发展有机旱作农业，提升农业设施、物质装备现代化水平；三是围绕全产业链打造现代农业经营体系，完善企业与农户利益联结机制，推动乡村产业深度融合发展。

要实现乡村振兴，必须持续推进农村现代化，坚持"绿水青山就是金山银山"发展理念，保护好发展好乡村特色生态，推动现代化基础设施城乡共建共享，大力建设美丽宜居乡村。生态是乡村最大和最具潜力的发展优势，良好的生态环境是农村的最大优势和宝贵财富。近年来，山西坚定走生态优先、绿色发展之路，全面谋划实施山水林田湖草系统治理，扎实推进农业绿色发展，通过两轮"五个全覆盖"完善农村基础设施建设，深入推进"厕所革命"，大力提高农村人居环境，治理农业面源污染，积极推进退耕还林，创建生态文明建设示范县，乡村绿色发展理念深入人心，农村生态文明建设成效明显。同时，也应当看到，山西农村现代化建设仍存在诸多短板，城乡基础设施和公共服务均等化程度不高，农村居民收入水平仍较大幅度落后于全国平均水平，农村垃圾和污水治理模式落后，卫生厕所普及率不高、适用性不强，农村人居环境改善长效机制仍待健全，城乡一体的基础设施建管护机制仍待完善，缩小城乡生活现代化差距仍然任重道远。在新时期、新发展格局下，推进并实现农村现代化，必须实施更有力的举措、汇聚更强大的力量来推进乡村建设。一是通盘考虑城市和乡村发展，系统谋划城乡空间，根据乡村地域多样性、系统差异性和发展动态性，优化乡村生产、生活、生态"三生"空间。进一步推进农村道路、供水、供电、通信网络等基础设施提档扩容，以建设美丽宜居乡村为目标，加强乡村布局优化和环境美化。二是加快推进农村信息化建设。农业农村的信息化是未来发展的方向，要加大农村信息化工程建设资金投入力度，积极建设农村经济发展中所需的各类互联网平台，大力推广"互联网＋农业"、农村电子商务以及其他现代农村物流平台建设，始终保持农村基础设施建设的超前意识，满足现在和未来农村经济发展的客观需要。三是着力提高农村基础设施和公共服务水平，加快缩小城乡差别，尤其是生活质量方面的差别，提高农村教育、医疗、社保等公共服务质量。四是积极顺应乡村治理主体和客体的深刻变化，完善共建共治共享的乡村社会治理格局，激发多元主体共同参与乡村建设，共同参与乡村社会治理，共同享有乡村治理成果，实现发展成果更多惠及广大人民群众。

要实现乡村振兴，必须培育现代化农民，始终重视激发乡村发展的内生动力，夯实高素质人才支撑。乡村五大振兴，哪个振兴也离不开人，人是乡村振兴的关键性甚至是决定性因素，农民是农业农村现代化的主要建设者和受益者。习近平总书记强调，"要充分尊重广大农民意愿，调动广大农民积极性、主动性、创造性，把广大农民对美好生活的向往化为推动乡村振兴的动力，把维护广大农民根本利益、促进广大农民共同富裕作为出发点和落脚点"。近年来，山西采取创新性举措，深入推进脱贫攻坚，58个贫困县全部摘帽，7993个贫困村全部退出，329万贫困人口全部脱贫，"两不愁三保障"全面实现，蹚出了一条具有中国特色山西特点的减贫之路。同时，大力提升农民就业、创业技能，培育新型职业农民，提升农民组织化程度，开展从生产、加工到销售的全产业链培训，分级、分产业精准认定职业农民，逐步打造起一支掌握先进生产技术和创新理念，爱农、懂农、务农的现代化农民队伍。但是，在人口老龄化、农村产业空心化、城镇化率持续提高的大背景下，农民离开土地、居民离开乡村、劳动力逐步减少的问题凸显，严重制约了乡村振兴进程。新时期、新发展格局下，必须持续发力培育现代化农民，激发乡村振兴人才活力和内生动力。一是培育新型职业农民，加强职业和技能教育培训力度，提升农民的自我发展能力，推动"农民"由身份向职业转变。二是深入推进农业农村改革，壮大新型农村集体经济，推动乡村资源变资产，赋予农民市场化、现代化经营手段和工具。三是塑造文明乡风，提升农村居民幸福感，推动乡村治理现代化。四是拓宽乡村人才视野，积极引进有志于在农村广阔天地创业创新的"新农人"，推动各类要素上山下乡，持续激发乡村振兴人才活力。

谋定而后动，厚积而薄发。乡村振兴战略是在我国社会主要矛盾发生根本转变的新时代、改革开放进入新阶段、"三农"发展进入新时期的必然选择，是党对"三农"工作一系列方针政策的继承和发展，是亿万农民的殷切期盼，是一场需要保持顽强斗志和战略定力的攻坚战、持久战。要完成好这一重大的历史使命，不仅需要有坚实且系统的理论来发挥指导作用，也需要立足山西实际，提出有针对性和可操作性的对策建议，这也是本书写作的主要目的。希望本书能够为乡村振兴理论的完善和谱写乡村振兴壮美山西篇章作出应有的贡献。

张文丽

2022 年 3 月

# 目　录

# 第一章　乡村振兴战略的背景与内涵

重农固本，是安民之基。对于 14 亿人口的大国来说，乡村振兴是一篇大文章。中国要强，农业必须强；中国要美，农村必须美；中国要富，农民必须富。实施乡村振兴战略，是党的十九大做出的重大战略部署，是巩固全面建成小康社会成果、开启全面建设社会主义现代化新征程的重大国家战略，对于坚持和贯彻以人民为中心发展思想、努力实现全体人民共同富裕、实现中华民族伟大复兴具有重大意义。

## 第一节　乡村振兴战略的提出

中华人民共和国成立以来，尤其是改革开放后，随着经济社会发展阶段的演进，我国农业农村发展战略和乡村发展总体政策取向不断演变，政策体系逐步完善，发展战略逐步升华，这既体现了我们对"三农"地位和作用认识的不断深入，也反映了我国现代化进程的不断加快。农业农村发展取得的突出成就，既是我国农村政策成效的集中体现，也是我国推进现代化建设、全力实现中华民族伟大复兴中国梦的印证。新中国成立以来，我国农村发展战略的阶段性演化大体可分为六个阶段，乡村振兴战略的提出与不同阶段党和国家农村发展战略可谓一脉相承。

### 一　1949~1953 年：推进实施土地制度改革，彻底改变农村生产关系，促进农村生产力发展

从 20 世纪二三十年代开始，中国共产党就在农村推进实施土地革命，在农村地区建立苏维埃政权和革命根据地，得到了广大农民的拥护。抗日战争时期，为了最大限度地团结各阶层力量，在农村实行减租减息的土地

政策。1946 年 5 月 4 日颁布的《中央关于土地问题的指示》（又称《关于清算减租及土地问题的指示》，即五四指示），将抗日战争以来实行的减租减息政策改变为实现"耕者有其田"的政策。"五四指示"标志着党的土地政策的重要改变，开始由抗日战争时期的削弱封建剥削，向变革封建土地关系、废除封建剥削制度过渡。到 1947 年 2 月，全解放区已有 2/3 的地区解决了土地问题。土地改革激发了广大农民群众的政治热情和生产积极性，为解放战争的胜利奠定了基础。1947 年 10 月 10 日颁布的《中国土地法大纲》鲜明地提出，废除封建性及半封建性剥削的土地制度，实行耕者有其田的土地制度。

中华人民共和国成立后，广大新解放区的土地改革的任务尚未完成，还有 3 亿多农民尚未分得土地。为此，中国共产党开始在新解放区推行土地改革。1950 年 6 月颁布的《中华人民共和国土地改革法》明确规定，要废除地主阶级封建剥削的土地所有制，实行农民土地所有制，借以解放农村生产力，发展农业生产，为新中国的工业化开辟道路。从 1950 年到 1953 年春，占全国人口一半以上的新解放区农村进行了土地制度改革，全国 3 亿多无地少地的农民获得了 7 亿亩土地和大批生产资料，免除了过去每年向地主交纳 700 亿斤粮食的苛重地租。通过土地改革，农村人口中 90% 以上的贫农和中农占有了 90% 以上的耕地，中国农村延续 2000 多年的封建土地制度被彻底摧毁，广大农民在政治上成了新中国的主人，经济上成了土地的主人。农村社会安定，农民生活显著改善，相较 1949 年，1950~1952 年全国粮食产量分别增长 17%、28% 和 45%，平均每年增长 15%。土地改革彻底改变了农村的生产关系，地主土地所有制转变为农民土地所有制，极大促进了农村生产力的发展，为新中国国民经济的恢复和工业化建设奠定了基础。

**二　1953~1977 年：推进农业合作化和工农业产品"剪刀差"，为我国工业化提供初始积累**

这一时期，为了加快建立完整的工业体系，加快我国的工业化进程，提升工业、国防等方面的实力，我国总体上实施的是农村服务城市、农业服务工业的战略，推进农业合作化和人民公社化、工农业产品"剪刀差"，为我国工业化提供初始积累，保障了城镇工业经济的稳定。

全国性的土地改革完成后，中国的乡村发展面临新的问题。在生产关系方面，农村重新开始出现贫富两极分化现象，以富农为代表的资本主义的个体私有制经济有所发展。在生产力发展方面，农村中生产资料的所有制形式是农民私有制，由于受到小农经济的限制，农业生产条件改善不明显，农村生产力发展的速度和质量得不到保障，无法充分满足新中国成立初期快速发展的工业化对粮食和原料作物的需求。在工农关系方面，新中国成立之初外部势力试图颠覆人民政权，形势十分严峻，这也使得当时的新中国必须优先和加快发展重工业，快速提升军事能力，在这样的条件下，国家发展战略上有偏重于城市、偏重于工业的客观需要。再加上新中国学习苏联经验，实施全面计划经济，于是推进农业合作化成为优先选项。

土地改革完成后，中央政府颁布了《关于发展农业生产合作社的决议》，领导农民开展互助合作，农业生产合作社蓬勃发展，形成了"三级所有、队为基础"的生产经营格局，初步建立了农村集体经济制度，为支持工业和城市发展提供了强有力支撑。在优先发展重工业的背景下，基于土地革命时期劳动互助组织的实践经验，参考苏联集体化的经验和做法，新生的中华人民共和国在"土地改革运动"的同时开始探索和推广各种"互助合作"。早在土地改革进程中，我国就开始在农村同步实施农业生产互助合作制度，逐步建立农村集体经济体制。1951 年 9 月颁布的《中共中央关于农业生产互助合作的决议（草案）》将农业生产互助合作运动推向全国，开始建立农村的集体所有制经济。与此同时，统购统销政策也被纳入农业合作化进程。1953 年，随着农业合作化运动和集体所有制逐步成熟，党中央正式提出过渡时期的"工业化是主体，三大改造是两翼"的总路线。农业、农村、农民在经济体制中全部服务于国家工业化的进程。"大跃进"运动开始后，农业合作化演变为人民公社体制，进一步集中了乡村经济权利以外的政治、文化、社会生活等其他权利，实现了工业化在农村的充分动员。

这一时期，为配合工业化发展，我国推进农村合作化和人民公社化。一方面，通过工农业产品"剪刀差"迅速实现了中国工业化的初始积累，保障了城镇工业经济的稳定；另一方面，人民公社化大规模地推动农村水利、农田、道路等基础设施的建设，使得中国农业初步接受了现代化农业的"启蒙"。

值得注意的是，这一时期，我国农业生产条件得到进一步提高，对农业现代化的认识也经历了从提出到深化的过程。1954 年 9 月，周恩来总理在全国人大一届一次会议上作的《政府工作报告》中首次提出了"四个现代化"的初步设想，这里的"四个现代化"是指现代化的工业、现代化的农业、现代化的交通运输业和现代化的国防。1961 年 3 月，周恩来总理在广州举行的中央工作会议上指出，要有步骤地实现农业机械化、水利化、化肥化、电气化，第一次用这"四化"来表述农业现代化。20 世纪六七十年代，按照农业机械化、水利化的要求，我们全面加强农业基础设施建设，改善落后的生产条件，兴建了一批大中型的水库和众多的小型水利工程，扩大了农田的灌溉面积。到 70 年代后期，我国从国外引进了大型化肥设备，建设了化肥厂，开始了真正意义上的农业化肥化。这些举措大大提高了我国粮食产量，为农业现代化的发展奠定了基础。

### 三　1978～1988 年：实行家庭联产承包责任制，推动农村经济体制改革，逐步释放农业农村经济发展活力

这一时期是农村经济体制改革的"破冰"阶段，我国在农村开始探索实行"包产到户""包干到户"的家庭联产承包责任制并逐渐普及，以家庭承包经营为基础、统分结合的双层经营体制成为农村的基本经营制度，农户成为市场经济的经营主体，极大地调动了农民生产积极性，推动了农村经济体制改革的发展。

持续十年之久的"文化大革命"，对农村经济造成了严重影响。1976年"文革"结束时，由于长期坚持人民公社体制和一系列对农民"左"的方针，农村经济几近崩溃。"文革"结束后，尽快提高粮食产量、挽救濒临崩溃的农村经济迫在眉睫。党的十一届三中全会上中央及地方有关部门负责人曾对承包责任制和其他责任制问题进行热烈讨论，但会议通过的《加快农业发展若干问题的决定（草案）》并未明确允许包产到户、分田单干。同时，中共中央对始于安徽凤阳县小岗村的家庭联产承包制采取了默

许的态度。1979年9月召开的中共十一届四中全会修改并正式通过了《中共中央关于加快农业发展若干问题的决定》，将原草案中不许包产到户的内容删除，仅保留了"不许分田单干"，实际上初步肯定或默许了"包产到户"的做法。1980年4月和5月邓小平同志的两次讲话对家庭联产承包制进行了肯定；1980年9月，中共中央《关于进一步加强和完善农业生产责任制的几个问题》又基本肯定了包产到户的做法。此后，包产到户、包干到户模式得到迅速发展，到1981年10月，全国农村基本核算单位中，建立各种形式生产责任制的已占97.8%，其中包产到户、包干到户的占到50%。1982年1月的中央一号文件《全国农村工作会议纪要》第一次明确肯定了包产到户、包干到户都是社会主义集体经济的生产责任制。1983年1月中共中央印发的《当前农村经济政策的若干问题》指出："党的十一届三中全会以来，我国农村发生了许多重大变化，其中，影响最深远的是普遍实行了多种形式的农业生产责任制，而联产承包制又越来越成为主要形式。联产承包制是在党的领导下我国农民的伟大创造，是马克思主义农业合作化理论在我国实践中的新发展。"

实践证明，通过家庭联产承包责任制和包产到户的农村发展战略，人民的温饱问题基本解决。根据国家统计局的数据，从1979年开始允许家庭联产承包责任制在少数地方试点到1982年，粮食总产量增长了7178万吨，年均增长5%以上。1982年全国推广家庭联产承包责任制后，1984年粮食产量达到40730.5万吨，年均增长近9%，全国多数地区温饱问题基本解决。

### 四　1989～2002年：深入推进粮食流通体制改革，支持乡镇企业发展壮大，农业和农村经济快速发展

这一时期，粮食流通体制改革深入推进，乡镇企业的异军突起推动了农业商品化、农村市场化的快速发展，市场经济观念逐步深入农民内心，农村市场经济体制撬动农村改革发展。同时，随着工业化的快速推进，城镇化开始加快，小城镇作为连接城市和乡村的中介和纽带，成为带动农村发展的重要增长点，已经开始展现出城乡统筹发展的态势。

乡镇企业最初被称为"社队企业"，1996年我国制定《中华人民共和

国乡镇企业法》之后才被统称为乡镇企业。1978 年改革开放之初乡镇企业就开始发展，1984～1988 年发展较为迅速，1989 年以后乡镇企业发展进入相对规范的阶段，并开始融入国家工业化进程。邓小平同志在 1987 年指出："我们完全没有预料到的最大收获，就是乡镇企业发展起来了。"①

家庭联产承包责任制给农业的生产方式和农村集体经济的经营方式带来变革，创造了农业商品化、市场化的条件。党中央逐步压缩直至取消了延续多年的统购统销政策。1993 年 11 月，中共中央、国务院在《关于当前农业和农村经济发展的若干政策措施》中宣布："经过十多年来的改革，粮食统购统销体制已经结束，适应市场经济要求的购销体制正在形成。"至此，适应市场经济要求的购销体制开始建立。

家庭联产承包责任制的广泛推行和统购统销体制的结束，使农村商品经济迅速发展起来，带动乡镇企业形态的农村内生工业化。一方面，乡镇企业成为我国农民自行转移农村剩余劳动力的一大创举，使农村生产要素在市场条件下重新聚合成新兴生产力；另一方面，乡镇企业成为发展农村经济、加快农村市场化的重要引导力量，深刻改变了农村经济单纯依靠农业发展的格局，为推进中国农村走产业多元化经营道路、实现农业现代化探索出一条成功之路。乡镇企业异军突起，加上这一时期我国开始推进农产品流通体制改革，鼓励发展多种经营，优化种植业结构，农产品市场体系初步建立。

1992 年邓小平南方谈话以后，中国掀起了新一轮市场化改革的高潮。以发展社会主义市场经济为主要特征的现代化进程迅速拉动大城市和城市群的发展，农村劳动力经历从乡村到小城镇，从小城镇到大城市、城市群的转移过程。高速的工业化和持续深化的城镇化，一方面反映了中国先工后农的现代化发展路径，另一方面导致了城乡分治。尽管中国有自身的国情和发展阶段的特殊性，但与其他走工业化道路而实现现代化的国家一样，城乡分治的根本原因在于城市与农村两个现代化的不同步，也必然造成城乡发展不平衡和乡村发展不充分。从 1993 年起，我国开始对农业农村经济结构进行战略性调整，探索建立规范的农村税费制度，探索从根本上

---

① 《邓小平文选》（第 3 卷），人民出版社，1993。

减轻农民负担的有效办法。

这一时期，出于希望增加农民收入的目的，中央支持乡镇企业的发展，同时更加重视粮食、蔬菜、肉类等生产和流通，实施了"米袋子"工程和"菜篮子"工程。在政策措施上，一是稳定农民预期，完善土地家庭承包制，土地承包期再延长30年。2002年8月29日颁布的《中华人民共和国土地承包法》，以法律形式明确耕地承包期30年不变。二是改革粮食流通体制，建立国家粮食储备制度，实行粮食经营和价格"双轨制"，建立粮食收购保护价格制度和粮食风险基金制度，组建以经营农产品收购资金为主的农业政策性银行等，在国家宏观调控前提下初步构建了粮食市场化流通体制，到1992年，自1955年实施的粮食统购统销制度彻底终结。三是推进农村税费改革，减轻农民负担，扭转城乡居民收入差距扩大的趋势，通过减税、减费、调整税收政策，遏制对农民的乱收费、乱集资、乱罚款和各种摊派。四是推进小城镇建设，探索中国特色的农民就地城镇化道路。1998年10月，党的十五届三中全会通过的《中共中央关于农业和农村工作若干重大问题的决定》指出，"发展小城镇，是带动农村经济和社会发展的一个大战略"。小城镇战略是这一阶段农村发展的重要战略，是立足农村、促进乡镇企业发展的农村综合发展战略。

**五　2003～2012年：推进社会主义新农村建设，统筹城乡发展，逐步构建以工促农、以城带乡长效机制**

进入20世纪90年代中期以后，农民增收放缓，同期城市改革持续深化，城镇居民收入明显提高，导致城乡居民收入差距进一步扩大，城乡二元结构成为农村发展和农民收入提高的严重障碍。这一时期，开发区泛滥，以各种名义大量侵占农民土地，加上名目繁多的乱收费现象，更加重了农民负担，看病难、上学难等民生问题突出。总体上，农村经济发展滞后，农民增收困难，城乡发展不协调，工农、城乡矛盾日益凸显，城乡差距、工农差距、地区间发展差距越来越大。

工业化的快速发展导致农业的相对衰落，生产要素的高度集中导致城镇和乡村在现代化进程中的二元对立，这种现代化发展进程中出现的"三农"问题，并非中国所特有。"三农"问题的世界普遍性反映了农业农村现代化在一国现代化进程中的相对滞后，也反映了现代化进程中城乡关系的不平衡。一方面，农村剩余劳动力流入城市，中国获得了工业化和城市化的低成本劳动力红利；另一方面，农业、农村在市场竞争条件下处于不利地位，城乡差距不断加大，并由此出现农村生人不增人、农业增产不增收、农民增本不增利的现象。2000年2月，湖北省监利县棋盘乡党委书记李昌平向时任国务院总理朱镕基上书，痛陈农业农村凋敝的现状和问题，提出"农民真苦，农村真穷，农业真危险"的突出问题。

在这一背景下，党的十六大召开，新一届党中央领导集体坚持改革发展和与时俱进的方针，提出了科学发展观，把解决"三农"问题当作"重中之重"和政府施政的"第一大要务"，强调统筹城乡协调发展，提出了建设社会主义新农村的策略。

这一时期，破除城乡二元结构成为中央农村政策的着力点。我国城乡二元体制的形成由来已久，统购统销制度、户籍管理制度、人民公社制度是城乡分割二元体制建立的三大标志。中央从党的十六大开始真正从全局的角度正视城乡二元结构，党的十六大报告首次提出"统筹城乡经济社会发展"的重大战略思想，开启了破除城乡二元体制的历史进程。在2004年中央农村工作会议上，党中央做出中国已进入"工业反哺农业、城市支持农村"阶段的研判，明确提出了"多予、少取、放活"的政策方针，并在2005年提出"社会主义新农村建设"。在城乡统筹政策框架下，城乡关系的调整是初步的，"统筹"是手段，主动方或者说政策重心在于城市和工业，通过"以工补农、以城带乡"的方式带动农业农村发展。党的十六大以来共形成了城乡统筹、城乡一体化、城乡融合等三种提法，总体上是层层递进的关系，也反映了党中央结合经济社会发展实际不断深化认识、完善相关政策的过程。2003年10月召开的党的十六届三中全会提出了"五个统筹"，并将"统筹城乡发展"列为"五个统筹"之首，这也是我党首次正式将统筹城乡发展作为国家战略。党的十六届六中全会提出了扎实推进社会主义新农村建设，促进城乡经济统筹协调发展的战略举措。2007年10月，党的十七大提出，通过社会主义新农村建设来推进城乡融合发展，"建立以工促农、以城带乡长效机制，形成城乡经济社会发展一体化新格局"。更加突出了发挥农业农村的主动性，农业作为产业发展要强化基础性地位，走中国特色农业现代化道路；农村方面，要建设社会主义新农村；城乡关系上，要构建以工促农、以城带乡的长效机制。

社会主义新农村建设中，通过城市支持农村，工业反哺农业，实施一系列多予、少取、放活的政策措施，推动农村优先发展，加快提高农民收入，夯实农业发展基础。改革农村税费制度，全面取消农业税，对种粮农民进行多项补贴；免除农村中小学生义务教育阶段的全部学杂费；建立农村新型合作医疗制度，减轻农民看病就医的负担；建立农村最低生活保障制度；全面加强农民工权益保障；强化农业基础设施建设，进一步加大中央财政"三农"投入。中央的一系列强农、惠农政策成效显著，2011 年全国农村居民人均纯收入达到 6977 元，同比实际增长 11.4%，创历史新高，比 2001 年的 2366 元增长了近 2 倍。值得注意的是，从这一时期开始，农村居民人均纯收入增速逐渐达到甚至超过城镇居民人均可支配收入增速，也体现了党和国家对"三农"发展的重视程度不断提高。

### 六 党的十八大以来：推动城乡一体化，实施乡村振兴战略，开启我国农业农村现代化新征程

虽然国家对农村的支持保护力度逐年增大，但不容忽视的是，农村依然呈现衰败态势，农民收入与城市居民收入差距仍然较大，农村教育、医疗服务水平依然不高，农业现代化严重滞后于工业化、信息化和城镇化。中国最大的发展不平衡，是城乡发展不平衡。从十六大到十九大的 15 年，中国城镇化率已经从 39.1% 发展到 57.4%，农村人口持续流出，乡村空心化、老龄化的问题日益凸显。中国城乡发展理论的核心也随之发生了三次重要转变，即从统筹城乡发展，到城乡一体化发展，再到城乡融合发展。这样的转变，顺应了解决"三农"问题的时代条件和实践要求。

2012 年 11 月召开的党的十八大首次正式提出全面建成小康社会，将城乡发展一体化明确为解决"三农"问题的根本途径，提出"加快完善城乡发展一体化体制机制，着力在城乡规划、基础设施、公共服务等方面推进一体化，促进城乡要素平等交换和公共资源均衡配置，形成以工促农、以城带乡、工农互惠、城乡一体的新型工农、城乡关系"。我党对于城乡

关系的认识进一步深化，同时也说明了城乡一体化发展是统筹城乡发展的高级阶段或者更高目标要求。在党的十八大召开之际，我国农业农村现代化建设面临的形势是，伴随工业化和城镇化深入推进，农业农村发展呈现出农业综合生产成本上升、农产品供求结构性矛盾突出、农村社会结构加速转型、城乡发展加快融合的态势。党的十八届三中全会通过的《中共中央关于深化改革若干重大问题的决定》进一步巩固了关于城乡关系发展目标的论断，指出城乡二元结构是制约城乡发展一体化的主要因素，并重申了十八大提出的关于健全城乡发展一体化体制机制、构建新型工农和城乡关系的论述，提出要让广大农民平等参与现代化进程、共同分享现代化成果。

党的十八大以来，我国持续加大强农惠农富农政策力度，建立健全城乡融合发展体制机制和政策体系，实施精准扶贫、精准脱贫为重点的战略，全面深化农村改革。从改革、创新和健全体制机制等方面确立了新时代乡村发展道路，为乡村振兴奠定基础。2012 年底，新时代脱贫攻坚的大幕拉开；2013 年党中央提出精准扶贫理念，创新扶贫工作机制；2015 年召开的全国扶贫开发工作会议发出打赢脱贫攻坚战的总攻令，提出"六个精准"和"五个一批"的具体要求。党的十九大以后，精准扶贫政策更注重通过激发贫困人口的内生动力来实现脱贫，形成了"专项扶贫、行业扶贫、社会扶贫"的"三位一体"大扶贫格局。2021 年 2 月，我国脱贫攻坚战取得全面胜利，全面小康取得完胜，区域性整体贫困得到解决，完成了消除绝对贫困的艰巨任务，实现了第一个百年奋斗目标，中国乡村的现代化站在了一个新的历史性起点上。

脱贫攻坚任务完成后，党的"三农"工作重心历史性转移至全面推进乡村振兴，实现巩固拓展脱贫攻坚成果同乡村振兴有效衔接，重点在推动乡村产业、人才、文化、生态、组织"五大振兴"上做文章。

党的十九大提出，我国社会的主要矛盾已经转化为人民日益增长的美好生活需要和不平衡不充分的发展之间的矛盾。党的十九大首次提出了农业农村现代化的概念，首次提出实施乡村振兴战略。其后，乡村振兴战略被写入党章，成为全党的奋斗目标。从乡村来看，发展最"不平衡"的关键是城乡发展不平衡，发展最"不充分"的核心是乡村发展不充分。因此，党的十九大报告提出的乡村振兴战略，是解决人民日益增长的美好生活需要和不平衡不充分的发展之间矛盾的必然要求，是实现"两个百年"奋斗目标的必然要求，是实现全体人民共同富裕的必然要求。党的十九大后，国家制定出台乡村振兴战略相关规划，《中华人民共和国乡村振兴促进法》于 2021 年 6 月 1 日起正式施行，乡村振兴战略开启了我国农业农村现代化的新征程。

## 第二节　乡村振兴战略的基本内容

乡村振兴战略思想自成体系，对乡村振兴的发展目标、总要求和重点任务进行了全面阐述，深刻回答了"为谁振兴、谁来振兴、如何振兴"等理论和实践问题。

### 一　乡村振兴战略的总目标

党的十九大报告提出，要坚持农业农村优先发展，按照产业兴旺、生态宜居、乡风文明、治理有效、生活富裕的总要求，建立健全城乡融合发展体制机制和政策体系，加快推进农业农村现代化。国家制定的《乡村振兴战略规划（2018—2022 年）》进一步明确，要统筹推进农村经济建设、政治建设、文化建设、社会建设、生态文明建设和党的建设，加快推进乡村治理体系和治理能力现代化，加快推进农业农村现代化，走中国特色社会主义的乡村振兴道路，让农业成为有奔头的产业，让农民成为有吸引力的职业，让农村成为安居乐业的美丽家园。可见，实施乡村振兴战略的最终目的，是要通过走中国特色社会主义的乡村振兴道路，通过"五位一体"统筹乡村发展，让乡村与全国一道如期实现现代化。围绕乡村振兴战略总体目标，为推进有序实施，国家《乡村振兴战略规划（2018—2022年）》从产业兴旺、生态宜居、乡风文明、治理有效、生活富裕等五个方面，制定了 22 项具体指标。此外，从定性的角度分阶段、分步走谋划确定了阶段性战略目标。

专栏 1-1

## 国家乡村振兴战略发展目标

到2020年，乡村振兴的制度框架和政策体系基本形成，各地区各部门乡村振兴的思路举措得以确立，全面建成小康社会的目标如期实现；到2022年，乡村振兴的制度框架和政策体系初步健全，国家粮食安全保障水平进一步提高，现代农业体系初步构建，农业绿色发展全面推进；农村一二三产业融合发展格局初步形成，乡村产业加快发展，农民收入水平进一步提高，脱贫攻坚成果得到进一步巩固；农村基础设施条件持续改善，城乡统一的社会保障制度体系基本建立；农村人居环境显著改善，生态宜居的美丽乡村建设扎实推进；城乡融合发展体制机制初步建立，农村基本公共服务水平进一步提升；乡村优秀传统文化得以传承和发展，农民精神文化生活需求基本得到满足；以党组织为核心的农村基层组织建设明显加强，乡村治理能力进一步提升，现代乡村治理体系初步构建。探索形成一批各具特色的乡村振兴模式和经验，乡村振兴取得阶段性成果。

到2035年，乡村振兴取得决定性进展，农业农村现代化基本实现。农业结构得到根本性改善，农民就业质量显著提高，相对贫困进一步缓解，共同富裕迈出坚实步伐；城乡基本公共服务均等化基本实现，城乡融合发展体制机制更加完善；乡风文明达到新高度，乡村治理体系更加完善；农村生态环境根本好转，生态宜居的美丽乡村基本实现。

到2050年，乡村全面振兴，农业强、农村美、农民富全面实现。

分步走的时间表设定表明，首先，农业农村现代化的建设与国家现代化建设完全同步，乡村振兴战略目标也是阶段性的，与我国全面建设社会主义现代化的阶段性目标相匹配；其次，乡村振兴事业具有长期性、复杂性和艰巨性，要笃定实干，接续发力，要稳步推进，不能急于求成，不搞刮风式、运动式建设。

**二 乡村振兴战略的总要求**

党的十九大报告对乡村振兴战略的总要求是"产业兴旺、生态宜居、乡风文明、治理有效、生活富裕"。这"20字方针"的内容涉及农业农村现代化的各个方面，且有机联系、不可分割；既是要求，也是方向。比较乡村振兴战略与社会主义新农村建设的总要求，一是文字内容有所调整，"产业兴旺"相较"生产发展"要求更高，明确产业是乡村振兴的基本动力；"生态宜居"相较"村容整洁"更加突出生态引领，强调人与自然和谐共生，体现了农民群众的追求向"美好生活"转变，体现了农村也要像城市一样更具吸引力和宜居性的发展目标；"治理有效"相较"管理民主"更好地体现了"坚持以人民为中心"和"人民当家作主"的基本方略。二是文字顺序有所调整，原来居第二位的"生活宽裕"调整为"生活富裕"后，放到了最后，表明乡村振兴战略将最终目标锁定在老百姓生活富裕上。显然，乡村振兴战略的要求更立体、更高，各要求间的逻辑关系更科学、更自洽。

**（一）产业兴旺是乡村振兴的核心和基础**

一切社会经济发展，一切现代化建设，都以物质基础为基本前提，即以产业发展为基础。农业农村现代化也以现代化的产业体系为根本。"产业兴旺"相比"生产发展"来讲，更具有范围宽、融合强、标准高的意义。第一，对传统的农业产业来讲，"产业兴旺"要比"生产发展"的要求高，不但要生产，更要形成产业，而且要兴旺发达，这才是新时代农业现代化的发展要求。第二，对农村现代化来讲，"产业兴旺"意味着首先要在产业形态业态上有所创新，这比在给定产业条件下使其兴旺发达的难度更大，这就要求深刻领会中央"五位一体"总体布局和新发展理念，树立并深入践行"绿水青山就是金山银山"发展理念，将农村要素资源禀赋转变为产业发展优势。第三，由于乡村振兴战略将农业农村现代化合而为一表述，"产业兴旺"也意味着现代农业与农村一二三产业要融合发展，力争向产业链延伸方面要效益。

**（二）生态宜居是对乡村振兴最具创新性的要求**

"生态宜居"从两个层面对农村居住环境提出了要求，首先是宜居，其次必须是生态宜居。新农村建设的"村容整洁"或许能达到宜居的目标，而生态宜居则要求农村的美不再只是"整洁美"，而是具有更深含义的"生态美"。党的十八大以来，党中央高度重视生态文明建设，将其纳入早先的"四位一体",形成"五位一体"总体布局,而且要求"把生态文明建设放在突出的战略位置,融入经济建设、政治建设、文化建设、社会建设各方面和全过程"。基于此,乡村振兴战略按照"生态宜居"的目标,对农村地区人与自然的关系提出了新的要求,不但要使生活在当地的人感觉舒适,而且要能够"看得见山,望得见水,留得住乡愁",让自然、建筑和人都处于"舒适"的状态,实现人与自然的和谐共生。需要强调的是,"生态宜居"所提出来的高要求即使在城市也尚需时日方能完全达到,因此,乡村的生态宜居是面向全国居民而言的,让农村成为每个人向往的美丽家园。

**(三)乡风文明是乡村振兴的保障**

党中央历来高度重视精神文明建设,强调物质文明和精神文明"两手抓,两手都要硬"。"乡风文明"是上述理念和精神在乡村振兴中的具体运用。"乡风文明"要求"必须坚持物质文明和精神文明一起抓,提升农民精神风貌,培育文明乡风、良好家风、淳朴民风,不断提高乡村社会文明程度","乡风文明"建设在本质上属于人力资本建设,不但可以让生活在乡村的人们和谐共处,而且可以降低经济活动的交易成本,提高经济效率,进而对产业发展和农民增收形成积极作用。

**(四)治理有效是乡村振兴的人文基础**

"治理有效"要求"必须把夯实基层基础作为固本之策,建立健全党委领导、政府负责、社会协同、公众参与、法治保障的现代乡村社会治理体制,坚持自治、法治、德治相结合,确保乡村社会充满活力、和谐有序"。从新农村建设的"管理民主"过渡到乡村振兴的"治理有效",表明党的农村工作思路发生了重大变化。"管理"强调的是村庄外在力量,例如乡镇等各级政府对村庄的管理,尽管这种管理要具有民主性;而"治理"强调村民及其相应组织的主体性。从管理者与被管理者之间信息不对称程度来讲,村民相互更加了解,治理就更有优势;而且,这与党中央加快推进乡村治理体系和治理能力现代化的要求高度一致。另外,"治理有效"比"管理民主"更注重结果导向,强调治理行为的合理性和有效性,要求的标准更高、效果更好。因此,"治理有效"不但要求治理方式更科学,也要求治理结果更有效。

### （五）生活富裕是乡村振兴的根本目的

"生活富裕"直接回答了乡村振兴"为谁振兴"的问题，振兴的根本目的是让村民生活富裕。这是"坚持人民当家作主"和"坚持在发展中保障和改善民生"基本方略在乡村振兴中的具体运用。与新农村建设的"生活宽裕"相比，"生活富裕"提出了更高的要求，"宽裕"仅仅类似于温饱层级的要求，而"富裕"意味着全体农民不但要脱贫而且要具有较好的消费能力，生活得更加美好。"生活富裕"就是让广大农民有更多获得感的同时，进一步实现共同富裕的目标。

# 第三节 实施乡村振兴战略的重大意义

全面建设社会主义现代化国家，实现中华民族伟大复兴，最艰巨最繁重的任务依然在农村，最广泛最深厚的基础依然在农村。解决好发展不平衡不充分问题，重点难点在"三农"，迫切需要补齐农业农村短板弱项，推动城乡协调发展；构建新发展格局，潜力后劲在"三农"，迫切需要扩大农村需求，畅通城乡经济循环；应对国内外各种风险挑战，基础支撑在"三农"，迫切需要稳住农业基本盘，守好"三农"基础。因此，实施乡村振兴战略，是解决新时代我国社会主要矛盾的必然要求，是实现全体人民共同富裕的必然要求，是实现中华民族伟大复兴中国梦的必然要求，具有重大现实意义和深远历史意义。

### 一　实施乡村振兴战略是建设现代化经济体系的重要基础

农业是国民经济的基础，农村经济是现代化经济体系的重要组成部分。乡村振兴，产业兴旺是重点。实施乡村振兴战略，深化农业供给侧结构性改革，构建现代农业产业体系、生产体系、经营体系，实现农村一二三产业深度融合发展，有利于推动农业从产量导向转向质量效益导向，增强我国农业创新力和竞争力，为建设现代化经济体系奠定坚实的基础。

### 二　实施乡村振兴战略是建设美丽中国的关键举措

农业是生态产品的重要供给者，乡村是生态涵养的主体区，生态是乡村最大的发展优势。乡村振兴，生态宜居是关键。实施乡村振兴战略，统筹山水林田湖草系统治理，加快推行乡村绿色发展方式，加强农村人居环境整治，有利于构建人与自然和谐共生的乡村发展新格局，实现百姓富、生态美的统一。

### 三　实施乡村振兴战略是传承中华优秀传统文化的有效途径

没有高度的文化自信，没有文化的繁荣兴盛，就没有中华民族伟大复兴。中华文明根植于农耕文化，乡村是中华文明的基本载体。乡村振兴，乡风文明是保障。实施乡村振兴战略，深入挖掘农耕文化蕴涵的优秀思想观念、人文精神、道德规范，结合时代要求在保护传承的基础上创造性转化、创新性发展，有利于在新时代焕发出乡风文明的新气象，进一步丰富和传承中华优秀传统文化。

### 四　实施乡村振兴战略是健全现代社会治理格局的固本之策

社会治理的基础在基层，薄弱环节在乡村。乡村振兴，治理有效是基础。实施乡村振兴战略，加强农村基层基础工作，健全自治、法治、德治相结合的乡村治理体系，确保广大农民安居乐业、农村社会安定有序，有利于打造共建、共治、共享的现代社会治理格局，推进国家治理体系和治理能力现代化。

### 五　实施乡村振兴战略是实现全体人民共同富裕的必然选择

农业强不强、农村美不美、农民富不富，关乎亿万农民的获得感和幸福感，关乎全面建成小康社会全局。乡村振兴，生活富裕是根本。实施乡村振兴战略，不断拓宽农民增收渠道，全面改善农村生产生活条件，促进社会公平正义，有利于增进农民福祉，让亿万农民走上共同富裕的道路，汇聚起建设社会主义现代化强国的磅礴力量。

### 六　实施乡村振兴战略是实现中国梦的重要举措

中国梦是习近平总书记提出的新思想、新方略，中国梦的具体目标是国家富强、民族振兴、人民幸福，其实质是实现中华民族的伟大复兴。所以，乡村振兴战略事关"三农"的发展，特别是广大农民的中国梦的实现，是实现整个中华民族中国梦的重要举措。党的十九大报告明确提出到2050年中国建成现代化强国的战略目标。理论和现实均表明，现代化强国的标志是国家发展的所有指标处于世界领先水平，不存在任何短板。一方面，中国作为一个大国，不可能也不应该消灭农业和农民，将来到了城镇化稳定阶段，生活在农村的几亿人口的现代化问题如果无法解决，那么整个国家的现代化将难以实现；另一方面，现代的城镇生活也离不开农村的支持，仅仅从生活质量提升、农产品消费升级的角度，必然要求一个与之相匹配的、高度发达的乡村，否则城镇发展也是不可持续的。因此，中国的现代化强国目标绝不能缺少农业农村现代化，这需要通过乡村振兴战略来实现。

## 七 实施乡村振兴战略是解决中国城乡发展不平衡问题的重要途径

近年来，农村劳动力外流、产业凋敝、文化不兴、村庄空心化以及生态环境恶化等问题日益加剧。如何建设乡村，如何发展乡村以及如何缩小城乡差距，成为无法回避的现实问题。只有从根本上调整城乡关系，加快推进农业农村现代化，才能使上述问题得到彻底解决。根据国际经验，人均GDP超过2000美元、农业占GDP的比重降到15%、城镇化水平达到50%时，才具备了推动城乡融合发展的基本条件。2017年，中国人均GDP超过8000美元，农业占GDP的比重低于9%，城镇化水平达到58.52%。实施乡村振兴战略具有坚实的基础，在当前推行可谓正当其时。

## 八 实施乡村振兴战略是从根本上解决"三农"问题的现实选择

进入21世纪以来，在党中央的统一部署和国家各种强农、惠农、富农政策的支持下，中国"三农"获得了长足进展，城乡关系朝着良性互动的方向发展。但是，中国农业竞争力不强、农村发展滞后、农民收入水平较低的状况尚未得到根本性改变，"农业弱、农村穷、农民苦"的问题在局部地区表现得依然相当尖锐。党中央制定乡村振兴战略，就是要从根本上解决"三农"问题。乡村振兴战略的实施突破了过去围绕城市的需要制定农业政策、确定农村发展战略的思路，使农村不再附属于城市，农业也不再从属于工业，为解决"三农"问题创造了基本的制度背景。在此基础上，一系列切实有效的政策手段使乡村在生产、生活、生态、文化等方面获得全面发展，实现农业强、农村美、农民富的宏伟目标，为全体国民提供一派"看得见山、望得见水、记得住乡愁"的美丽乡村景象。

# 第二章　乡村振兴战略的相关理论

　　乡村振兴战略既涉及城乡关系重构和经济社会发展全局，也关系农村"五位一体"建设，所涵盖的内容多、范围广，本章从城乡融合、乡村振兴的角度切入农村空间经济单元，梳理二元经济结构理论、经济增长理论、产业融合理论、绿色发展理论、制度创新理论的演进历程、核心观点和国内学者的最新研究动态，从而为乡村振兴的理论探索和政策制定提供理论依据和支撑。

## 第一节　二元经济结构理论

　　二元经济结构理论是在第二次世界大战后对发展中国家城乡发展经济现象的描述，这一现象在发达国家也是普遍存在的。它的提出开辟了区域经济发展、城乡经济发展的新思路，把工业化进程、经济增长、城乡融合、劳动力转移、资本积累、技术进步等问题还原在一个体系之中，进行综合性分析，认为尽管工业部门和农业部门效率和效益在不同时期会有差异，但是两者协调发展才能最终促进区域社会进步和经济增长，因而，二元经济结构理论也是我们研究城乡关系问题和乡村振兴问题的基础理论之一。

### 一　理论渊源及发展

　　"二元"一词通常来说是指发展中国家经济体系或国际的经济性和社会性的分化，最初是由荷兰经济学家伯克（J. H. Boeck）在 20 世纪 60 年代提出的，他以对原荷兰殖民地印度尼西亚经济、社会状况的考察为背景，研究发现前资本主义体制中人的需求是有限的，在以小农生产为主、劳动生产率较低的农业部门，人们从事生产更多是为了满足生活的直接需要，价格和货币的刺激激励作用往往没有资本主义体制下大工业部门体系中有效。因而，发展中国家改良前资本主义农业，不能简单套用西方古典经济学的发展思维，而是根据传统农业部门和大工业部门二元结构的特点适时推行。

二元经济结构学说的创立者是美国经济学家刘易斯（Lewis，W. A.），1954 年，他在《劳动无限供给条件下的经济发展》一文中提出了"二元经济结构"理论思想，并被后人称为"刘易斯模式"，也被称为"无限供给模式"。刘易斯认为，发展中国家存在着"传统"和"现代"两个部门经济，由于现代部门的高工资水平和不断扩张，传统农业部门的"剩余劳动力"会被现代部门全部吸纳，进而经济结构由"二元"转为"一元"。之后，拉尼斯（Rabise，G.）和费景汉（Fei，C. H.）继承并发展深化了刘易斯模式，将其演变为三个阶段，即劳动力无限供给阶段、农业剩余转移减少阶段和农业商业化阶段，从而形成了"刘易斯—拉尼斯—费景汉"模型。该模型一经提出便得到广泛认可和应用，认为农业对经济发展的贡献不仅在于为现代部门供给了所需的劳动力，也在于为现代工业部门提供了农业剩余，传统农业部门和现代工业部门的平衡增长才是经济增长的最佳保证。

刘易斯的二元经济结构理论模型，为城乡偏向发展研究从静态分析向动态分析的转变架起了一座桥梁。二元经济结构理论模型的基点是劳动边际生产率，核心是发展中国家的经济增长和社会发展问题。刘易斯认为，现代工业部门劳动边际生产率较高，是带动经济发展和社会进步的主要力量；而传统农业部门劳动边际生产率较低，甚至是零或负值，是发展中国家经济长期停滞不前、社会落后的根源。因此，发展中国家消除二元经济结构、摆脱贫困的主要途径是促使农业剩余劳动力向现代工业部门转移。这种将经济增长与社会进步及剩余劳动力转移有机结合起来的发展思路，后来被进一步引申为城市代表现代与文明、乡村代表传统与落后、乡村从属于城市的偏向发展观。虽然刘易斯在以后的文章中一再强调这是对其理论模型的曲解，但是重视城市与工业、忽视乡村与农业的现状却很难改变。

由于"二元经济结构"理论以及"刘易斯—拉尼斯—费景汉"模型带有浓重的重"城市工业"轻"农村农业"的色彩，基于对此的反思，"乔根森模型"和"托达罗模型"在此后应运而生。乔根森（Jorgenson, D. W.）在《二元经济的发展》一文中指出，工业和农业必须从一开始就保持平衡发展，农业剩余是传统部门剩余劳动力转移的充要条件，农业剩余越大，剩余劳动力转移也就越快，伴随着工业部门的技术进步和资本积累，经济增长也就越快，最终完成二元经济结构的转化。托达罗（Todaro, M. P.）在1970年提出的著名的"托达罗假说"中也指出，发展农村经济、提高农民收入是解决城市失业、城市病、农村病的根本出路，农村和城市必须协调发展，工业化才能顺利推进。虽然"乔根森模型"和"托达罗模型"在一定程度上都更加重视农业发展和技术进步以及市场机制在劳动力转移过程中的作用，但仍带有城市偏向的特性，并未完全脱离这一偏向范畴。

## 二　国内学者的相关研究

作为世界上最大的发展中国家，中国的城乡二元经济结构特征十分明显，特别受新中国成立初重工业优先发展战略的影响，城乡分割的二元经济体制对我国经济社会发展产生了深远的影响，国内学者也对二元经济结构的形成原因、发展特征、影响作用、一体化转化等方面进行了大量研究，本文着重梳理几个重点问题。

一是我国城乡二元经济结构的成因。西方的二元经济结构理论认为，传统农业部门与现代工业部门之间劳动生产率的差距是造成二元经济结构的根本原因，在此基础上，我国的学者针对我国城乡二元经济结构的特殊性，对其成因进行了解析。郑绍庆认为，中国城乡二元经济结构形成的一个重要原因就是财富由农村经济单元向城市经济单元转移，政府采取向农村倾斜的转移支付政策是对农村部门长期支持城市部门所做出牺牲的回报和补偿；黄中伟构建模型对市场主导下的工业化与城市化进程，以及城乡关系与工农关系进行了推演，认为通过国家经济政策的干预，会造成大量农业剩余劳动力的转移，使农业农村丧失持续发展的基础，从而产生结构失调的城乡二元经济。

二是我国城乡二元经济结构的特征。厉以宁认为，我国的城乡二元经济结构可以上溯自宋朝，至今已有一千多年的历史，而城乡二元经济体制实际上是在20世纪50年代后期才逐步建立形成的，二元经济结构与二元经济体制存在差异；国家统计局农调总队课题组在进行城乡居民收入差距研究时，构建了二元结构系数，认为城乡分割的二元经济结构是造成城乡居民收入差距的根本原因；国务院发展研究中心课题组关于中国经济阶段性变化和面临问题的研究，认为城乡二元经济结构矛盾是造成"三农"问题、城市化进程滞后、地区收入差距扩大的根本原因，研究预测，到2020年中国的城乡二元经济结构将明显转换，到2050年中国的城乡二元经济结构转换会基本完成；蔡昉提出，中国的二元经济结构具有特殊性，可以划分为改革开放之前和改革开放之后两个阶段，改革开放之前由于我国特殊的政治制度安排，其二元经济增长形式与刘易斯模式相比还是存在差异的，而在改革开放之后，随着经济体制转轨，开始形成二元经济发展的特征；张桂文认为二元经济结构转化的中国特征可以概括为三个方面：就业结构的转换滞后于产业结构的转换；服务业的发展滞后于国民经济的发展；城市化发展滞后于工业化进程。

三是我国城乡二元经济结构的转化。国内学者普遍认为，消除城乡二元经济结构，实现经济的一元化发展是我国城乡二元经济结构转化的最终结果；蔡昉、都阳认为，农村劳动力的转移是城乡二元经济结构转化的根本动力，也是经济社会发展进入特殊时期的规律性现象，由此带来最为显著的变化，就是由乡村农业主导的社会逐步转变为由城市化、工业化主导的社会；侯风云、张凤兵认为，农村经济单元和城市经济单元的人口和人力资本流动是单向的，造成中国城乡发展差距的进一步拉大，单纯的农业劳动力向城市转移很难推动城乡二元经济结构的一元转化，必须改变劳动力城乡迁移流动的非对称性特征；宋洪远认为，在城市化与工业化协同推进的同时，注重工业反哺农业，持续推动农业现代化发展，这样工业化和城市化的进程就不会受到制约，可以良性持续发展；钟海燕、徐宝亮认为，信息技术的进步为我国破除城乡二元经济结构提供了有力保障，为打通城乡要素双向流动的人力资源和制度体系提供了技术支持，可以加速我国乡城二元经济结构转化的发展进程。许经勇认为，县域经济发展壮大的过程就是城乡经济协调发展的过程，也是城乡二元经济结构向现代经济体系转变的过程。

# 第二节　经济增长理论

作为经济学的重要组成部分，经济增长理论重在研究经济增长的一般规律和影响因素，可以说，经济增长是区域发展的核心，也是乡村经济单元振兴的关键，借鉴经济增长理论的基本原理，增加资本、劳动、技术等生产要素投入，提升乡村人力资本水平，加快构建乡村现代产业体系，对于激发乡村振兴内生动力具有重要的现实意义。

## 一　理论渊源及发展

1776 年，英国古典经济学家亚当·斯密（Adam Smith）在其著作《国富论》中，首次进行了关于如何实现经济增长的讨论，他认为自由竞争的市场经济之于经济增长是有促进作用的。此后，各个国家的经济学家不遗余力地进行经济增长方面的研究，构建了内容丰富的经济增长理论体系，通常可以将其划分为三个部分。

一是古典经济学的经济增长理论。亚当·斯密认为分工是提升人均国民收入、促进国家经济增长的重要因素，同时强调土地资源、劳动力和资本对于经济增长具有重要影响作用，而土地资源在特定空间范围内相对固定，变化幅度相对较小，因而相对可变的劳动力和资本在很大程度上决定了经济的增长；大卫·李嘉图（David Ricardo）继承和发展了斯密的思想，从收入分配的视角阐释了经济的增长，他认为，如果没有资本积累的保障，经济是无法实现不断增长的，而资本积累程度和速度的决定因素是利润，工资和地租又是影响利润的关键因素，他认为不合理的收入分配制度会在很大程度上阻碍经济的运行，良性的经济增长系统应该注重收入分配。总的来说，古典经济学的理论核心是经济增长产生于劳动分工和资本积累相互作用的思想，即资本积累进一步推动了生产专业化和劳动分工的发展，而劳动分工反过来通过提高总产出使社会可生产更多的资本积累，让资本流向最有效率的生产领域，就会形成这种发展的良性循环。20 世纪 40 年代末期，英国经济学家哈罗德（Roy Forbes Harrod）和美国经济学家多玛（Evsey D. Domar）延续了斯密和李嘉图动态分析的思路，构建了哈罗德 – 多玛模型，在经济增长理论中引入时间因素，并且用"比率分析法"（增长率、储蓄率）代替了凯恩斯的"水平分析法"（国民收入、储蓄与投资的水平），从而形成了长期化、动态化的经济增长理论。

二是新古典经济增长理论。以索洛（Robert Merton Solow）为代表的新古典经济增长学派认为，在自由市场和自发充分就业的前提条件下，通过大量实证研究发现，从长期来看技术进步才是经济增长的源泉而不是投资或储蓄。在索洛的观点基础上，斯旺（Trevor Swan）、萨缪尔森（Paul A. Samuelson）和托宾（James Tobin）等人对模型进行了补充和扩展，由此形成了新古典经济增长模型。这个模型的主要命题是：第一，产出的增长在长期是一个稳定的函数，与储蓄和投资对 GDP 的比率无关，只与劳动力增长率有关，劳动力增长率越高产出就相应地越多；第二，储蓄 – 投资比率正向地决定人均收入水平，而人口增长与其呈反向关系，人口众多的国家往往人均收入水平较低从而经济发展较慢；第三，在一定条件下，人均资本较少的穷国由于具有发展起点低、发展空间巨大等特点，因此其经济增长速度比人均资本多的富国要快，这会导致全世界经济发展水平趋同现象的发生。新古典经济增长理论由于其简洁性以及较强的解释力，因此成为经济学界普遍接受的理论基础，但其自由市场和规模收益不变的理论假设，在一定程度上造成了模型的局限性。

三是新经济增长理论。20 世纪 80 年代以来，罗默（Paul M. Romer）、卢卡斯（Robert Lucas）、巴罗（Robert J. Barro）等经济学家致力于完全竞争假设条件下的经济增长研究，并形成了新经济增长理论，该理论以研究方法的标准化、主流化为特点，注重发掘知识积累、人力资本、组织制度、创新等要素对于经济增长的促进作用。阿罗（Kenneth J. Arrow）提出"干中学"模型，认为技术进步会伴随投资的产生而出现，一个厂商的投资会产生技术进步以提高生产率，这种效应不会封闭存在，最终会导致整个社会所有厂商生产率的提高，由此形成联动式的经济增长。罗默同样认为知识是独立因素，它的作用不仅在于使自身的收益递增而且能增加劳动和资本等要素的收益，从而推动经济不断增长。

## 二 国内学者的相关研究

中国作为一个农业大国，农村经济增长问题关系国民素质、城乡发展，关系社会稳定、国家富强，也是农业农村现代化进程中的关键问题，只有发展好农村经济，持续推动农村经济增长与繁荣，才能保证国家长治久安，才能让全体人民共享经济社会发展的成果，我国学者围绕人力资本、土地制度、农村金融等对农村经济增长的影响进行了大量研究。

一是农村人力资本方面。李朝林对农民收入长期稳定影响因素进行分析时，发现农村人力资本的发展质量是影响农民收入增加和农村经济增长的重要因素；张艳华、刘力运用经济增长理论的基本原理，将人力资本与生产函数相结合，研究农村人力资本对经济增长的作用，研究发现，增加对农村的人力资本投资虽然会对经济增长产生正向的促进作用，但农村居民人力资本的整体水平还相对较低，进而限制了促进作用的发挥；黄祖辉、刘祯利用改革开放后的省级面板数据，研究农村教育投资与城乡收入差距的关系，结果表明，资本积累对农民增加教育投资具有正向促进作用，但这种影响随着经济增长的波动而波动。

二是农村土地制度方面。贾晓娟从农村经济增长内部因素的角度出发，认为推进农村宅基地制度改革，建立农村土地流转市场等农村土地制度改革举措，按照自愿、依法、有偿的原则促进农村土地合理流转，对于提升农村经济发展效率和增强农村经济增长动力，具有重要的意义；龙花楼、张英男等认为，土地在乡村振兴战略和农业农村经济增长中起着提供要素支撑的基础性作用，土地基于其多功能性发挥着保障农村居民生产、生活和生态需求的多元价值，是农村经济转型发展的关键，也是产业振兴的重要条件；文琦等认为，土地是农村发展要素与空间载体，农村土地制度改革通过调整包括土地产权在内的生产关系，发挥制度激励作用，将有效促进农村经济增长和乡村产业振兴。

三是农村金融方面。邱杰、杨林等通过研究发现，我国农村金融发展与农村经济增长之间是一种长期单向的关系，即我国农村金融发展可以促进农村经济增长，但是农村经济增长对农村金融发展的影响却十分有限；张爽爽通过协整检验对我国农村金融和农村经济增长进行了耦合性分析，发现我国农村金融结构与农村经济增长呈反向相关关系，而农村金融的效率和规模与农村经济增长呈正向相关关系；李珊引入金融发展水平异质性考察方法，就区域农村金融发展对农村经济增长的影响及其具体机制进行了研究，发现农村金融以非线性的方式显著影响农业投资和农民消费与农村经济增长之间的关系。

# 第三节　产业融合理论

产业是社会分工的产物，介于宏观经济与微观经济之间，属于中观经济研究的范畴，早期产业理论着重关注两个问题，一个是产业的划分问题，另一个是产业的结构问题。随着服务业和信息技术的加速发展，产业融合进一步扩充了产业发展的理论体系，以农业为基础，打破产业的边界，综合运用管理、创新、科技等要素，充分挖掘农业的多重功能和多元价值，成为解决农业农村发展问题的重要思路和方法。

## 一　理论渊源及发展

1672 年，"政治经济学之父"、统计学的创始人威廉·配第（William Petty）在《政治算术》一书中，以劳动价值论为基础，通过考察得出结论：商业的价值收益普遍高于工业，工业的价值收益普遍高于农业，这也成为三次产业划分的思想渊源之一。现代产业结构理论产生于 20 世纪三四十年代，新西兰经济学家费歇尔（A. Fisher）于 1935 年在《安全与进步的冲突》一书中首次提出了三次产业的划分方法，此后，英国经济学家克拉克（C. Clark）在费歇尔研究的基础上，采用三次产业分类法对三次产业结构的变化与经济发展的关系进行了大量的实证分析，总结出三次产业结构的变化规律及其对经济发展的作用。在《经济发展条件》（1940）一书中，克拉克总结了劳动力在三次产业中的结构变化与人均收入水平提高存在着一定的规律性：在经济发展的条件下，劳动人口会从第一产业向第二产业流动，再由第二产业流入第三产业，此即克拉克法则。库兹涅茨（S. Kuznets）在《国民收入及其构成》（1941）中将国民收入与产业结构间的重要联系上升到了新的高度，至此产业结构理论体系初具规模，在此后的研究中，刘易斯（Lewis，W. A.）、赫希曼（Albert Otto Hirschman）、罗斯托（Rostow W. Whitman）、钱纳里（Hollis B. Chenery）和希金斯（John Higgins）的产业结构学说将该理论体系围绕二元结构学说和非均衡增长两个方向进一步延伸，深刻影响了发展中国家经济增长的路径。美国经济学家杰拉尔德·迈耶（Gerald M. Meier）在《经济发展的主要问题》（1984）一书中强调了农业与工业协调发展的理念，他指出一个区域的发展规划不应一味地注重工业而牺牲农业，在对工业化的地位和作用重新评价的时候不单单考虑资源是应该集中用于发展农业还是集中用于发展工业的问题，而应该认识到农业与工业相互扶持发展才是规划的重中之重。

传统的农业产业理论较为关注农业产业结构，主要包含两个方面的内容：一是农业内各部门之间的比例和相互联系，二是农业与其他涉农产业之间的比例关系和关联体系。随着第三次工业革命机械化、自动化技术的创新与延伸，以及第四次工业革命智能化技术的发展，新能源、新材料、信息技术、生物技术成为当前产业发展的重点，而具体到农村和农业结构方面，突出地表现为第一、二、三产业的融合发展，各部门间边界逐渐模糊，农业产业结构内外部发生了深刻而广泛的联系，在生产主体、产业链条、组织方式、经营模式方面相互渗透、融合发展，因而产业结构调整与产业融合发展也就成为实现农业现代化的重要前提和必要指标。

日本是世界上最早对产业融合发展进行理论研究和实践探索的国家，20世纪90年代，日本社团法人JA综合研究所所长今村奈良臣研究发现，日本农业生产与国民消费的农产品之间存在着巨大的价值差，直接导致了农业产业的增值收益未能惠及农业生产者，严重制约了农民增收。以2005年为例，日本食品产业市场中，农业生产者获得总收益的13%，而食品加工业、餐饮业、流通业的获益分别是农业生产者的2.54倍、1.38倍和2.62倍，鉴于此，今村奈良臣提出了农业的"六次产业"概念，即"第一产业＋第二产业＋第三产业＝六次产业"，即通过鼓励农业生产者搞多种经营，形成集农产品生产、加工、销售、服务于一体的完整链条，使农民获得二三产业的附加值，从而增加农民的收入，激发农业的活力。后来他又提出，"六次产业＝第一产业×第二产业×第三产业"，进一步强调农业的融合发展是基于产业链的延伸和产业范围的拓展。日本政府高度重视

"六次产业"的发展思想，2008年制定《农工商促进法》，支持农工商开展合作。2010年，日本内阁会议通过新的《食品、农业和农村基本计划》，提出要通过发展"六次产业"增加农民收入，创造新商业模式，还致力于打造六次产业化与环境和低碳经济相结合的新产业。此后，日本农林省还相继颁布了《六次产业化·地产地消法》和相关纲要文件，提出了一系列推进"六次产业"发展的政策措施。实践表明，推行六次产业化的日本，农业活力显著增强，农民收入也明显增加。

## 二 国内学者的相关研究

改革开放以来，我国的市场经济体系不断健全，农村产业融合发展已经取代产业结构理论研究，成为新的理论热点，推动农村第一、二、三产业融合发展也成为当前发展农业农村经济、推进农业农村现代化的重大政策导向。2015年中央一号文件提出"推动农村一二三产业融合发展"以后，产业融合方面的相关研究层出不穷，围绕理论渊源、内涵、类型、机制、效应、现状、问题、对策等方面进行了探讨，本文将其归纳为以下三个方面。

一是三次产业融合的内涵与特点方面。姜长云认为，农村第一、二、三产业融合发展根本上属于产业融合的研究范畴，其主要路径是农村第一、二、三产业间的交叉重组和融合渗透，主要的特征就是产业范围的拓展、产业功能的转变和产业链条的延伸，主要结果就是产业的发展及其发展方式的改变，随之形成和产生新技术、新业态以及新的商业模式；叶兴庆认为，农业的多功能性是农村第一、二、三产业融合的基础，与过去发展乡镇企业相比，农村第一、二、三产业融合的主要特征就是将农业流动到非农产业的就业岗位和附加值内部化，形成产业链的延伸和增值。

二是三次产业融合发展的类型和路径方面。梁伟军在交易成本理论研究的基础上，提出了横向和纵向两种产业融合机制，一种是农业跨产业经营的部门融合，将工业技术、管理模式和专业性服务向农业领域渗透，另一种是利用扁平化管理方式，提高农业专用资产的通用性水平，转变农业的产出方式和收益方式；郑风田认为，农村三次产业的融合存在正向和逆向两个方向，一方面是以农业为基础，向农产品加工业和农村服务流动的顺向融合，另一方面是以农产第二和第三产业为基础向农业流动的逆向融合；赵海通过实地调查研究发现，农村三次产业融合主要由两个部分组成，其一以农户、种养大户、家庭农场、农业专业合作社为基础的内源性融合，其二以农产品加工或流通企业为基础的外部性融合。

三是农村三次产业融合的问题和对策方面。党国英认为，融合效益不高是农村三次产业融合不畅的关键问题，由于产业间互联互通不足，产业链和价值链发展不充分，造成产业体系内的同质竞争和恶性竞争层出不穷，工商业户与农民之间无法长期合作，农民也很难分享第二、第三产业的利润；芦千文则认为农村三产融合的问题可以归纳为四个方面，分别是农业与第二、第三产业融合程度低，技术要素扩散渗透力不强，新型农业经营组织发育缓慢和融合发展外部环境亟待改善；鉴于此，王强提出农村三次产业融合应该坚持因地制宜，发挥产业比较优势，衡量融合整体性和综合效益等原则；姜长云则认为，推进农村三次产业融合要坚持消费导向，培育好新型经营主体，完善融合利益联结机制，完善激励机制和相关政策等。

## 第四节　绿色发展理论

经济社会的发展是资源环境约束下的发展，然而，传统经济理论和国民经济核算体系都忽视了自然资源和环境对经济发展的约束作用。从绿色发展的角度研究乡村振兴问题，在理论上揭示乡村发展规模和速度与环境容量和资源承载的关系，寻求在可持续发展的理念下实现城乡协调、融合发展，是在更高层次上对乡村生产空间、生活空间、生态空间的认知和理解。

### 一　理论渊源及发展

1962 年，美国海洋生物学家卡逊（Rachel Carson）在《寂静的春天》一书中，提出农药会对人类环境有极大危害，未来会造成不可挽回的损失，虽然与当时"征服大自然、控制大自然"的主流思潮背道而驰，但是在全世界范围内引发了对石油工业发展模式的反思和探讨，也为绿色发展理论的产生和壮大奠定了基础。1966年，美国经济学家肯尼思·鲍尔丁（Kenneth Balding）发表《一门科学——生态经济学》，创造性地提出生态经济的概念和生态经济协调发展的理论，他认为，在人、科学技术和自然资源环境的大系统中，在传统的"投入—产出—消费—产品废弃"的链条中，通过资源循环利用可以在很大程度上抑制资源过度消耗和浪费，即将传统的"资源—产品—废弃物"转变为"资源—产品—再生资源—再生产品"的循环发展模式，这也成为区域经济社会绿色发展理念的重要组成部分，并逐渐演进成针对输入端、过程端和输出端的"减量化（reduce）、再利用（reuse）、再循环（recycle）"的"3R"绿色循环发展理念。

1972年3月，由美国管理学家米都斯（Dennis L. Meadows）领导的17人小组共同发表一篇题为《增长的极限》的研究报告，也被称为《米都斯报告》，指出增长是存在着极限的，这主要是地球的有限性造成的，全球发展系统由人口、经济、粮食、资源和环境五个子系统组成，其中人口、经济是按照指数方式发展的，属于无限制的系统，而人口、经济所依赖的粮食、资源和环境却是按照算术方式发展的，属于有限制的系统，传统发展模式下人口爆炸、经济失控，必然会引发和加剧粮食短缺、资源枯竭和环境污染等问题，这些问题反过来又会进一步限制人口和经济的发展。报告得出三个结论：第一，在世界人口、工业化、污染、粮食生产和资源消耗方面，如果按现在的趋势继续发展下去，我们人类所在的地球的增长极限会在今后100年中发生，最可能的结果将是人口和工业生产力突然和不可控制地衰退；第二，改变这种增长的趋势和建立稳定的生态和经济的条件，以支撑遥远未来是可能的；第三，如果世界人民决心追求后一种结果，而不是前一种结果，那么，他们开始的行动越早，成功的可能性就越大。《米都斯报告》也成为绿色发展理论体系构建中的里程碑之作。

绿色发展的最早提法是"绿色经济"，由英国环境经济学家皮尔斯（David Pierce）在《绿色经济蓝皮书》（1989）一书中提出，他认为绿色经济是以市场为导向、以传统产业经济为基础、以经济与环境的和谐为目的而发展起来的一种新的经济形式，是产业经济为适应人类环保与健康需要而产生并表现出来的一种发展状态。20世纪90年代以来，国外绿色发展理论的著作不断增多，理论体系也不断健全，比较有代表性的是美国马里兰大学公共事务学院教授戴利（Herman Daly）的《超越增长：可持续发展的经济学》、艾尔斯（Robert Ayers）的《转折点——增长范式的终结》、霍肯（Paul Hawken）的《商业生态学》、哈丁（Garrett Hardin）的《生活在极限之内》等。戴利在《超越增长：可持续发展的经济学》中提出四个基本观点：一是人类应摒弃对数量性扩张的盲目崇拜，建立以福利为中心原则的质量性发展观；二是人类不应将生态系统作为经济系统的子系统，恰恰相反，人类经济系统只是有限生态系统的子系统；三是建设生态文明要达到三个层面的目标，即生态规模上的足够、社会分配上的公平、经济配置上的效率；四是利用更新国民收入核算体系、开征资源税费等措施推动经济社会系统绿色发展。

## 二　国内学者的相关研究

绿色发展是人类社会继农业经济、工业经济、服务经济之后新的经济发展模式，是更富效率、和谐、持续的增长方式，也是继农业社会、工业社会和服务经济社会之后人类最高的社会形态，绿色经济、绿色新政、绿色社会是 21 世纪人类文明的全球共识和发展方向。我国学者在此方面的研究较为丰富，可以归纳为绿色发展的内涵、绿色发展的评价以及绿色发展的实现路径三个方面。

一是绿色发展的内涵。侯伟丽认为，绿色发展就是在满足自然资本承载力的前提下尽量以人造资本来替代环境和自然资本，依靠科技使经济增长更加低耗、高效的经济社会发展方式；季铸认为，绿色发展是以效率、和谐、持续为目标，以生态农业、循环工业、持续服务产业为基本内容的经济社会发展方式，包括"效率、和谐、持续"三位一体的目标体系、"生态农业、循环工业、持续服务产业"三位一体的结构体系、"绿色经济、绿色新政、绿色社会"三位一体的发展体系；马洪波认为，绿色发展与循环经济、绿色经济、可持续发展和低碳经济一脉相承，是以上四个理论的高度概括，也是经济发展、社会进步和生态建设的高度协调。

二是绿色发展的评价。中国绿色发展指数是绿色发展评价体系中具有代表性的一种指标，由北京师范大学科学发展观与经济可持续研究基地、西南财经大学绿色经济与经济可持续发展研究基地、国家统计局中国经济景气监测中心三家单位联合编制，它包含中国省际绿色发展指数和中国城市绿色发展指数两套指标体系；刘纪远、邓祥征、刘卫东等构建中国西部地区的绿色发展概念框架，包含了自然资本、经济资本、社会资本与人力资本四个方面的内容，提出应从生产、流通、消费各个环节注重资源的集约利用；李琳、楚紫穗构建了区域产业绿色发展指数评价指标体系，其中一级指标包括产业绿色增长度、资源环境承载力和政府政策支撑力三个部分，运用主成分分析法对我国 31 个省区市 2007～2012 年的产业绿色发展指数进行评估和比较，提出区域的绿色发展应该以降低消耗、共享成果为主要目标。

三是绿色发展的实现路径。李开传认为，中国作为转型中的最大的发展中国家，实施绿色发展，是作为大国的担当，应该吸收借鉴美国、欧盟、日本等国家及地区的绿色发展经验，比如瑞典在促进经济增长的同时，坚持低消耗的生产体系、适度消费的生活体系以及持续循环的资源环境体系；黄祖辉认为任何改革都不应该忽视经济发展的动力，只有在经济发展的基础上推进绿色转型才是有效的，降低居民已获得的服务水平以协调经济社会系统的综合效应势必不会产生持久的效果，要善于利用发挥生态资源和生态环境作为区域发展的后发优势；秦书生、晋晓晓认为，推进绿色发展急需各类市场主体的参与，也需要政府的宏观调控，应从政策支持和制度保障两方面入手，健全环境法律制度以及生态保护制度。

## 第五节　制度创新理论

制度是一个社会系统存在运行的博弈规则，是人为设计的，可以约束群体间互动行为，制度的产生意味着搭建经济社会中人们相互影响的行为框架，进而确立组织内外部之间的协作与竞争关系。从类别上看，制度一般分为正式制度与非正式制度，正式制度是一系列成文法，包括政治（和司法）规则、经济规则、契约等；非正式制度是在人类社会诸种文化传统中所逐渐形成的一些非正式约束，包括人们的行事准则、行为规范以及惯例等。基于制度的内涵和特征，制度经济学与熊彼特创新理论两个学术流派融合产生了制度创新理论。

### 一　理论渊源及发展

古典经济学中的创新围绕斯密的分工理论展开，强调市场规模的不断扩大、产业链条的不断延伸以及部门内劳动力的专业化以实现产业渐进式的创新。奥地利经济学家熊彼特（Joseph Schumpeter）打破了传统渐进式的创新演变，强调形成突变式的生产要素组合，在《经济发展理论》（1912）一书中提出了创新的概念，在此后的著作中不断完善了创新理论体系，他认为，所谓创新就是指生产要素突破原有形态的重新结合，形成关于生产要素和生产条件的全新组合，进而引进生产体系中，以实现对生产要素或生产条件的根本变革；作为资本主义主体的企业经营者的职能就是不断创新，不断引进并发挥"新组合"的重要作用。所谓"经济发展"就是指整个资本主义社会不断地实现这种创新的结果；而这种创新的目的是获得潜在的利润，即最大限度地获取超额利润。熊彼特总结了创新的五种形式：一是采用一种新的产品，这种产品在市场上还不普及，消费者与生产者之间的信息还不对称，这就是所谓的产品创新；二是采用一种新的方法，这种方法还未通过权威部门的检测和验证，这就是所谓的方法创新；三是开辟一个新的市场，这个市场以前根本就不存在或者是在新的条件下市场的存在形式发生了转变，这就是所谓的市场创新；四是掠夺或控制原材料或成品的一种新的供应来源，不管这种要素的来源是新诞生的还是融入新市场的，这就是所谓的资源配置创新；五是创造出一种新的企业组织形式，改变原来组织的主体、客体和媒介的互动方式，这就是所谓的制度创新。

熊彼特之后的创新理论围绕制度方向产生诸多理论学派，制度创新的代表人物有美国的科斯（Ronald Coase）、德姆塞茨（Harold Demsets）、阿尔钦（Armen Albert Alchian）、诺斯（Douglas Norch）等。科斯的主要学术贡献在于揭示了交易成本在经济组织结构产权中的重要性，创设了产权制度理论，在《社会成本问题》（1960）一书中科斯提出了交易成本的概念，他认为市场交易需要花费一定的成本，在交易成本为正值的情况下，不同的产权界定会带来不同的资源配置效率，而在交易成本为零的情况下，无论产权归何方，都可以通过市场进行自由交易而达到资源的最佳配置，这也就是科斯定理的精髓，交易成本理论的形成和发展为制度创新奠定了重要的基础。

后来的学者对产权制度的理论体系进行了拓展和补充，美国经济学家德姆塞茨在其《经济活动的组织》（1988）一书中提出，产权不仅是一个人受益或受损的权利，还包括其他人受益或受损的联动情形，界定产权不仅要考虑产权主体的利益变化，还应考虑产权界定及行使的外部性，而这种外部性也会间接修正产权主体的行为。阿尔钦是现代产权经济学的创始人，他在深化科斯定理的基础上，提出了产权界定成本和产权排他性、分割性和外部性等理念，认为外部性的产生是由于私人成本与社会成本的不对等，也就是社会成本大于私人成本，就会导致社会福利的损失或低效。作为新制度经济学的开创者之一，美国经济学家诺斯在其《制度变革与美国经济绩效》（1990）一书中阐述了产权保护的思想，他认为私有产权的有效保护制度是区域经济良性增长的重要原因：一是资源配置的效率与产权的基本功能高度相关，二是产权内部的激励属性对经济系统有积极的促进作用。诺斯的最大理论贡献在于创立了以意识形态理论、国家理论为框架，以产权理论为基础的制度变迁理论，该理论成为理解和解决中国农业农村发展问题的主要依据。

## 二　国内学者的相关研究

制度对于区域经济社会发展具有长期性、根本性影响，与技术影响社会生产力不同的是，制度决定了区域经济社会发展过程中各参与主体之间的生产关系，并在此种生产关系中发挥着基础性作用，把制度创新放置于乡村振兴战略框架下各种体制的中心，分析制度创新的动力、变迁方式、创新形式，对于理解乡村振兴具有重要的指导意义。本文将我国学者对于农业农村制度创新方面的研究重点归纳为以下三个方面。

一是农村土地制度方面。韩长赋认为，土地是农业之本也是农民之根，土地制度是一个国家最为重要的生产关系安排，也是经济社会发展所有制度中最为基础的制度。从历史上看，中国土地制度的研究大致经历了井田制、私有制、均田制、公有制等不同的典型形态；从国外看，根据政治体制、人地关系、历史沿革、文化发展、地理区位等条件，国外的土地制度大致可以分为东亚型、欧洲型、新大陆型和转型国家型；从我国改革开放以来农村土地制度的创新实践看，大致经历了改革开放之初到20世纪80年代的确立阶段、20世纪90年代初到21世纪初的完善阶段和党的十八大至今的深化阶段。我国农村土地制度在创新过程中，形成了十分重要的经验：其一，始终坚持尊重农民主体地位和首创精神；其二，始终坚持处理好稳定与放活的关系；其三，始终坚持市场化改革方向；其四，始终坚持渐进性改革方式。徐鲜梅认为，在我国土地制度创新的推进过程中，应当对农村土地流转的情况摸清楚，通过调查研究发现了农村土地流转的5种典型模式，分别是"东林模式""良乡模式""则字模式""新凤模式""梅南模式"，这些模式在土地价格、经营主体、流转形式、收益分配方式、土地用途管理等方面具有各自的特点，在农村土地流转过程中应该着重把握农村土地用途出入、经营流转对象差异化、收益分配过程透明化、流转价格合理化等问题。陈坤秋等认为，党的十八以来，中国农村土地制度改革进入新的发展阶段，农村土地制度改革既是推进乡村振兴的突破口与重要途径，也是农业农村发展的客观需求，具有交融性、攻坚性和迫切性的时代特征；在农村土地制度创新助推乡村振兴方面，实践过程中形成了集聚提升型、特色保护型、城郊融合型、拆迁撤并型等多种典型模式；新时期改革推进中，应发挥制度体系的联动作用，以农村土地制度改革创新为基础，努力实现乡村振兴相关制度联动作用，提升制度创新对农业农村发展的正向影响作用。

二是农地产权制度方面。李宁、何兴邦、王舒娟搭建了地权结构细分视角下的中国农地产权制度变迁与改革的分析框架，通过对农地产权内涵、地权变动与农地市场发展间的关系、地权变动影响农业生产绩效等相关文献的梳理和评述，提出农地产权制度改革大致经历农地使用权、农地收益权和农地处分权三个发展阶段，进而提出地权结构细分影响农业生产绩效的内在机制。高帆认为，2013年以前两权（土地所有权和农地经营权）裂变的农地产权制度适应了城乡要素流转的发展格局，在一定程度上推动农地资源在不同群体之间的再配置，但在制度创新过程中，遇到了三方面的挑战：其一，两权裂变无法体现农户承包和流转权利之间的差别；其二，地方政府在农地配置中的影响成为城乡经济社会发展不平衡、要素流动不畅的一个重要原因；其三，我国城乡发展战略和约束条件发生了变化，对农地产权制度改革提出了新的要求。2014年以来，三权分置的农地产权制度在不触动农户承包权的前提下，通过经营权流转的方式提高了土地配置效率，在提高土地经济效益和保障功能方面寻找到了新的政策平衡点；建议新时期深化农地"三权分置"应当尊重农民土地配置的自发选择，完善地方政府的激励机制，规范农户与村集体的交互关联关系，推动城乡要素流动的市场化进程，进一步提升农地流转过程中的交易效率。公茂刚、辛青华认为，我国农地产权制度变迁大致经历了两个阶段：第一个阶段是确立农地的集体所有权，第二个阶段是在巩固土地集体产权的基础上，对农地的使用权和经营权进行放活。产权是各种权利的聚合，可以分属于不同的主体，也可以在特定时期根据经济社会发展需要和生产力发展水平进行分解调整，家庭联产承包责任制就是对土地所有权和承包经营权的重构，而土地"三权分置"则是对所有权、承包权和经营权的分解与重构。我国的土地"三权分置"改革在制度创新方面取得了较多成果，但也存在土地流转程序不够规范、土地流转市场不健全、土地规模经济发展难度大等现实问题，建议遵循适应生产力发展、激发生产活力的原则，进一步探索更加科学有效的农地产权结构，采取自上而下强制性制度变迁和自下而上诱致性制度变迁相结合的制度创新方式，充分保障集体成员的决策权、监督权和知情权。

三是农业支持保护政策方面。叶兴庆认为，处在转型阶段的我国农业，正在经历资源利用方式的转型、经营方式的转型和农业支持政策的转型，加快构建竞争力导向的农业支持政策体系，不仅是推进农业供给侧结构性改革的重要内容，也是实现我国农业现代化的客观要求，转型过程中应当处理内与外、主与辅、快与慢的关系，推动以增产为导向的农业支持政策体系向以竞争力为导向的农业支持政策体系转变，提高农业发展的价格竞争力、基础竞争力、政策竞争力、产业链竞争力、功能竞争力以及品质竞争力。胡冰川认为，农业支持保护制度建立与完善不仅是农业现代化发展的必由之路，也是经济社会现代化的重要表征。在改革开放四十多年的进程中，我国农业生产的绝对效率在快速提升，相对效率在快速下降，全球化的商品与要素在加速流动，系统性、全面性的农业支持保护制度逐渐形成，但其间也存在农业基础设施与农业科技水平较为落后，农业资源配置的体系和方式还不够完善，农业应对自然与市场双重风险的能力相对较弱等问题，建议在新时期的政策保护体系中，其一，弱化收入的保障功能，而强化资源的配置能力；其二，进一步提升农业基础设施水平，提升农业的生产能力，推动农业实现可持续发展；其三，坚持立足国内农业生产的发展现状，全面统筹和合理利用国内外农业资源，积极保障粮食和农产品有效供给。王志刚、朱佳、于滨铜认为，农业支持保护政策是一个复合的体系，主要包括产业政策、市场调控政策、贸易促进政策、资源与生态保护政策以及收入政策等，其中产业政策主要是引导与提供产业聚集的公共服务，市场调控政策主要是做好进口调控与供给调控，贸易促进政策注重出口政策与营销方面的支持，而收入政策则注重推动直接补贴与间接补贴的激励效应；我国目前农业支持保护政策的目标定位包括提高农业收入、确保粮食安全、保护生态环境以及推动农业系统可持续发展四个方面，政策调整的路径由过去的效率第一、解决温饱问题到实现温饱、稳步提升农民收入再到兼顾效率与公平、减少贫困人口；提出了补贴应向主产区和生产保护区倾斜，建立健全生产质量补贴制度，利用好目标价格和保险金融等政策工具，强化农业科技补贴的精准性和利用效率等对策建议。

# 第三章  乡村振兴战略下现代农业发展研究

产业兴旺是乡村全面振兴的基础和关键，是解决农村一切问题的前提，必须大力发展现代农业，不断夯实乡村振兴的产业基础。坚持质量第一、效益优先，深入推进农业供给侧结构性改革，加快转变农业发展方式，构建现代农业产业体系、生产体系、经营体系，推动经济发展质量变革、效率变革、动力变革，持续提高农业创新力、竞争力和全要素生产率。

## 第一节  现代农业发展在乡村振兴中的地位和作用

发展现代农业是乡村振兴的基础支撑，是实现农业高质高效、农村宜居宜业、农民富裕的最重要的载体，是推动实现农业农村现代化的重要内容，是不断满足农村居民美好生活需要的物质基础。

### 一  发展现代农业是确保粮食安全的根本保障

农业稳，天下安，农业在我国国民经济中始终居于基础性地位。习近平总书记指出，历史和现实都告诉我们，"农为邦本，本固邦宁"。国家统计局数据显示，2020 年全国粮食总产量达到 13390 亿斤，我国粮食生产喜获"十七连丰"，粮食年产量连续 6 年站上 1.3 万亿斤台阶。虽然我国粮食生产连年丰收，但仍是一个紧平衡，而且紧平衡很可能是我国粮食安全的长期态势。习近平总书记深刻阐述了粮食安全的极端重要性，指出"粮食安全是国家安全的重要基础"，"保障国家粮食安全是一个永恒课题，任何时候这根弦都不能松"。[1] 习近平总书记还指出，要牢牢把住粮食安全主动

---

[1] 参见《习近平出席中央农村工作会议并发表重要讲话》，中央人民政府网站，2020 年 12 月 29 日。

权，粮食生产年年要抓紧；要严防死守18亿亩耕地红线，采取长牙齿的硬措施，落实最严格的耕地保护制度；要建设高标准农田，真正实现旱涝保收、高产稳产；要坚持农业科技自立自强，加快推进农业关键核心技术攻关。可见，只有大力发展现代农业，加快推动"藏粮于地、藏粮于技"战略落实落地，解决好种子和耕地等要害问题，持续推动农业科技进步和应用，才能有效提高我国粮食安全保障水平和能力。

## 二　发展现代农业是乡村产业振兴的主要内容

产业振兴是实施乡村振兴战略的重点任务。乡村振兴必须有兴旺发达的产业，这是乡村现代社会发展的物质基础。乡村是具有自然、社会、经济特征的地域综合体，兼具生产、生活、生态、文化等多重功能[①]，推动实现乡村全面振兴，产业振兴是基础。只有首先发展好现代农业产业，才能创造更多的就业机会和岗位，才能让农村成为具有吸引力的地方，让人留在农村，让城镇的人愿意进入农村，激发农村的活力。因此，产业振兴是源头、是基础，有了产业的振兴，乡村振兴才有底气，离开产业的支撑，实施乡村振兴战略就无从谈起。从乡村发展传统上看，农业是基础产业，因此，要发挥好乡村的生产功能，以现代农业发展夯实产业兴旺的基础支撑。

## 三　发展现代农业是提高农民收入的关键

农民收入主要有四大来源，即工资性收入、经营性收入、财产性收入、转移性收入，其中，工资性收入主要指务工收入，经营性收入主要指从事农业经营、农产品销售的收入，财产性收入主要指出租土地、住房形成的收入，转移性收入主要指政府给予的各类补贴。从人均可支配收入指标看，2019年，我国农村居民人均可支配收入16020.7元，其中工资性收入6583.5元，占人均可支配收入的41%；经营性收入5762.2元，占比36%；转移性收入3297.8元，占比21%；财产性收入377.3元，占比2%。可见，经营性收入仍是农民收入的重要来源。当前条件下，农村产业兴旺

---

① 参见《国家乡村振兴战略规划（2018—2022年）》。

要围绕基础产业即农业做文章，而在不少地方农民收入的主要来源仍然是经营性收入。因此，发展现代农业，提升农业质量效益，对于农民持续增收具有基础性作用。随着乡村现代农业基础的不断夯实、产业链条的不断延伸、农产品附加值的不断提高，农村居民收入稳步提高，对于持续巩固提升脱贫攻坚和全面小康成果，具有重要意义。

**四　发展现代农业是建设美丽乡村的基础支撑**

发展现代农业是美丽乡村建设的支撑和保障，美丽乡村是发展现代农业的稳固载体，发展现代农业对美丽乡村建设具有极大的促进作用。第一，构建农村三次产业交叉融合的现代产业体系，促进农业增效、农民增收和农村繁荣，离不开现代农业的高质量发展。第二，推进农业科技进步和绿色发展，是发展现代农业的应有之义，只有不断加快先进农业技术应用，才能有效促进农业降本增效，降低农业面源污染，助力美丽宜居乡村建设。第三，积极发展现代农业，有助于生态农业、观光农业、休闲农业发展，进而有助于发挥乡村生态和文化功能，提高乡村吸引力，建设美丽乡村。

# 第二节　山西现代农业发展的现状和问题

近年来，山西持续深入推动农业供给侧结构性改革，现代农业建设取得重大进展，乡村产业振兴实现良好开局，在促进农民增收尤其是带动贫困农户增收脱贫方面发挥了重要作用。同时，山西由于受到农业资源禀赋、土地条件等多种因素影响，现代农业发展仍然滞后。

**一　现状分析**

山西始终重视推进现代农业加快发展，在供给侧结构性改革，在农业综合生产能力、集群化品牌化发展、农业科技应用、产业链延伸和多业融合等方面，取得了长足进步。

**（一）农业综合生产能力稳步提升**

通过多年努力，山西农业现代化步伐持续加快，农业质量和效益持续提升。第一产业增加值 1978 年仅为 18.2 亿元，2019 年达到 824.72 亿元，增长了 44 倍多。从农林牧渔业总产值方面看，从 1978 年的 29.01 亿元增长到 2019 年的 1626.54 亿元，增长了 55 倍多（见图 3 – 1）。

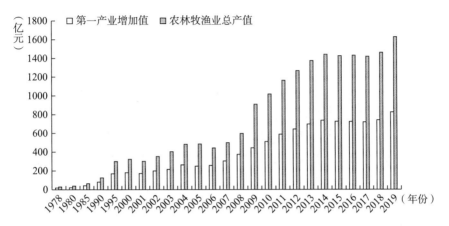

**图 3 – 1 改革开放以来山西农业增加值和总产值情况**

资料来源：有关年份《山西统计年鉴》。

近年来，山西发挥有机旱作农业优势，推动全省 4 市 15 县（市、区）有机旱作农业示范区建设，落实"藏粮于地、藏粮于技"战略，着力改善农业基础设施条件，累计建成高标准农田 1628 万亩。农业综合生产能力明显提升，粮食总产量从 1978 年的 706.96 万吨增长到 2019 年的 1361.80 万吨，接近翻番（见图 3 – 2）。2020 年全省粮食总产量更是创历史新高，达到 1424 万吨，总产单产均创历史最高水平。

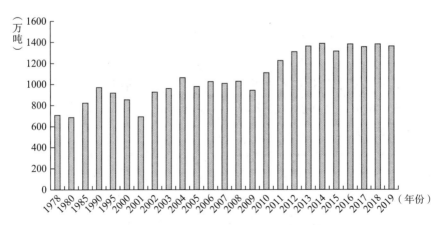

**图 3 – 2 改革开放以来山西粮食产量变动情况**

资料来源：有关年份《山西统计年鉴》。

## （二）农业集群化、品牌化发展持续加快

为深入推进乡村振兴战略、不断夯实农业农村现代化发展的基础，山西提出并实施农业三大省级战略和五大平台建设。其中，三大省级战略分别是山西农谷、雁门关农牧交错带示范区、运城农产品出口平台，五大平台建设分别是"南果、中粮、北肉、东药材、西干果"。经过几年努力，晋中国家农高区（山西农谷）成为首批国家农业高新技术示范区之一，雁门关农牧交错带示范区产业结构日趋合理，"南果、中粮、北肉、东药材、西干果"五大平台建设初见成效。全省建设特色农产品优势区和现代农业产业园、示范园取得显著成效，截至 2020 年末，全省共建成国家现代农业产业园 4 个，现代农业产业示范区 12 个，国家级特色农产品优势区 11 个，产业强镇 17 个，省级现代农业产业园 60 个。"特""优"战略布局为特色现代农业发展奠定了坚实基础。《山西省人民政府关于加快推进农产品精深加工十大产业集群发展的意见》提出，以三大省级战略为依托，以标准和品牌为引领，以现代农业科技为支撑，打造酿品、饮品（药茶）、乳品、主食糕品、肉制品、果品、功能食品、保健食品、化妆品、中医药品十大特色鲜明、结构合理、链条完整的农产品精深加工产业集群。按照"区域公用品牌＋企业产品品牌"的母子品牌模式推进十大产业集群品牌建设，全力推动特色农产品品牌建设。2020 年，大同黄花、山西杂粮、山西蜂蜜、长治神谷获得省级农产品区域公用品牌；清徐葡萄、原平石鼓小米、忻州杂粮、夏县西瓜等 11 个品牌入选市级农产品区域公用品牌；"不老泉"葛根醋、"边塞牧羊"羊肉、"神山任启"胡麻油、"高天深粮"右玉燕麦米、"壶口"苹果等 20 个品牌被评选为功能农产品品牌。根据《山西省人民政府关于加快推进农产品精深加工十大产业集群发展的意见》，到"十四五"期末，全省重点建设 10 个国家级特色农产品优势区，打造 5 个品牌价值超 20 亿元的全国知名区域公用品牌，做精做强 30 个省级农产品区域公用品牌，发展壮大 50 个省级农业企业品牌，扶持推介 100 个知名农产品品牌，"三品一标"产品认证数量突破 5000 个。有机旱作、优势杂粮、山西药茶等特色品牌影响力不断提升。

## （三）农业科技和物资装备得到加强

多年来，山西始终坚持科技是第一生产力，推动农业机械化、信息

化、标准化建设，农业生产条件持续改善。全省深入推进信息进村入户工程，农作物耕种收综合机械化率达到72.6%，累计制定各类农业地方标准900余项。主要农作物良种实现全覆盖，农业科技进步贡献率达到58.3%。农业机械化水平提升明显，2019年全省实际机耕面积达到2630千公顷，较1990年提高32.36%；机械播种面积占当年播种总面积的73.3%，机械收割面积占播种总面积的54.2%，分别较1990年提高58.7个和44.8个百分点（见表3-1）。此外，农田水利建设得到持续加强和完善，2019年全省耕地有效灌溉面积达到1519.34千公顷，其中机电排灌面积1198.5千公顷，灌溉机电井数量96161眼，较1990年均有大幅提升（见表3-2）。

表3-1　主要年份山西农业机械化情况

| 年份 | 实际机耕面积（千公顷） | 机械播种面积 | | 机械收割面积 | |
|---|---|---|---|---|---|
| | | 数量（千公顷） | 占播种总面积比例（%） | 数量（千公顷） | 占播种总面积比例（%） |
| 1990 | 1987.08 | 587.67 | 14.60 | 377.37 | 9.40 |
| 1995 | 2143.55 | 1035.90 | 26.60 | 658.16 | 16.90 |
| 2000 | 2270.24 | 1536.28 | 38.00 | 712.87 | 17.60 |
| 2005 | 2042.27 | 1517.64 | 40.00 | 649.22 | 17.10 |
| 2010 | 2559.72 | 2181.66 | 59.80 | 1026.62 | 28.20 |
| 2015 | 2737.00 | 2647.00 | 73.30 | 1825.00 | 50.60 |
| 2019 | 2630.00 | 2583.00 | 73.30 | 1911.00 | 54.20 |

资料来源：有关年份《山西统计年鉴》。

从粮食单位面积产量看，1978年全省粮食平均单产仅为1915公斤/公顷，到2019年达到4356.15公斤/公顷，提高了1.28倍。全省持续加强农业指导服务，培育引进了一批种业型、加工型、流通型、服务型、科技型产业集群骨干企业，着力打造超百亿级甚至千亿级规模旗舰企业。实施农民合作社质量提升整县推进工程和家庭农场示范创建工程，引导骨干企业与农民合作社、家庭农场组建产业化联合体，通过订单农业、入股分红、托管服务等方式，带动农户分享产业链增值收益。

表 3 - 2   主要年份山西农业农田水利发展情况

| 年份 | 年末有效灌溉面积 | | 灌溉机电井 数量（眼） |
| --- | --- | --- | --- |
| | 数量 （千公顷） | 机电排灌 （千公顷） | |
| 1990 | 1134.45 | 836.74 | 76672 |
| 1995 | 1201.99 | 891.74 | 82041 |
| 2000 | 1105.04 | 939.07 | 82234 |
| 2005 | 1088.59 | 946.39 | 83103 |
| 2010 | 1274.15 | 961.9 | 81166 |
| 2015 | 1460.28 | 1111.71 | 91276 |
| 2019 | 1519.34 | 1198.50 | 96161 |

资料来源：有关年份《山西统计年鉴》。

**（四）农产品加工业深入推进**

近年来，山西现代农业发展以市场为导向，深入推进"五个转变"，着力转变农业经营方式、生产方式、资源利用方式和管理方式，推动农业发展由数量增长为主转到数量、质量、效益并重上来，由主要依靠物质要素投入转到依靠科技创新和提高劳动者素质上来，由依赖资源消耗的粗放经营转到可持续发展上来。全省持续推进特色农产品集群化、品牌化发展，布局建设酿品、饮品（药茶）、乳品、主食糕品、肉制品、果品、功能食品、保健品、化妆品、中医药品十个产业集群。培育壮大龙头企业，延长产业链，提升价值链，完善供应链。2020 年省级以上农业产业化龙头企业达到 470 个，比 2015 年增加 51 个。全省农产品加工销售收入达到 2186 亿元，比 2015 年增长 47.6%，年均增长 8.2%。销售额超亿元的农业龙头企业超过 200 家，省级著名商标增加到 300 多个。"十二五"以来，全省农产品加工企业销售收入年均增长 20% 以上。全省农产品加工企业中获得绿色认证的企业近 300 家，获得中国驰名商标的有 25 家，入选"中华老字号"的企业 27 家，获得省级著名商标和名牌产品称号的有 300 多家。

**（五）乡村产业融合发展势头强劲**

近年来，山西连续出台了《关于推进农村一二三产业融合发展的实施意见》《关于深入推进农业供给侧结构性改革 加快培育农业农村发展新动能实施方案》《关于促进农村电子商务加快发展的实施意见》《关于壮大新产业新业态加快城郊农业发展的意见》《山西省深度贫困县农林脱贫主导产业发展的若干意见》《关于加快山西农谷建设的指导意见》《关于雁门关农牧交错带示范区建设的实施意见》等政策措施，大力推动乡村三次产业融合发展。

依托各地文旅及特色产业资源优势，拓展农业的多种功能，大力发展休闲农业、乡村旅游、养生养老、农耕体验、电子商务等新业态，推进农村三次产业融合发展。截至 2020 年末，全省已培育休闲农业和乡村旅游主体 5900 多个，营业收入达 75.6 亿元。创建全国休闲农业和乡村旅游示范县 9 个、中国美丽休闲乡村 29 个，山西省休闲农业和乡村旅游示范县 28 个、示范点 196 个。涌现出晋城司徒小镇、忻州凤凰山、永济水峪口等特色典型；阳高、太谷、万荣、盐湖、孝义、五寨入选首批国家农村产业融合发展示范园。推动农林文旅康体养跨界融合，依托酒醋文化、茶帮文化等历史传承，立足传统手工技艺、非物质文化遗产、农产品加工工业园区等旅游资源，建设酒醋博物馆、体验式酒庄、茶马古道文化园等旅游景区；结合健康养生消费需求，打造中医药养生保健旅游基地，开展中医整形美容、中医减肥、中医药养生保健等旅游服务项目。

农村电商发展迅猛。与阿里巴巴、京东商城、苏宁云商等国内电商龙头展开合作，省内电商企业"乐村淘""粮易"等模式也纷纷下沉农村，内外合力布局农村电子商务服务网络，基本形成了由县域公共服务中心、乡镇村服务站组成的农村电子商务服务体系，为农村消费者提供信息发布、网络购销、线下体验、代销代购、缴费充值等服务。发展多种模式并存的配送体系，大力推进农村流通信息化建设，实现农村流通网络"一网多用"，物流销售体系日趋完善。在中心乡镇形成了一批集聚餐饮、娱乐等综合服务功能的乡镇商贸中心。农村物流配送体系的完善，促进农村消费环境改善，提升了农民生活品质，提高了农村流通现代化水平，增强了农村流通主体实力，进一步方便了人民群众生活，扩大农村消费能力，促进了县域经济的发展。

## 二　突出问题

山西现代农业在取得长足发展的同时，仍然存在突出问题，主要表现为：特色现代农业产业特而不优、小而不强，尚未构建起高效、规范、完善的生产体系和经营体系，农业仍处于传统农业向现代农业转变阶段，与快速发展的工业化、城镇化、信息化相比，农业现代化步伐仍然滞后，农业在全省经济总体量中占比小、地位不高，发展质量和效益仍待提高。

**（一）农业体量不大，总体发展不强**

纵向来看，第一产业增加值占全省 GDP 的比重总体呈下降态势。1978年，第一产业增加值 18.2 亿元，占全省 GDP 比重高达 20.7%；而到 2019年，第一产业增加值虽然增加了 40 多倍，但第一产业增加值占比下降到 4.84%（见图 3-3）。与全国相比，山西省农业体量不大，在国民经济发展中地位不高、作用发挥不强。2019 年，全国第一产业增加值占比 7.1%，山西低于全国平均水平约 2.3 个百分点。

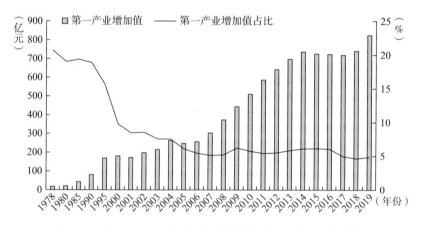

**图 3-3 改革开放以来山西第一产业增加值及其占比变化情况**

资料来源：有关年份《山西统计年鉴》。

从产值方面看，2019 年山西省农林牧渔业总产值 1626.5 亿元，仅占全国总量 123967.9 亿元的 1.31%，列全国第 25 位，仅高于北京、天津、上海、西藏、青海、宁夏。从主要农产品产量方面看，2019 年山西省粮食总产量 1361.8 万吨，占全国粮食总产量的 2.05%，居全国第 16 位；人均粮食占有量 365.7 千克，占全国平均水平的 77.01%，居全国第 18 位。山西不是棉花、油料、糖料、肉类、水产品、蔬菜等农产品的主要产地，故无论是总产量还是人均占有量指标均落后于全国平均水平。仅有水果（主要是苹果和梨）、奶类两大类农产品的人均占有量超过全国平均水平。2019

年，全省生产苹果421.9万吨，占全国4242.5万吨的9.9%，居全国第3
位；人均占有量113.3千克，是全国平均水平30.4千克的3倍多，居全国
第3位。2019年，全省生产奶类产品92.3万吨，占全国总量的2.8%，居
全国第10位；人均占有量24.8千克，是全国平均水平的1.05倍，居全国
第11位（见表3－3）。

表3－3　2019年山西农业发展主要指标及在全国排名情况

| 主要指标 | | 山西 | 全国 | 山西占全国比重（%） | 山西居全国位次 |
|---|---|---|---|---|---|
| 农林牧渔业总产值（亿元） | | 1626.5 | 123967.9 | 1.31 | 25 |
| 粮食 | 总产量（万吨） | 1361.8 | 66384.3 | 2.05 | 16 |
| | 人均占有量（千克） | 365.7 | 474.9 | 77.01 | 18 |
| 棉花 | 总产量（吨） | 2958 | 5889031 | 0.05 | 14 |
| | 人均占有量（千克） | 0.1 | 4.2 | 2.38 | 14 |
| 油料 | 总产量（吨） | 13518 | 17519596 | 0.08 | 23 |
| | 人均占有量（千克） | 0.4 | 12.5 | 3.20 | 24 |
| 糖料 | 总产量（吨） | 623 | 121690614 | 0.00 | 26 |
| | 人均占有量（千克） | 0.0 | 87.1 | 0.00 | 27 |
| 肉类 | 总产量（万吨） | 91.0 | 7758.8 | 1.17 | 24 |
| | 人均占有量（千克） | 24.4 | 55.5 | 43.96 | 27 |
| 水产品 | 总产量（吨） | 46307 | 64803616 | 0.07 | 27 |
| | 人均占有量（千克） | 1.2 | 46.4 | 2.59 | 29 |
| 蔬菜 | 总产量（万吨） | 827.8 | 72102.6 | 1.15 | 22 |
| | 人均占有量（千克） | 222.3 | 515.9 | 43.09 | 26 |
| 水果 | 总产量（万吨） | 862.7 | 27400.8 | 3.15 | 12 |
| | 人均占有量（千克） | 231.7 | 196.0 | 118.21 | 9 |
| 奶类 | 总产量（万吨） | 92.3 | 3297.6 | 2.80 | 10 |
| | 人均占有量（千克） | 24.8 | 23.6 | 105.08 | 11 |

资料来源：《中国农村统计年鉴－2020》。

**（二）产业发展层次总体不高**

全产业链连接不紧密，供给侧和需求侧不配套，农业供给结构不合
理。一是产品品质总体欠佳。全省水果优果率约69%，与山东的78%相

比，还有较大差距。干果中低品质果品比例较大，如红枣正常年景一二级枣、等外枣和残次枣比例约为 2:6:2，商品价值相差很大；核桃高品质果品占比不足 20%，经济效益较低。畜牧业规模有余而品质不足，高品质的肉、蛋、奶等农产品生产与消费需求有较大差距，优质饲草有效供给不足。全国绿色食品、有机农产品认证面积占耕地面积的比例接近 10%，山西仅为 1% 左右。二是产业结构不平衡。全省粮食占农作物种植面积的 83%（其中玉米占到一半），比全国平均水平高 15 个百分点，而周边的河北、河南、陕西和内蒙古粮食种植面积占比均在 70% 左右。非优势区玉米种植面积占比大，限制了特色产业空间发展。三是产业链条发展不充分。资源开发利用不够，资源优势尚未完全转化为产业优势、品牌优势和竞争优势。加工转化能力不够，多数还是卖原粮、原果、原药，主要农产品加工转化率比全国低 10 个百分点。有资料显示，中药材 80% 以上以原料药销往全国各地批发市场，杂粮用于加工的只有 25%，功能食品产业开发力度不够，产品技术水平较低，新产品的研发速度不快。农产品产后处理能力差，产后储藏能力只有约 50 万吨，缺口达 900 万多吨；现有烘干能力只有约 180 万吨/年，实际需求约为 350 万吨/年；果品商品化处理能力仅占总产量的 1%~2%；果品冷链运输能力缺乏。四是品牌建设滞后，普遍存在重生产、轻市场，产品基本上是本地产、本地销，商品品牌意识差，区域公用品牌培育不足，不注重认证和宣传。杂粮加工企业品牌众多，但是其影响力合起来比不上一个安徽的"燕之坊"。五是农业新产业新业态发育不足，城郊农业产业链条短，休闲农业和乡村旅游规模小、层次不高、低水平、同质化竞争较为普遍。

**（三）农业生产力水平整体不高**

科技应用、农机装备、管理、信息等生产要素还有很大提升空间。一是农业生产基础还比较薄弱。山西耕地中旱地面积占 70%，山地占 70%，中低等地占 73%，6°~25° 的坡耕地占 35%，总体生产条件差。二是水资源利用率低。目前全省灌溉水平均利用系数为 0.53，低于全国 0.546 的平均水平，降水利用率仅 42% 左右，和发达国家相比，还有 20%~25% 的降水没有充分利用。三是良种研发滞后。良种繁育基地布局散、规模小、条件差，全省没有一个全国制种大县，本省自主选育突破性品种少，如适应粮改饲需要的青贮玉米品种少，强筋小麦、高蛋白高脂肪大豆、谷子、马铃薯等特色优势作物优质专用品种少，不能充分满足产业发展需要。四是农机装备供给不足。收割类机械少，适应山西杂粮、中药材、畜牧业、水果等生产的机具供给不足。目前，全省市场上销售的农机产品 80% 以上是外埠产品，特别是大中型拖拉机全部依赖外省；本省规模以上企业仅 5 家。适应丘陵山区生产的小型机械少，丘陵山区机耕道等基础设施建设滞后，大中型机具无法开展作业。五是农业信息化发展水平不高。农村互联网的普及率仅为 20% 左右，农业互联网技术还局限在电商业务平台，尚未建立涵盖土壤、水利、农机、种养等各方面的社会化服务信息系统，农业信息化服务能力不足。六是科技支撑作用发挥不足。科技创新能力不足，育种、农艺等基础性研究人才匮乏。农业科技体制机制不畅，农科教部门相互之间联系不紧密，科研力量分散，缺乏对科研人员的有效激励机制，成果少、技术落后、针对性差。比如杂粮精深开发、中药材植物提取、药食同源产品开发等高精尖技术研发无人问鼎，中药洗护药、化妆品、食品添加剂生产在山西基本处于空白。七是农业标准化生产水平还不高。农业地方标准的制修订机制不完善，标准水平与国内、国外先进标准尚有一定差距。山西农业生产小规模、分散经营占比大，农民素质不高，农业标准推广和实施的难度大。缺乏省级财政补贴奖励机制，全国有 19 个省设立了"三品一标"省级补助资金，山西则没有针对"三品一标"产地认定及产品认证的省级补助奖励资金。

**（四）农业生产组织经营方式亟待改革完善**

现代农业经营体系，是现代农业经营主体、组织方式、服务模式的有机组合，重点是解决"谁来种地"和经营效益问题，是现代农业组织化的显著标志。从山西农业经营来看，存在总体落后的问题。一是土地流转水平较低。山西流转出耕地的农户，占家庭承包农户总数的 14%，远低于全国 30% 的比例。部分土地流转期限短，许多经营主体年年包地，年年换地，集中连片难，影响了种植规划，降低了经营效益。二是新型经营主体发展质量不高。新型经营主体主要成员文化水平普遍不高，管理者也大部分由内部产生，其知识结构、经营管理水平相对较低，高素质的带头人严重缺乏。新型经营主体运行欠规范，有些合作社管理章程流于形式，有的企业经营以粗加工为主，管理机制不灵活，发展后劲不足。多数新型经营主体缺少周转资金，普遍存在资金周转困难的问题，严重影响其做强做大。三是农业社会化服务体系不完善。用水、农机、植保、防汛抗旱等生产性社会化服务组织数量少、覆盖面小、服务能力不足，特别是经营管理、品牌建设、市场营销等服务缺乏，与农民对接不畅。

### （五）农村三次产业融合水平仍待提升

目前，山西涌现出的产城融合、农业内部融合、产业链延伸、农业功能拓展、新技术渗透、多业态复合等产业融合模式，多数处于初级发展阶段，不同程度存在着融合层次低、要素制约突出、体制机制不顺等问题。

#### 1. 产城融合度不足

以全国特色小镇吕梁市汾阳市贾家庄镇为例。贾家庄镇位于太原都市圈的外围圈层，紧邻汾阳市，是全国农业的先进典型。随着现代农业的发展，贾家庄镇已从传统的农业大镇转向休闲农业特色小镇发展，逐渐形成了集农业、休闲、生态、旅游、消费等于一体的产业集群，产城融合模式初步显现，但是依然面临着以下问题：第一产业对城镇化的带动力不足；第二产业基础薄弱，与第一产业融合不足，对城镇化的带动能力有限；第三产业旅游业发展较好，但是旅游公共服务资源配套紧缺，制约了产城融合的进一步加深。

#### 2. 农业内部融合不均衡

以大同市为例。大同市属于近代农牧史上的半农半牧交错带，作为全国北方农牧交错带的核心城市之一，近年来努力推动种养结合、循环发展，全市由粮经二元结构向粮经饲三元结构转变的趋势明显加快，已初步形成粮经饲统筹发展的格局。但是由于人口、市场、政策、种植习惯等多方面原因，籽实玉米的种植面积逐年加大，草场耕地退化、水土流失的问题依然存在。另外，各个产业相对孤立，种植业、畜牧业、加工业、销售业各自为政，循环型、综合型的新农业体系尚未形成，农村三次产业尚未形成联动机制，产业附加值较低。

#### 3. 产业链延伸不充分

以忻州市忻府区为例。忻府区农业生产除玉米、杂粮、蔬菜外，最具特色的是辣椒和香瓜种植，且产业基地的集聚种植已经初具规模，但是规模较小。辣椒生产存在附加值比较低、产业集中度不高的问题，虽然供、产、加、销环节纵向融合加快，下游的销售、服务性企业也已进入，但一方面加工企业和运输服务企业的数量还很少，规模也不大；另一方面农业供、产、加、销环节产业联系不紧密，农业产业集群协同效应不强，农业市场化发育还处于初级阶段。农产品产地普遍缺少储藏、保鲜等初加工设施，对香瓜生产的影响较大，不仅产后损耗大，而且影响产品品质。全省特色产业基础较好的地区，普遍存在这一问题，加工、流通等产业链延伸不足，制约了三次产业的融合发展。

4. 农业功能拓展不足

以省会城市太原为例。随着农业结构调整和发展方式转变的深入推进，加之市民生活水平的不断提高和消费需求的逐步改善，城郊休闲农业迎来蓬勃发展。太原市周边休闲农业发展形式多样，但大多数处于发展的初级阶段。以太原市尖草坪区的宇文河生态庄园为例，项目没有鲜明的文化主题，立意和层次都不高，多种项目组合成了"小而全"的大杂烩。过于偏向观光游乐项目的开发，把市民农业园搞得与人造乐园雷同。这些问题在全省的主流休闲农业园中普遍存在，同时还存在特色不显、品牌不强、文化内涵挖掘不够、科技含量不高、缺乏有序管理等问题。

5. 资金投入不足

农村三次产业融合发展试点建设项目涉及面广，投资大，资金严重不足。一方面是地方财政困难，支持有限，还不足以撬动大量社会资本投向农村产业整合项目；另一方面是银行授信额度小，放贷比例低，贷款期限短，无法满足农业经营主体实际需求。相当一部分农业经营主体受资金限制难以发展壮大，甚至因此陷入发展困境。

## 第三节　加快推动山西农业现代化的路径与对策

当前，山西现代农业发展进入"五期叠加"的重要时期。从农业产业发展水平看，现代农业发展的基础和模式正在形成，传统农业向现代农业转型升级进入关键期；从农业质量和效益方面看，农产品标准化、品牌化建设加快，农民市场意识逐渐增强，市场拓展、融入国际国内双循环进入机遇窗口期；从农业技术装备看，机械化、信息化、智能化程度越来越高，科技进入加速迭代期；从农业产业的形态看，新产业、新业态快速成长，乡村产业多元化发展进入战略机遇期；从农业农村发展趋势看，县域作为城乡融合发展的重要切入点，工农互促、城乡互补、协调发展、共同繁荣的新型工农城乡关系成为发展趋势，乡村产业发展进入加速融合期。新格局背景下，结合山西农业和农村发展实际，全省农业现代化发展要坚持"特""优"发展思路，高质高效发展，实现与全国现代化进程同步，打造全国有机旱作农业特色品牌、北方现代农业发展创新高地。

**一 巩固粮食生产基础**

把确保粮食安全作为现代农业发展的基础工作，确保全省粮食生产稳定，加强耕地保护与质量提升，打牢全省现代农业发展的基础。

**（一）稳定粮食生产**

坚守粮食安全底线，落实"藏粮于地、藏粮于技"战略，稳定粮食生产。健全农业支持保护制度，引导农业资源和各类要素优先保障粮食生产，稳定播种面积，提高单产水平。加快划定和建设粮食功能区，农田基础设施建设项目资金优先投入粮食功能区，稳定提升粮食产能。把休耕和退耕相结合，逐步推开轮作休耕试点，保障耕地永续利用。实施优质粮食工程，探索建立粮食调节储备制度，提升储备应急能力。开展粮食节约行动，减少粮食损耗浪费。从全省实际情况看，要继续保持、稳定提升全省粮食播种面积，力争达到4700万亩以上，全省粮食综合生产能力能够稳定在1365万吨以上。落实小麦最低收购价政策，落实产粮大县省级奖补政策，重点对粮食生产环节和要素进行支持。推进政策性农业保险提标、扩面、增品，建设农作物病虫害防治体系，健全现代气象为农服务体系，加强监测预警防范，提高农业抵御风险能力。

**（二）加强耕地保护与质量提升**

采取"长牙齿"的硬措施，落实最严格的耕地保护制度，坚决遏制耕地"非农化"、防止"非粮化"，统筹利用撂荒地、盐碱地，规范耕地占补平衡。明确耕地利用优先顺序，确保永久基本农田重点用于粮食特别是口粮生产。进一步推进高标准农田建设，加大政府投资力度，从土地出让金收益、新增建设用地有偿使用费等非农占地资金中提取一定比例，提高高标准农田建设的补贴标准；加大补贴范围，鼓励企业投资田林水路等基础设施建设。积极培肥地力，大力实施增施有机肥、测土配方施肥等举措，促进科学施肥，提升耕地地力。明确耕地和永久基本农田不同的管制目标和管制强度，加强耕地数量、质量监测和执法监督。进一步提升耕地质量，构建耕地质量保护与提升长效机制。加大农田水利设施建设力度，扩大有效灌溉面积，以水定产、以水定地，大力发展节水农业，提高水资源利用率。继续实施盐碱地改良工程。全省要坚决守住 5757 万亩耕地红线，确保永久基本农田保护面积不低于 4889 万亩，大力实施新一轮高标准农田建设规划。

### （三）加快推进现代种业创新发展

农业现代化，种子是基础。要充分发挥山西种质资源大省优势，建设种业强省，打造北方种业研发和供应基地。完善农业种质资源分类分级保护名录。建设国家杂粮作物种质资源中期库，建设山西作物种质资源保护与利用中心和果树、蔬菜花卉、马铃薯、甘薯、黄花、中药材、蚕桑等分中心。继续加快主要畜禽保种场、保护区的认定工作，建设水产种质资源保护场和国家级水产种质资源保护区，建设山西农业微生物种质资源保护与利用中心和环境微生物分中心、植物病原与生防微生物分中心。

开展农作物种质资源普查。建立种质资源库，加强动植物、蚕桑等种质资源保护和创新利用，强化晋南牛、马身猪、广灵驴、边鸡和太行山羊等国家级资源品种以及山西地方品种的保护、开发和利用，实施肉牛、蛋鸡、肉鸡遗传改良计划。加快动植物优良新品种选育，集中科研力量开展抗旱品种育种技术攻关。加快抗旱节水新品种的选育推广应用，尤其要注重山西本地品种的选育和提纯复壮，加快培育和推广一批适宜山西立地条件的特色有机旱作农业生产、适宜机收的突破性新品种，让抗旱节水品种选育成为山西种业新的增长点。加快构建商业化育种体系，建设山西省海南育种创新基地，支持育繁推一体化种子企业建立商业化育种创新基地和研发中心，推进畜禽良种繁育体系建设。

推进种业创新研发。强化种业科技支撑平台建设，开展"育繁推一体化"种业创新平台建设，推动创建特色杂粮种质创新和分子育种国家重点实验室，推动农业农村部区域性杂粮科创中心、杂粮育种创新平台建设，加快实施农业生物育种重大科技项目，对育种基础性研究以及重点育种项目给予长期稳定支持。深入实施农作物和畜禽良种联合攻关，开展"晋"字品种协同攻关，在谷子、高粱、马铃薯、猪、牛、羊等重点农畜品种和本土瘦肉型猪、边鸡、万荣黄牛、黑山羊、藜麦、河鲤等地方特色品种上，力争攻克一批种源"卡脖子"技术。积极推进国家和省级农作物新品种审定、登记，加强植物新品种保护授权。

加快种业基地建设。持续推进南繁基地建设，提升全省农业发展源头保障能力。建设以良种繁育基地县（市、区）和区域性特色品种繁育基地为支撑的基地体系，在山西玉米主产区建设玉米新品种试验示范筛选基地。

加快现代种业企业培育。支持种业龙头企业建立健全商业化育种体系，培养一批以谷子、高粱、马铃薯、晋汾白猪、晋岚羊、晋南牛、广灵驴等为主的地方特色品种种业企业。培育一批作物、畜禽"育繁推一体化"特色优势种业企业。

强化现代种业治理服务能力。加强育种领域知识产权保护，研究重大品种研发与推广后补助政策。开展种业政策体系建设，加强种业管理体系建设，健全良种质量监督检查机制，确保农业用种安全。大力提高农作物良种覆盖率和畜禽核心种源自给率。

## 二　围绕"特""优"战略构建现代产业体系

要始终围绕山西特色农业资源和优势农业产业做文章，优化特色优势产业布局，提升农产品质量和品牌效应，推进园区化承载。

### （一）优化农业产业结构

发展特色粮油产业。在东西两山、晋西北地区推进谷子、高粱、马铃薯、燕麦、荞麦、藜麦、红芸豆、甜糯玉米等杂粮作物的全产业链发展，创建有机旱作农业技术应用推广体系，充分挖掘高粱种植潜力，大力推广酿造专用品种和全程机械化作业等集成技术。加快建设现代加工型马铃薯种植基地，提升马铃薯产业精深加工水平，在晋西北地区大力发展油菜、胡麻、杂交向日葵，开发工业大麻、紫苏、油莎豆等特色油料作物。围绕酿品、主食糕品、功能食品等产业集群和山西（忻州）杂粮出口平台，布局特色农产品初加工和精深加工特优原料供应基地，提高山西特色粮油供给能力。

发展现代养殖业。完善绿色畜产品全产业链标准体系建设，落实支持生猪生产政策措施，持续培育引进生猪规模化养殖企业，健全生猪产业平稳有序发展长效机制。大力发展牛羊等草食畜，发展标准化规模养殖，强化冷链运输体系建设，鼓励大型养殖企业配套建设屠宰场，推进养殖与屠宰相匹配。推动奶业强省建设，加快发展奶业大县。推进水产绿色健康养殖，实施水产养殖转型升级、渔农综合种养、湖库大水面生态渔业工程，推动现代特色渔业高质量发展。围绕肉制品、乳品产业集群和晋北肉类出口平台建设，在雁门关农牧交错带及东西两山、中西部布局特优种养基地。健全动物防疫体系，压实防疫属地责任和企业主体责任。

发展特色果蔬产业。支持发展黄花、辣椒、番茄、香菇等特色单品。推动特色水果产业提质升级，改良果树品种，改造中低产果园，提升果品加工水平。聚焦果品、饮品、功能食品等产业集群和运城（临汾）果业出口平台建设，在晋南、晋中、吕梁等地，布局建设特优种植基地和初级农产品加工基地。

发展中药材（药茶）产业。围绕黄芪、党参、连翘、远志、柴胡、黄芩等"十大晋药"道地药材，推进绿色、安全生产。围绕药茶、中医药品、保健品等产业集群和山西（长治）中药材商贸平台，建设以太行山、太岳山、吕梁山区、管涔山区、恒山、晋南边山区为主的特优原料供应基地，大力发展中药材产业。抓住标准、质量、品牌三个关键，建设优质茶园基地，努力把山西药茶培育成山西一产新的增长点。

发展苗木花卉产业。引导农民发展个体育苗、合作育苗，加强新品种选育、引种、繁育和栽培等技术培训。加大功能食品、保健品、化妆品等产业集群特优基地建设，积极拓展花卉产业链条，推动花卉产业规模化、品牌化、特色化。鼓励各地因地制宜发展林下经济产业，确保林下资源充分有效利用，形成一批林下经济示范基地。

**（二）实施质量兴农品牌强农**

提升质量安全体系。推进农产品质量安全"智慧监管"，构建农产品质量安全追溯体系,积极培育质量安全追溯标杆企业;强化农产品质量安全监管队伍和农业综合行政执法能力建设,完善安全监测体系,提升农产品质量安全监管能力,持续推进农产品质量安全县创建和动态管理。做好绿色有机地理标志农产品认定和"圳品"评价工作。进一步提高农产品质量安全例行监测总体合格率,加大农作物病虫绿色防控技术覆盖率。

强化全产业链标准化。按照"有标采标、无标创标、全程贯标"的要求,加快产地环境、投入品管控、农兽药残留、产品加工、储运保鲜、品牌打造、分等分级等关键环节标准的制订、修订,推动建立现代农业全产业链标准体系,开展农产品全产业链标准化试点,建设现代农业全产业链标准集成应用基地,培育一批农业企业标准"领跑者"。

打造"晋字号"品牌矩阵。建立"晋字号"特优农产品品牌目录库,进一步扩大"晋字号"特优农产品品牌库。探索农产品物联网信息共享平台建设。继续北上京津冀、东进长三角、南下粤港澳,瞄准大城市、大区域,在上海、天津、北京、广州等地设立农产品展示直销中心,建立农产品"绿色直通车",推动山西更多的优质农产品进入国内大循环中高端。

### (三)加快农业现代化示范园区建设

围绕农业现代化示范区建设,统筹推动现有国家现代农业产业园、现代农业产业示范区、国家级特色农产品优势区、产业强镇、省级现代农业产业园以及十大产业集群等项目向示范区集中,引领农业设施化、园区化、融合化、绿色化、数字化发展,引导相关主体入园入区。加强资源整合、政策集成创新、要素跨界集聚,树立农业现代化的标杆、样板和融合发展先导区,形成梯次推进农业现代化的格局。

## 三 围绕"三品一标"完善现代农业生产体系

### (一)纵深推进有机旱作农业发展

坚持科研和生产、传统和现代相结合,加快创建国家有机旱作农业科研和生产试验区。以生产过程全产业链、生产技术全要素、作物品种全覆盖为目标,以水、肥科学利用和农药有效控制为重点,探索适应不同生态区域、不同水源条件、不同灌溉方式、不同作物类型的有机旱作农业技术和模式,创建有机旱作农业全产业链标准体系。立足科技成果转化,加速科研与生产的融合，围绕土、肥、水、种、技、机、绿等要素建设科研示范基地。围绕十大产业集群发展，推行集约化、规模化、标准化生产，开展绿色食品、有机农产品认定，建设有机旱作生产基地。立足全产业链发展，优化配置各环节要素，建立市场主体和农户利益紧密联结机制，撬动更多社会资本投向有机旱作农业，延长产业链，增强发展动能。深入实施品牌创建和推广，打响有机旱作农产品品牌和技术品牌。打造全国有机旱作农业特色品牌，申报一批国家标准和行业标准，为全国同类型地区推广提供支撑，大力建设有机旱作农业科研示范基地、有机旱作农业生产基地。

**（二）推进设施农业建设**

强化设施农业的创新引领作用，打造园区引领、基地示范、板块联动、标准覆盖、集群发展的经济圈和产业带，形成布局结构合理、产业特色突出、资源配置科学、综合功能齐全、建设水平领先的设施农业发展的新格局。

设施蔬菜。大力推进设施蔬菜区域化、标准化，加大科技支撑，创新栽培模式，推进设施蔬菜生产机械化、智能化，加快设施蔬菜智能应用系统与物联网及储存保鲜冷链物流体系建设。推进现代设施农业示范园区建设，提升设施蔬菜竞争力。

设施水果。以增量、提质、优品、增效为重点，适度扩大设施水果种植面积。在晋南及城郊建设设施水果基地，推进设施水果产、加、销等要素集聚，实现设施水果产业集群化发展。加强良种苗木繁育与新品种引进。加快标准化生产管理与冷链物流体系建设。推进品牌创建和品牌营销。

设施养殖。坚持生态保护、资源利用、循环发展的目标，不断提高设施建设质量和装备水平，鼓励采用现代工程技术、材料技术、生物技术和生态技术开展高效、集约养殖生产，建立畜产品质量安全可追溯体系。支持养殖场开展规模化标准化升级改造，大力提升设施养殖比重，提高规模化养殖机械化率，基本实现畜禽粪污资源化利用。

设施渔业。充分利用河、湖、库、泉、滩等资源，拓展水产养殖空间，加大水产养殖基础设施建设，重点实施水产养殖转型升级、渔农综合种养、湖库大水面生态渔业等三大工程。

### （三）提升农业物资装备和信息化水平

实施农机装备优化、农作物生产全程机械化、数字智能化、非粮类农机技术推广、丘陵山区农田宜机化等推进行动。加强农机农艺融合，推广先进适用农机技术与装备，提高畜牧养殖业、设施农业、农产品初加工以及药茶采收加工等环节机械化作业水平。研发引进有机旱作农业生产全程机械化技术装备、丘陵山区急需的中小型机具等特色农机新装备。优化农机购置补贴政策，加大粮食生产薄弱环节、丘陵山区和绿色智能农机等机具补贴力度，开展农机作业补贴。基本实现主要农作物生产全程机械化，继续提高全省农机总动力，提升农作物耕种收综合机械化率。大力推进物联网在农业生产中的应用，在现代农业示范区、产业园、科技园建设一批设施园艺、畜禽养殖等物联网示范基地，熟化一批农业物联网关键技术和成套设备，推广一批节本增效农业物联网应用模式，提高农业产出率、劳动生产率、资源利用率。

加强农村气象服务体系建设。利用运城、大同、太原农业气象试验站，开展经济林果、杂粮、设施农业试验研究，为农业"特""优"发展提供气象科技支撑。加强农业气象监测站网建设，提升农业气象观测智能化和自动化水平。完善农村防灾减灾合作机制，加强预警信息传播基础设施建设，利用手机客户端等新媒体推进气象灾害预警信息靶向发布。实施人工影响天气能力提升工程。聚焦"保丰、增绿、减灾"要求，加大人工增雨防雹装备和作业站点建设力度，扩大人工影响天气作业覆盖范围，实施"全方位、全时段、全覆盖"人工影响天气作业。

加快产地田头批发市场、鲜活农产品仓储保鲜冷链设施建设。在鲜活农产品主产区和特色农产品优势区，支持新型农业经营主体新建或改建农产品仓储保鲜冷链设施，提升田头市场仓储保鲜水平，基本形成农产品仓储保鲜冷链物流体系；培育一批区域性冷链物流骨干节点。逐步建立互互通的农产品仓储保鲜冷链物流信息网络，提升农产品仓储保鲜冷链物流服务智能化水平；鼓励扶持电商平台企业和农村电商自营店加快提质升级，推进农产品跨境电商、生鲜电商、农产品新零售快速发展。

### （四）聚焦"六新"率先突破

坚持创新在农业现代化建设中的核心地位，聚焦"六新"，以有机旱作农业、三大省级战略、十大产业集群建设为重点，聚力"卡脖子"技术、原创性技术、颠覆性技术、前沿性技术攻关，尽快形成一批"晋"字头农业自主创新成果。加快智慧农业发展，建设一批国家数字农业农村创新中心和数字农业应用推广基地，推进物联网、人工智能、区块链等信息技术集成应用。开展智慧农（牧、渔）场建设、智慧农机应用示范。建设农业农村大数据中心，完善重要农产品监测预警体系。实现农业领域"六新"重大突破。

新基建。加快建设农业农村遥感卫星等天基设施，推进物联网、人工智能、区块链等信息技术集成应用。以农村 5G + 乡村振兴、全省农业农村专题数据库、全省农业农村信息系统、天空地一体化观测体系、农业重点实验室等 5 类新基建为主进行布局。

新技术。以现代种业、农业农村信息化、耕地质量提升与保育、农产品精深加工、畜禽健康养殖、动植物疫病防控、农业资源高效利用等 17 类新技术为主进行研发推广。

新材料。以新型环保材料，特别是低残留、低污染的全生物降解地膜和以秸秆为原料的可降解新材料、设施节能新材料、生物质新材料等 3 类新材料为主进行研发推广。

新装备。对农业智能机器人、农业机械化装备，特别是主要农作物薄弱环节机械装备、丘陵山区中小型农机装备、有机旱作农业生产技术装备、设施农业及药茶等特色产业的新装备进行引进研发。

新产品。围绕山西特色产业，以十大产业集群精深加工农产品、肥料、农药生物制剂等新产品为主进行开发。

新业态。顺应多元化、个性化、体验式消费新需求，加快培育农村电商、休闲农业、创意农业、会展农业、众筹农业、托管农业、共享农业等新业态。

**（五）加快农业绿色发展**

以满足人民对绿色安全健康农产品的消费需求、生态环境友好和资源永续利用为导向，推行农业绿色生产方式，开展农业绿色发展行动，推动两个"三品一标"建设。在产品上，大力发展绿色、有机、地理标志农产品生产，推行食用农产品达标合格证制度；在生产方式上，推动品种培优、品质提升、品牌打造和标准化生产。坚持不懈地推进农业面源污染治理，建立健全回收处理体系，统筹推进农药包装物回收处理等设施建设。以提高秸秆综合利用率、促进秸秆全量利用为目标，深入实施秸秆综合利用行动，完善秸秆收储运体系，秸秆综合利用结构不断优化，秸秆还田质量全面提升，构建布局合理、高质高效的利用机制和发展格局。推动田园美化建设，推广农田标准化操作规程，从种到收开展标准化作业，打造整洁的田园风光。

### 四　完善现代农业支持体系

抓好"四类主体"完善经营体系，改革"三支队伍"重构技术推广体系，聚焦"全产业链"培育社会化服务体系。

#### （一）抓好"四类主体"完善经营体系

突出抓好专业大户、家庭农场、农民合作社、龙头企业四类新型经营主体培育，鼓励发展多种形式的适度规模经营，实现家庭经营、合作社经营、集体经营、企业经营共同发展。深入实施家庭农场培育计划，把农业规模经营户培育成有活力的家庭农场，创建家庭农场示范县，鼓励有条件的县（市、区）组建家庭农场协会或联盟。推进农民合作社质量提升，加大对带动能力强、示范作用好、运行规范的农民合作社扶持力度，实施农民合作社整县质量提升行动。培育壮大一批联合社、单体社，建立健全省级示范社监测、退出机制。发展壮大农业专业化社会化服务组织。支持市场主体建设区域性农业全产业链综合服务中心。落实扶持农业产业化龙头企业发展的若干政策，支持农业产业化龙头企业创新发展、做大做强，持续创建农业产业化联合体。培育高素质农民，组织参加技能评价、学历教育，设立专门面向农民的技能大赛。鼓励有条件的地方支持农民合作社聘请农民经理人，鼓励家庭农场经营者、农民合作社带头人参加职称评审、技能等级认定。吸引城市各方面人才到农村创业创新，参与乡村振兴和现代农业建设。

#### （二）改革"三支队伍"重构技术推广体系

1. 健全农业技术推广体系

着眼于新阶段山西现代农业的多业态发展需要，按照整体设计、分类推进、分步实施的思路，坚持市场化运作、企业化经营、法治化推进，统筹推进省市县农机、农经、农技"三支队伍"改革，逐步构建起以各级农业技术推广机构为主导，农村合作经济组织为基础，农业科研、教育等单位和涉农企业广泛参与，分工协作、服务到位、充满活力的多元化农业技术推广体系。

2. 推动农业创新平台建设

强化农业科技创新，深入开展乡村振兴科技支撑行动，积极申报国家农业科技园区，认定省级农业科技创新园区。聚焦"六新"驱动，充分发挥晋中国家农高区（山西农谷）示范引领和辐射带动作用，强化创新研发、成果转化平台，实现产学研用贯通。

3. 继续实施科技特派员制度

坚持把科技特派员制度作为科技创新人才服务乡村振兴的重要工作进一步抓实抓好。设立科技特派员创新创业专项，建设完善"山西科技扶贫·特派员服务平台"，强化科技特派员队伍建设和管理。坚持人才下沉、科技下乡、服务"三农"，使科技特派员队伍不断壮大，成为党的"三农"政策的宣传队、农业科技的传播者、科技创新创业的领头羊、乡村脱贫致富的带头人，使广大农民有更多获得感、幸福感。

**（三）聚焦"全产业链"培育社会化服务体系**

1. 促进小农户和现代农业有机衔接

大力培育新型服务主体，着力培育全产业链专业化社会化服务组织，重点发展面向农业生产的专业化服务公司，扩展产前、产中、产后服务，建设区域性农业全产业链综合服务中心。健全农业社会化服务体系，将先进适用的品种、投入品、技术、装备、气象信息等导入小农户，促进小农户与现代农业有机衔接，实现小农户与服务组织双赢。创建一批农业专业化社会化服务示范基地和示范主体。培育农机、农技等各类型专业化市场服务组织，推进农业生产全程社会化服务，帮助小农户节本增效。改善小农户生产设施条件，通过社会化服务组织导入市场信息、气象服务、物联网服务等，提高小农户抵御自然风险能力，帮助小农户对接市场。支持生产性服务组织通过统一服务带动小农户应用先进品种技术，大力提升对小农户的服务覆盖率。

## 2. 创新农业生产托管服务模式

按照农业作业环节需求，积极发展单环节托管、多环节托管、关键环节综合托管和全程托管等多种托管模式。培育一批多元化专业化农业社会化服务组织，开展生资配送、代耕代种、统防统治、烘干收储等生产托管服务。支持村"两委"、集体经济组织、农民合作社组织，推进小农户通过合作或联合实现耕地集中连片，统一开展农业生产托管。支持专业服务公司、供销合作社专业化服务组织、服务型农民合作社、农村集体经济组织等服务主体，重点面向从事粮棉油糖等大宗农产品生产的小农户以及新型农业经营主体开展托管服务，促进服务主体服务能力和条件提升。把农业生产托管耕地纳入农业政策性保险范围，推出适合农业生产托管的各类成本保险产品，降低托管双方风险。

## 3. 大力发展生产性服务业

强化对生产性服务主体的专业化培训力度，支持服务主体做大做强。培育主体多元、竞争充分的农业专业化社会化服务市场。通过价格手段推动财政资金效用传递到服务对象，健全农业专业化社会化服务体系。与金融部门合作建设农业生产社会化服务平台，开展"农业机械化＋综合农事服务"试点。加快形成服务结构合理、专业水平较高、服务能力较强、服务行为规范、覆盖全产业链的农业生产性服务业。

## 五 加快乡村产业深度融合发展

### （一）打造现代农业全产业链

立足县域布局特色农产品初加工和精深加工，把产业链主体留在县城，让农民更多分享产业增值收益。发展多类型的产业融合方式。通过加快农业结构调整、促进农业产业链的延伸、开发农业的多种功能、大力发展农业新型业态等方式，加快建立现代农业产业体系。创新产业链和农户利益联结模式。围绕股份合作、订单合同的利益联结模式，鼓励龙头企业建立与农户风险共担的利益共同体。

### （二）培育多元化的农村产业融合主体

支持发展县域范围内产业关联度高、辐射带动力强、参与主体多的融合模式，扶持一批龙头企业牵头、家庭农场和农民合作社跟进、广大小农户参与的农业产业化联合体，促进资源共享、链条共建、品牌共创，实现抱团发展。鼓励新型职业农民、务工经商返乡人员等领办合作社、兴办家庭农场，探索建立新型合作社的管理体系，拓展农民合作领域和服务内容，鼓励发展农产品加工和流通。

### （三）推动乡村业态跨界创新

以加工流通带动业态创新，引导各类经营主体发展中央厨房等业态，以功能拓展带动业态创新，围绕"黄河、长城、太行"三大旅游板块、"康养山西、夏养山西"等旅游品牌，开展休闲农业和乡村旅游精品线路，完善配套设施，推介乡村休闲旅游精品景点，创建"中国美丽休闲乡村""山西美丽休闲乡村"。推进传统农业与文化、旅游、教育、康养等产业融合。以信息技术带动业态，创新发展农村电商智慧农业等，让农民跨界增收，跨域获利。

### （四）健全完善利益融合机制

引导龙头企业、基地、合作社和农户之间按照自愿互利原则，建立完善订单农业、入股分红、利润返还等利益联结新机制。强化龙头企业联农带农激励机制，引导和支持龙头企业与农户、家庭农场、农民合作社建立稳定购销关系，提供贷款担保，资助订单农户参加农业保险，打造联合品牌等，实现利益共享。引导银行支持新型农业经营主体以保底收购、保底分红、股份合作与农户土地经营权等要素进行价值分配等多种形式，与农户建立起紧密的利益联结关系，打造风险共担、利益共享、命运与共的农村产业融合利益共同体。把农业现代化示范区作为推进农业现代化的重要抓手，推进三次产业融合发展，提高产品附加值，推动农业提质增效。

### （五）发挥示范引领作用

积极申报农业农村部的农村三次产业融合发展整县推进试点示范工程项目。坚持以特色产业规模经营为切入点，以农村产业融合示范区建设为支撑，大力推进农村三次产业融合发展，在全省择优创建各具特色的农村三次产业融合发展示范县，开展整县推进农村三次产业融合发展试点示范建设，引领示范带动山西特色农业现代化发展。积极开展农村农林文旅康产业融合发展试点工作。积极探索和总结成功的做法，形成可复制、可推广的经验，促进全省农村产业融合加快发展。

　　总之，要进一步完善现代农业产业体系、生产体系、经营体系，推动农业由增产导向转向提质导向，推动山西由农业特色小省加快向优质强省转变。在构建现代特色农业产业体系上，坚定不移稳定粮食生产，积极推进农业结构调整，以功能食品和药食同源产品开发为引领，以特优区和产业园创建为抓手，以休闲农业、创意农业、乡村旅游为拓展，带动全省特色现代农业产业兴旺发展；在构建现代特色农业生产体系上，以有机旱作为根本路径，夯实农业生产能力基础，完善有机旱作技术体系，突出抓好良种、农机、农业绿色发展，积极推进"互联网＋现代农业"，实现质量兴农，叫响山西特色农业品牌；在构建现代特色农业经营体系上，巩固和完善农村基本经营制度，坚持家庭经营基础性地位，积极培育新型农业经营主体，促进小农户和现代农业发展有机衔接。

# 第四章　乡村振兴战略下乡村生态建设研究

"绿水青山就是金山银山。"生态是乡村最大和最具潜力的发展优势，良好的生态环境是农村最大优势和宝贵财富。生态振兴是乡村振兴的应有之义，实现乡村生态振兴，要让"美丽"成为农村经济的增长点、乡村振兴的支撑点、农业现代化的发力点，形成经济生态化、生态经济化的良性循环。

## 第一节　乡村生态振兴的基本内容与重大意义

建设生态宜居美丽乡村，是我国经济社会发展到一定阶段后的新需求，而乡村振兴离不开绿色发展，加强农村生态文明建设，坚持人与自然和谐共生，将促使乡村生态发展与经济发展协调共进。

### 一　乡村生态振兴的基本内涵

生态文明是人类为保护和建设美好生态环境而取得的物质成果、精神成果和制度成果的总和，是人类文明发展理念的重大进步。生态文明建设是我国"五位一体"总体布局的重要组成部分，是习近平新时代中国特色社会主义思想的重要内容。党的十八大以来，习近平总书记反复强调生态的重要性，指出"保护生态环境就是保护生产力、改善生态环境就是发展生产力"，"生态兴则文明兴，生态衰则文明衰"，"良好生态环境是最公平的公共产品，是最普惠的民生福祉"。习近平总书记关于社会主义生态文明建设的一系列重要论述，指明了生态文明建设的重要性。

党的十九大提出实施乡村振兴战略，要按照产业兴旺、生态宜居、乡风文明、治理有效、生活富裕的总要求，加快推进农业农村现代化。2018

年全国"两会"期间，习近平总书记明确提出"五个振兴"，即产业振兴、人才振兴、文化振兴、生态振兴、组织振兴。这充分说明乡村振兴不仅是经济和社会意义上的振兴发展，还是生态意义上的振兴发展。其中，生态振兴是乡村振兴的重要基础和重要支撑。没有生态振兴，没有优良的生态环境，乡村振兴只能是一句空话。只有乡村生态环境优美，才有利于产业振兴、人才振兴、文化振兴、组织振兴。

乡村生态振兴，就是以绿色发展引领乡村振兴，用绿色发展理念贯穿乡村"三生空间"（生产、生活、生态空间），推动农业绿色发展，建设生态宜居美丽乡村，加强乡村生态保护和环境治理，从而形成有机联系、互相促进的绿色发展共同体，打造人与自然和谐共生发展新格局。生产空间方面，强化资源保护与节约利用，推动形成农业绿色生产方式，治理农业环境突出问题，提高农业可持续发展能力；生活空间方面，加快补齐突出短板，着力提升村容村貌，建立健全整治长效机制，持续改善农村人居环境；生态空间方面，统筹山水林田湖草系统治理，健全生态保护补偿机制，增加农业生态产品和服务供给，实现生态和经济良性循环发展。

## 二　乡村生态振兴的重要意义

党的十九届五中全会提出，要优先发展农业农村，全面推进乡村振兴。推动乡村生态振兴是实施乡村全面振兴的重大任务之一。2020年习近平总书记在中央农村工作会议上提出，"要加强农村生态文明建设，保持战略定力，以钉钉子精神推进农业面源污染防治，加强土壤污染、地下水超采、水土流失等治理和修复"，为我国农村生态文明建设提供了基本遵循，具有重要的指导意义。

### （一）推动乡村生态振兴有利于农业农村可持续发展

良好的生态环境是经济社会持续健康发展的重要基础和前提条件。乡村是生态文明建设不可或缺的重要部分，乡村生态振兴在生态文明建设中扮演着重要的角色。推动乡村生态振兴，就是以绿色发展为主基调，实现农业农村可持续发展。推进农业绿色发展，强化资源保护，降低资源消耗，减少环境污染，实现投入品减量化、生产清洁化、废弃物资源化、产业模式生态化，有利于提高农业可持续发展能力。改善农村人居环境，持续开展农村垃圾治理、生活污水治理，推进"厕所革命"，祛除乡村生活陋习，绿化美化村庄，强化乡村环境系统治理，促进村庄形态与自然环境相得益彰，有利于实现乡村健康可持续发展。

**（二）推动乡村生态振兴有利于乡村振兴战略实施**

生态振兴作为乡村振兴的"五个振兴"之一，是乡村振兴的重要支撑，在乡村振兴战略中具有极其重要的地位和作用。生态环境是人类赖以生存与发展的基础，没有生态振兴，没有优良的生态环境，乡村振兴只能是一句空话。推动乡村生态振兴，构建人与自然和谐共生的良好生态环境，有利于乡村产业振兴，促进产业转型升级；有利于人才振兴，留住人才助力乡村发展；有利于文化振兴，繁荣发展乡村生态文化；有利于组织振兴，更好地发挥乡村组织的作用和功能，进而实现乡村振兴战略目标。

**（三）推动乡村生态振兴有利于经济社会高质量发展**

绿水青山就是金山银山。这一重要论述深刻阐明了经济社会发展与生态文明建设之间的辩证关系，揭示了保护生态环境就是保护生产力。绿水青山既是自然财富、生态财富，又是社会财富、经济财富，在生态环境资源禀赋地区，通过激活土地、劳动力、资产和自然风光等要素，大力发展休闲农业、乡村旅游等产业，提升了绿水青山的生态产品价值，促进了乡村经济高质量发展。保护生态环境，关系最广大人民的根本利益，关系中华民族发展的长远利益，推动乡村生态振兴，加大生态保护和环境污染治理，促进人与自然和谐共生，实现经济社会发展与生态环境保护的共赢，让乡村生态振兴成为经济社会发展的重要支撑点。

**（四）推动乡村生态振兴有利于促进美丽中国建设**

美丽乡村是美丽中国的基础。我国乡村地域广袤，占国土面积的绝大部分，绿水青山基本分布于广大乡村，推动形成绿色发展方式和生活方式，提升农村生态系统、生产系统以及农村人居环境健康水平，才能更好地建设美丽中国。美丽乡村是美丽中国的底色，生态文明建设是美丽中国的重要内容，乡村是生态涵养的主要区域，农业是生态产品的重要供给者，生态是乡村最大的发展优势，推动乡村生态振兴，统筹山水林田湖草系统治理，保护好绿水青山，加强乡村生态环境保护修复，建设生态宜居美丽乡村，促进人与自然和谐发展，才能实现美丽中国愿景。

**（五）推动乡村生态振兴有利于满足人民对美好生活需求**

人民追求更加优美的生态环境是对美好生活向往的重要表现之一。对人的生存来说，金山银山固然重要，但绿水青山是人民幸福生活的重要内容，是金钱不能代替的。环境就是民生，青山就是美丽，蓝天就是幸福。良好的生态环境是最普惠的民生福祉。① 随着经济发展和生活水平的不断提高，生态环境在群众生活幸福指数中的地位不断凸显，城市居民对绿水青山等绿色生态产品的需求越来越强烈，农村居民对建设好生态宜居美丽乡村的期望越来越迫切，生态环境日益成为重要的民生问题。推动乡村生态振兴，不仅可以满足城市居民对优美生态环境的需求，还可以让广大农民在乡村振兴中有更多获得感、幸福感、安全感，从而使良好的生态环境越来越成为人民幸福生活的增长点。

**三 乡村生态振兴的主要内容**

推动乡村生态振兴，是实现乡村全面振兴的题中应有之义。乡村生态振兴是推动乡村走绿色发展之路，牢固树立和践行绿水青山就是金山银山的理念，推动乡村自然资本加快增值，实现百姓富、生态美的统一。

**（一）推进农业绿色发展**

绿色发展是一种价值观，是立足于经济社会的可持续发展，以尊重自然、顺应自然、保护自然为准则，实现人与自然、人与人、人与社会的和谐相处。绿色发展是乡村振兴的内在要求，农业绿色发展是转变农业发展方式、推动农业全面升级的重要方式。

1. 资源保护与节约利用

节约资源是保护生态环境的根本之策。加强农业资源保护与节约利用就是推动农业资源利用方式根本转变，加强全过程节约管理，大幅降低水、土地等资源消耗强度。实施国家农业节水行动，建立健全农业节水长效机制和政策体系。建立耕地轮作休耕制度，推动用地与养地相结合，降低耕地开发利用强度。加强动植物种质资源保护利用，实施生物多样性保护重大工程，健全农业生物资源保护与利用体系。

---

① 《习近平新时代中国特色社会主义思想学习纲要》，学习出版社、人民出版社，2019，第169～170页。

2. 农业清洁生产

推进农业清洁生产，转变农业增长方式，不仅是防治农业环境污染和保障农产品质量安全的需要，也是降低农业生产成本、保障农民收入持续增长的需要。加强农产品产地环境保护与治理，禁止未经处理达标的工业和城镇污染物进入农田、养殖水域等农业区域，推进化肥农药减量增效，推进种养循环一体化，推进畜禽粪污资源化利用和秸秆全量化综合利用，推进废旧地膜和包装废弃物等回收处理，推广节肥节药节水技术，推行水产健康养殖，探索农林牧渔融合循环发展模式，建设健康稳定田园生态系统。

3. 农业面源污染防治

农业面源污染是当前生态环境保护工作的突出难点，要以钉钉子精神推进农业面源污染防治，逐步削减土壤和水环境污染负荷，促进土壤和水环境质量改善。深入实施土壤污染防治行动计划，加强农业投入品规范化管理，大力推行农业标准化生产，加强农产品质量和食品安全监管，推进重金属污染耕地防控和修复，严禁工业污染向农村转移，打好农业面源污染防治攻坚战。

**（二）改善农村人居环境**

改善农村人居环境，建设美丽宜居乡村，是实施乡村振兴战略的一项重要任务。党的十八大以来，以习近平同志为核心的党中央提出全面推进农村人居环境整治，明确提出建设生态宜居美丽乡村的重要要求，让美丽乡村成为宜居宜业的美好家园。

1. 人居环境整治

目前，我国农村人居环境还不理想，脏乱差问题在一些地区还比较突出，与全面建设社会主义现代化国家和农民群众期盼还有较大差距，仍然是经济社会发展中的突出短板。现阶段，要持续改善农村人居环境，以建设美丽宜居村庄为导向，加快补齐突出短板，推进农村生活垃圾治理、梯次推进农村生活污水治理、实施"厕所革命"、全面提升农村人居环境质量。

2. 提升村容村貌

村容村貌是指与农村环境密切相关的农村住宅、乡村企业、道路、河道（塘）、绿化、公共设施、标识、公共场所和环境卫生等构成的外观。村容村貌是农村的"面子"，最直接反映农村经济和社会发展水平。重点加强村庄规划管理，优化村庄功能布局，实现村庄规划管理基本覆盖。推进乡村绿化，建设具有乡村特色的绿化景观。提升农村建筑风貌，突出乡土特色和地域民族特点。完善村庄公共照明设施。开展各种形式的村庄清洁行动，整治公共空间和庭院环境，消除私搭乱建、乱堆乱放现象。

### 3. 建立管护长效机制

人居环境的重点在于建立管护长效机制。乡村要建立政府、村级组织、企业、农民等各方面参与的共建共管共享机制，基本建立有制度、有标准、有队伍、有经费、有督查的村庄人居环境管护长效机制。政府要推动形成"先建机制、再建工程"的管护制度，在设施项目规划设计阶段就要同步考虑运营主体、管护主体、管护经费，确保管护工作长久落实。发挥村民主体作用，鼓励专业化、市场化建设和运行管理。推行环境治理长效付费制度，探索建立垃圾污水处理农户付费制度，依法简化农村人居环境整治建设项目审批程序和招投标程序。

## （三）乡村生态保护与修复

坚持生态优先、绿色发展，以"山水林田湖草是一个生命共同体"为根本遵循，尊重自然、顺应自然、保护自然，促进人与自然和谐共生。

### 1. 统筹山水林田湖草系统治理

山水林田湖草系统原理是生态保护修复的重要理念和指导思想。要把山水林田湖草作为一个生命共同体，进行统一保护、统一修复。坚持保护优先，促进资源的节约集约开发利用，变被动的修复为主动的保护。坚持自然恢复为主，围绕水源涵养、水土保持、防风固沙、生物多样性保护等生态服务功能的提升，采取保育保护、自然恢复、辅助修复、生态重塑等各种修复和保护模式。实施重要生态系统保护和修复工程，开展国土绿化行动，推进荒漠化、石漠化、水土流失综合治理，开展农村水生态修复，实施农村生态清洁小流域建设，强化湿地保护和恢复，完善天然林保护制度，实施生物多样性保护重大工程。

### 2. 发挥自然资源多重效益

正确处理开发与保护的关系，运用现代科技和管理手段，发挥自然资源多重效益，进一步盘活森林、湿地、海洋等自然资源，将乡村生态优势转化为发展生态经济的优势，乡村生态要素转变为生产要素，生态资源转变为经济发展效益，提供更多更好的绿色生态产品和服务，促进生态和经济良性循环。鼓励各类社会主体参与生态保护修复，深化集体林权制度改革，完善生态资源管护机制，健全自然资源有偿使用制度，全面提升优质生态产品供给能力。充分利用绿色生态优势，大力发展特色生态种植、养殖，加快发展林下经济、生态农旅、生态教育等，让更多更优质的生态产品和服务满足人民群众日益增长的美好生活需要。

3. 健全生态保护补偿机制

生态保护补偿是指以保护和可持续利用生态系统服务为目的，根据生态系统服务价值、生态保护成本、发展机会成本，以政府和市场等经济手段为主要方式，调节相关者利益关系的制度安排。按照"谁受益、谁补偿，谁保护、谁获补偿"的原则，达到生态共建、环境共保、资源共享、优势互补、经济共赢的目标。实施生态保护补偿是调动各方积极性、保护好生态环境的重要手段，是生态文明制度建设的重要内容。加强制度设计，建立市场化、多元化补偿机制，加大重点生态功能区转移支付力度，完善重点领域生态保护补偿机制，提升生态保护成效。

# 第二节　山西乡村生态建设现状与问题短板

近年来，山西乡村生态建设取得令人瞩目的成就，农业绿色发展理念日益深入人心，农村人居环境整治行动积极开展，美丽乡村建设稳步推进，乡村生态保护扎实推进，但是仍然存在一些问题和短板亟待破解与补齐。

## 一　乡村生态建设现状

山西坚定走生态优先、绿色发展之路，全面谋划实施山水林田湖草系统治理，扎实推进农业绿色发展，建设生态宜居的美丽乡村，加强乡村生态环境保护，农村生态文明建设成效明显。

### （一）农业绿色发展成效显著

山西深入贯彻新发展理念，把农业绿色发展摆在突出位置，推进节约农业资源、减量增效、绿色替代、种养循环、综合治理，取得了显著成效，生态农业和可持续发展农业深入人心。

1. 全省多措并举推动农业绿色发展

近年来，山西在节约农业资源、减肥减药增效等方面推动农业绿色发展。为充分发挥作为种质资源大省优势，健全农业种质资源保护利用体系，山西出台了《关于加强农业种质资源保护与利用的实施意见》，围绕作物、畜禽、水产和农业微生物等种质资源的保护与利用，制定了目标要求、重点任务、保障措施，目的是做好农业种质资源保护与利用工作。实行"两提前四替代"病虫防控技术路径提高农药利用率，实施"三替代两培育一加强"措施推广减肥增效。"十三五"时期，山西坚决打好农业面源污染防治攻坚战，针对化肥、农药、秸秆、农膜等采取了一系列硬措施，取得了明显成效。推进化肥农药减量及农膜回收，农药化肥使用量连续四年负增长，测土配方施肥技术覆盖率达到91%，农膜回收率达到78%，主要农作物绿色防控覆盖率达到40.36%，秸秆综合利用率达到90%。2020年，种植业农药使用量达8310.14吨，与近三年平均使用量相比下降了1.51%，实现了农药使用量负增长目标。

2. 各个地区农业绿色发展取得新成效

太原市秸秆综合利用率稳定在95%以上，主要农作物绿色防控覆盖率达到35%，畜禽粪污综合利用率达到85%以上，为种养结合、农牧循环奠定了基础。运城市通过应用水肥一体化技术，可以实现节水60%，节肥20%，同时达到省工、省时、降低病害、农产品提质的目的。临汾市着力打造绿色畜牧业，"十三五"期间，共计投入畜禽粪污治理与资源化利用资金5130万元，完成413家养殖场粪污处理设备的配备和升级改造，编制了全市《畜禽粪污治理工作手册》。全市规模养殖场粪污处理设施设备配套率达到97.55%以上，分别在洪洞县、曲沃县、襄汾县建成粪污集中处理中心3个，粪污综合利用率达到88.23%以上，治理能力显著提升。长治市、朔州市、晋中市3个有机旱作农业示范市重点加强农业的"两增两减"工作，"两增"就是增加畜禽粪污、增加农作物秸秆综合利用，"两减"就是减少化肥与农药的使用，实现化肥农药逐年负增长，既保护好农业资源环境，又提供有机绿色农产品。依托规模养殖场粪污优势，健全设施，扩大畜禽粪污资源化利用。大力推广秸秆还田、秸秆离田利用、牲畜过腹还田等模式，实现农作物秸秆综合利用，增加土地绿色养分。实施配方施肥替代农民习惯施肥、有机肥替代化肥、新型肥料替代传统肥料、机械施肥替代人工施肥，降低化肥使用量。实施用绿色防控替代单一化学防治、用专业化统防统治替代小农户分散防治、用现代高效植保机械替代传统落后机械、用新型高效安全农药替代高毒高残农药，有效降低农药使用率。

专栏 4 - 1

## 国家农业绿色发展先行区

国家农业绿色发展先行区是推进农业绿色发展的综合性试验示范平台，是贯彻落实中共中央办公厅、国务院办公厅《关于创新体制机制推进农业绿色发展的意见》，立足当地资源禀赋、区域特点和突出问题，着力创新和提炼形成以绿色技术体系为核心、绿色标准体系为基础、绿色产业体系为关键、绿色经营体系为支撑、绿色政策体系为保障、绿色数字体系为引领的区域农业绿色发展典型模式，将先行区建设成为绿色技术试验区、绿色制度创新区、绿色发展观测点，为面上农业的绿色发展转型升级发挥引领作用。目前，农业部等8部门已公布确定两批81个国家农业可持续发展试验示范区（国家农业绿色发展先行区），山西省的高平市、蒲县、万荣县入选在列。

高平市国家农业绿色发展先行区。高平市立足市情农情，发挥优势，重点围绕农业产业可持续、资源环境可持续、农村社会可持续三方面内容，以标准化、品牌化和产业化，保护、节约和高效利用资源，垃圾、污水治理和环境整治为抓手，狠抓项目建设工作，创新集成新技术，推进农业产业提质增效，探索出种养加一体化生态循环、一二三产融合发展、产学研合作推广发展、高效节水有机旱作农业发展新模式。

蒲县国家农业绿色发展先行区。蒲县为探索一条农业绿色发展的新路，把国家农业可持续发展试验示范区创建作为"一号工程""一把手工程"，强化绿色机制保障，探索绿色循环模式，共实施农业绿色发展项目70个，完成投资5.38亿元，工作运行机制持续完善，政策配套体系不断强化，先行先试工作扎实推进。

万荣县国家农业绿色发展先行区。近年来,万荣县立足当地实际,不断探索创新,创建了"国家现代农业产业园"平台,实施了"提档升级、品牌打造、三产融合"三大行动,形成了"苹果+果汁+饲料+有机肥""养猪+沼气+沼肥+种植"等四大农业产业链,着力推动农业产业化纵深发展。

### (二)农村人居环境持续改善

党的十八大以来,在习近平总书记关于农村人居环境改善重要论述指引下,山西实施农村人居环境整治三年行动计划,并取得可喜成绩。

**1. 农村人居环境整治成效显著**

近年来,山西学习借鉴浙江"千万工程"经验,积极推进农村人居环境整治,印发了《农村人居环境整治三年行动实施方案》,并将农村人居环境整治工作纳入全省实施乡村振兴战略实绩考核,对全省农村人居环境整治三年行动开展全面评估。2017年开展以"治乱、治垃圾、治污水、治农业面源污染"为重点的为期3个月的农村环境集中整治行动;2018年开展农村建筑"第五立面"整治;2019年开展主要交通干线、沿线环境整治行动;2020年开展"治六乱、靓家园、迎小康"村庄清洁行动,累计投入约470亿元用于农村人居环境整治,农村人居环境整治三年目标基本完成,打赢了乡村振兴第一场硬仗。

**2. 加快补齐农村人居环境短板**

坚持分类施策、分层次推进,聚焦重点难点,全力推进农村厕所改造、生活垃圾治理、污水治理等,取得显著成效。农村改厕方面,山西坚持试点先行,省财政安排3000万元在27个县开展高寒、缺水改厕模式试点。立足干旱缺水、冬季寒冷的实际,坚持先南后北、先近后远、先川后山、先易后难原则,推进"厕所革命"。制定了《全省农村户用卫生厕所建设与管理暂行办法》《粪污集中无害化处理卫生厕所》地方标准等,因地制宜推广改厕模式,2019年完成改厕47.58万座,2020年农村卫生厕所普及率达到63.2%。农村垃圾治理方面,坚持收运处置模式多样化,分类型、分区域治理,科学确定县城周边村庄、距县城较远连片乡镇及位置偏远、交通不便、人口稀少村庄的处置方式,避免资源浪费,2020年底农村生活垃圾收运处置体系覆盖行政村比例达到95.3%。农村污水治理方面，突出沿汾、沿黄等流域村庄，优先选择饮用水水源保护地的村庄、城郊村、中心村、旅游村、美丽乡村等重点村，梯次推进，2020年2225个村农村生活污水实现有效治理。

3. 推进生态宜居美丽乡村建设

山西积极推进美丽宜居乡村建设，共创建了11个省级改善农村人居环境示范县和1005个省级改善农村人居环境示范村。近年来，山西将改善农村人居环境与黄河、长城、太行三大旅游板块和乡村旅游、传统古村落保护等结合，统筹打包项目、强化集中连片连线整治，形成了一批精品旅游线路和特色美丽乡村，建设了长城边塞型、晋商人文型、黄河农耕型、太行山水型"四大类型"村庄，创建了14个4A级和233个3A级乡村旅游示范村、550个国家级传统古村落和96个历史文化名村。在全国村庄清洁行动先进县评选中，山西的太原市晋源区、临汾市洪洞县、长治市屯留区、大同市灵丘县入选2019年全国村庄清洁行动先进县，运城市永济市、晋城市沁水县、晋中市昔阳县、吕梁市石楼县入选2020年全国村庄清洁行动先进县。

4. 不断完善农村人居环境建设管护机制

山西积极开展农村环境治理，不断建立系统、长效的管护机制。大同市财政两年安排22亿元，撬动各类投资34.9亿元。灵丘县因资源型企业参与人居环境整治等做法成为农村人居环境整治的典型。阳曲、广灵、侯马、临猗等38个县（市、区）采用政府购买服务方式，引进第三方实施垃圾城乡一体化治理。灵石、霍州等县（市）引入第三方实施城乡污水运营管理。除此之外，山西还积极开展"绿色庭院""最洁净家庭""五星级文明户"等创建活动，推广"路长制""段长制""片长制"等治理模式，农民主动参与、自觉投工投劳，农村人居环境整治行动让广大人民群众真切地感受到了农村人居环境的亮和美。

专栏4-2

**国家农村人居环境改善示范县**

为深入贯彻落实习近平生态文明思想，大力推进农村人居环境整治工作，进一步提升农村生活垃圾、生活污水治理水平，住房和城乡建设部开展农村生活垃圾分类和资源化利用示范县、全国农村生活污水治理示范县（市、区）的推荐认定工作，全国 41 个县（市、区）被列为 2020 年农村生活垃圾分类和资源化利用示范县，20 个县（市、区）被列为全国农村生活污水治理示范县（市、区）。

阳曲县农村生活垃圾分类和资源化利用示范县。住房和城乡建设部公布了 2020 年农村生活垃圾分类和资源化利用示范县名单，阳曲县成为太原市唯一入选试点。阳曲县按照"全程不落地"的思路，通过给村民发桶、村庄配车、乡村建站，实行专人保洁、上门收集、专车转运、无害处理，建立了农村垃圾上门收集、分类收运、全程不落地、处置无害化的工作新机制。此外，还建立完善监督考核制度，从清扫保洁、垃圾收运、迎检接待三方面考核打分。检查人员每天下村检查，每季度一次考核打分，并出考核报告，作为支付费用的依据。

介休市农村生活垃圾分类和资源化利用示范县。住房和城乡建设部公布了 2020 年农村生活垃圾分类和资源化利用示范县名单，介休市入选。介休市按照"全域一体"的发展定位，以城乡环卫一体化为基础，推行一体式垃圾分类收集车上门收集＋专业化转运处置的"三道河模式"和人收点存站转运的"杨屯模式"协同并进，持续推动农村生活垃圾治理。在农村环境卫生管理上，将原先的"村收集、乡转运、县处理"的模式改革为"统一收集、统一转运、统一处置"，实现了"一把扫帚扫到底"。在垃圾分类治理上，先行先试，精细化建立了农村生活垃圾分类制度，在资源化利用上统筹布局，逐步实现了农村生活垃圾规范处置。

河津市全国农村生活污水治理示范县（市、区）。河津市被住房和城乡建设部列为 2020 年全国农村生活污水治理示范县（市、区），是山西省唯一入选的县（市、区）。河津市抢抓全省农村生活污水综合处理试点县（市、区）机遇，结合全市《乡村振兴战略规划》和《农村人居环境整治三年行动实施方案》，坚持先试点后推广、先局部后全局的治理思路，探索完善"政府主导、市场主体、群众主动"的治理路径，先后投资近 4.9 亿元用于实施农村生活污水综合利用项目，共建设 72 座污水处理站，敷设主管网约 380 公里。

**（三）乡村生态环境明显好转**

党的十八大以来，山西坚持以习近平生态文明思想为指导，深入贯彻习近平总书记视察山西重要讲话重要指示，树立和践行绿水青山就是金山银山理念，全面加强生态文明建设，推进乡村生态保护修复，全方位筑牢生态屏障，构建人与自然和谐共生新格局。

1. 依法依规推进乡村生态环境保护

坚持规划引领，编制了《汾河流域生态修复规划》《山西省黄河流域生态保护和高质量发展规划》《山西省"五湖"生态保护与修复总体规划》《山西省"十四五"两山七河一流域生态保护和生态文明建设、生态经济发展规划》。完善制度体系，出台了《山西省永久性生态公益林保护条例》《山西省封山禁牧办法》《山西省草原生态保护修复治理工作导则》等，持续筑牢生态保护根基。实施"三长"（林长、河长、湖长）五级组织体系，特色机制体系扩大了生态保护广度，最大化地促进山西形成资源有人管、事情有人做、责任有人担的保护格局。不断完善多元化生态保护补偿机制，出台了《关于健全生态保护补偿机制的实施意见》《关于建立省内流域上下游横向生态保护补偿机制的实施意见》，有效调动全社会、流域上下游地区参与生态环境保护的积极性，激发了生态保护活力。同时，作为资源型省份，山西在全国率先出台《生态文明体制改革实施方案》。

2. 全方位、全地域、全过程开展乡村生态建设

统筹推进山水林田湖草一体化保护和修复，启动实施了"两山"（太行山、吕梁山）生态系统保护和修复重大工程、以汾河为重点的"七河"流域生态保护与修复，生态环境持续改善。高质量开展大规模国土绿化，在全国率先提出"系统抽样 + 遥感判读 + 现地核实"的年度清查技术，创建覆盖省市县三级的森林资源年度监测体系，"十三五"期间累计营造林 2307.35 万亩。2020 年，全省森林面积 363.4 万公顷，森林覆盖率 23.2%，历史性超过全国平均水平。大力实施三北防护林、京津风沙源治理等国家生态治理工程和环京津生态屏障区建设等省级生态修复工程，"十三五"期间，山西累计完成防沙治沙面积 579.95 万亩，超额完成目标任务。实施

最严格水资源管理，严格压减地下水开采，统筹推进"五水共治"，水生态水环境得到持续改善，"十三五"期间累计治理水土流失面积1.795万平方公里。汾河干流新二坝、沁河重点段河道治理、滹沱河繁峙段生态修复等"七河"及重点支流治理项目持续推进，生态修复成效明显。

3. 生态环境保护工作取得积极进展和成效

近年来，山西加大生态系统保护力度，乡村生态环境稳步向好，生物多样性得到恢复发展，处处呈现出人与自然和谐共生的美景。山西集中整治河湖"四乱"问题，先后开展了"清河行动"、"河道采砂专项整治行动"和"河湖'清四乱'专项行动"等，水质水量双提升，乱占、乱采、乱堆、乱建问题得到整改，生态环境不断改善。全面开展"五湖"（晋阳湖、漳泽湖、云竹湖、盐湖、伍姓湖）生态保护与修复工作，加强岩溶大泉保护，在泉域范围内开展企业取用水和水环评的专项检查。扎实开展"绿盾"专项行动，对自然保护区、森林公园、湿地公园、风景名胜区、沙漠公园、地质公园、自然文化遗产7类270处自然保护地实行集中统一保护，形成系统完备的保护体系。实施生物多样性保护重大工程，开展生物多样性和物种资源调查评估，开展生物多样性保护优先区域外来入侵物种调查，及时掌握生物多样性动态变化趋势，提高生物多样性的预警水平。目前，全省已建立272个省级以上自然保护地，野生植物2743种、占全国的22.8%，野生动物541种、占全国的24%。

4. 推动绿色生态经济走出"增绿增收互促双赢"新路径

多年来，山西统筹山水林田湖草系统治理，在保护生态的前提下，多渠道创造生态产品，将生态优势逐步变为经济优势，从"护生态"到"谋致富"，最大限度地实现生态美与百姓富的统一。"十三五"期间，山西启动实施林业生态扶贫PPP项目，筹集资金89.71亿元；联动实施造林绿化务工、退耕还林奖补、森林管护就业、经济林提质增效和林业产业增收生态扶贫"五大项目"，惠及52万贫困人口，年均增收10亿多元。全省组建扶贫造林合作社3378个，13.7万贫困社员获取劳务收入11.25亿元；实施退耕还林436.5万亩，16.6万贫困户户均增收6000多元；3.08万名贫困护林员，人均管护收益7000元；完成经济林提质增效150万亩，惠及35.3万贫困人口。大力实施干果经济林提质增效工程，新发展经济林450

万亩，干果特色经济林种植面积达到 1950 万亩，初步形成了核桃、红枣、仁用杏、柿子、花椒五大干果主产区，晋西北沙棘、安泽连翘等被认定为国家级或省级特色农产品优势区，山西核桃、吕梁红枣成为区域品牌和地理标志产品。实施"小灌木大产业"战略，大力推行"林药林菌林禽林蜂"立体化种植模式，引导贫困群众发展林下种植养殖和森林旅游康养产业，全省林下经济经营面积达到 535 万亩，实现产值 29 亿元，带动农户30 万人。

专栏 4-3

## 国家生态文明建设示范市县

国家生态文明建设示范市县是国家生态市县的"升级版"，是推进区域生态文明建设的有效载体。生态环境部依据《国家生态文明建设示范市县建设指标》，从生态制度、生态安全、生态空间、生态经济、生态生活、生态文化六个方面，分别设置34 项示范县和37 项示范市建设指标，衡量一个地区是否达到了国家生态文明示范市县标准。

右玉县国家生态文明建设示范县。2017 年 9 月，右玉入围第一批国家生态文明建设示范市县。右玉县深入学习贯彻"两山"理论，大力传承弘扬"右玉精神"，紧紧围绕提升绿水青山品质、共享金山银山成果的主题主线，以建设环境好、产业优、人民富的美丽右玉为目标，全面加快生态文明建设步伐，大力发展生态农业、生态文化旅游产业，不断推进生态化种养，取得了明显成效。

芮城县国家生态文明建设示范县。2018 年 12 月，芮城县入围第二批国家生态文明建设示范市县。芮城县以生态文明引领经济社会转型发展，积极推进生态保护红线划定工作，落实最严格的耕地保护制度，大力推行循环经济和清洁生产，积极探索建立科学合理的生态补偿机制，将资源消耗、环境损害、生态效益等体现生态文明建设状况的指标纳入社会经济发展综合评估体系，不断推动绿色发展。

沁源县国家生态文明建设示范县。2019 年 11 月，沁源县入围第三批国家生态文明建设示范市县。沁源县确立了"绿色立县，建设美丽沁源"发展战略，制定并实施了《沁源县生态文明建设规划》《沁源县自然资源负债表》《沁源县生态文明建设实施方案》等，将生态保护和建设成效纳入干部考核指标体系和绿色 GDP 指标体系，建立完善"河长制""林长制"，大气、水环境质量持续改善，初步划定生态保护红线，加快发展生态旅游，绿色潜力得到充分释放。

沁水县国家生态文明建设示范县。2019 年 11 月，沁水县入围第三批国家生态文明建设示范市县。沁水县以建设"山水园林县城"为目标，以"一城山水半城园"为愿景，精心打造出了梅河、杏河、县河"三河亮丽景观带"，先后建成了碧峰公园、龙脖公园、石楼公园等生态景观公园。全县围绕县委、县政府"一个统领、三五支撑"总思路，统筹推进、扎实践行绿色发展理念，以巩固提升国家生态文明建设示范县创建成果为契机，推动生态环境质量实现持续好转。

蒲县国家生态文明建设示范县。2020 年 11 月，蒲县入围第四批国家生态文明建设示范市县。蒲县坚持以习近平生态文明思想为指引，明确把"生态提升"作为全县"六大攻坚"的重要内容，探索形成了全县上下合力抓生态环保的机制和氛围。持续加大林业投入，全县林木覆盖率和森林覆盖率分别达到 59.01% 和 40.18%。2020 年，蒲县立足做特做优，试点打造种养一体、有机循环"6 个生态方"，示范建设"5 个特色农业园"，建成"3 个有机旱作封闭示范片"，启动打造 3 个乡镇连翘产业，进一步提升农业环保效益。

## 二 乡村生态建设存在的问题与短板

随着乡村振兴战略实施，山西农村生态文明建设取得了一些成效，但是由于乡村生态与经济环境问题的累积性、系统性和复杂性，仍存在着制约乡村生态振兴的问题与短板。

### （一）乡村产业造成的环境污染较为严重

山西全面推进乡村振兴，乡村产业发展成效显著，有机旱作农业发展迈出新步伐，三次产业深度融合发展，但是乡村振兴过程中环境污染问题，特别是农业绿色发展不平衡不充分的问题依然突出。农业资源过度开发，种质资源保护利用不够，耕地地力下降，地下水严重超采，农业投入品过量使用，农膜回收率低，畜禽粪便、肥料包装袋等农业废弃物任意处理。特别是农业面源污染问题仍然很突出，长期过量使用农药、化肥、地膜以及规模化畜禽养殖产生的大量排泄物，导致出现耕地板结、土壤酸化、环境污染等问题，仍然是当前生态环境保护工作的突出难点。在工业化和城市化的大力推动下，山西乡村资源日益趋紧，水资源浪费与短缺现象并存，耕地数量减少且质量下降，城市生活污染和工业"三废"在农村地区扩散。

**（二）农村人居环境短板仍然突出**

当前，山西农村人居环境整治三年行动取得了显著成效，但与人民群众生活密切相关的不少领域仍需改进。近年来，由于农村建设投资长期不足，农村人居环境仍然较差。污水垃圾治理方面，生活污水未经处理或只经过简单沉淀就直接排到自然河流或池塘，缺乏必要的管理和检测，影响地表水和地下水的水质。生活垃圾仍未达到分类处置、回收利用的要求，有些地区虽然制定了"村收集、镇集中、县处置"的措施，但基层经常因缺乏必要的运营经费，执行效果大打折扣。农村厕所改造方面，改厕政策落实不够，技术支撑不足，缺乏长效运行机制，一些地方厕所粪污没有得到有效处理和资源化利用，个别地方也出现了"推动方式简单化""重建轻管"等问题，引起农民群众不满。从全国来看，农村卫生厕所普及率超过 68%，而山西农村只达到 63.2%，低于全国 4.8 个百分点；与中部省份相比，安徽省级改善农村人居环境示范村共 1600 个，而山西只有 1005 个，河南农村卫生厕所普及率已达到 85%，而山西只有 63.2%。国务院对开展农村人居环境整治成效明显的地方给予 2000 万元督查激励，2019 年和 2020 年分别有 20 个和 17 个地方获国务院办公厅督查激励，而山西的县（市、区）未获得此奖励，山西人居环境改善成效不突出。

**（三）乡村生态环境问题亟待破解**

长期以来，农村生态文明建设不仅是我国生态文明建设的短板，也是我国农业现代化的短板。同全国一样，山西农村生态文明建设历史欠账较多，加之经济发展过程中新问题不断出现，还没有从根本上改变农村生态文明建设落后的状况。乡村生产活动还比较粗放，粗放的生产和经营方式，以追求经济效益为重要目标，对生态环境保护措施不强，造成的环境污染和破坏比较严重。乡村生态环境保护意识淡薄，虽然人们明白"绿水青山也是金山银山"，但在实践方面，依然偏重金山银山，对绿水青山保护不足，最终导致生态环境破坏。山西乡村环境保护基础设施比较薄弱，大量的生活污水随意排放，生活垃圾乱倒，从而不仅导致河水污染、河道堵塞，农村生态环境污染严重，而且对农村的耕地种植产生了巨大危害，导致垃圾中的有害物质渗透耕地，给人们的后续生产和生活造成严重危害。

## 第三节　乡村生态振兴的推进路径

乡村生态振兴，既是全面推进乡村振兴的重要内容，也是加强生态文明建设的题中应有之义。山西要牢固树立和贯彻落实绿水青山就是金山银山理念，将经济发展与生态文明建设有机融合起来，努力实现美丽乡村建设与经济高质量发展相得益彰。

### 一　持续推进农业绿色可持续发展

农业绿色可持续发展是实施乡村振兴战略的重要内容，是农业现代化的必然选择。深入推进农业绿色化发展，加快推动生产方式、产业结构、产业布局的绿色化，实现农业由增产导向转向提质导向，提高山西农业综合效益和竞争力。

#### （一）提高农业绿色全要素生产率

新形势下，资源环境约束对发展提出更高要求，过去以高投入、高产出和高废物为典型特征的"三高"型农业发展模式已经不可持续，山西农业发展的根本出路在于提升全要素生产率，减少肥、药、水、劳动力等生产要素投入，加强农业资源保护与利用，推进技术、制度创新，实现农业高质量绿色发展。山西种质资源丰富，要加强农业种质资源保护开发利用，完成好农作物种质资源普查与收集工作，建设农业种质资源保护体系。持续发展保护性耕作，实行最严格的耕地保护制度，守牢守好5757万亩耕地红线，坚决遏制"非农化"，防止"非粮化"。加快构建耕地质量保护与提升长效机制，健全耕地休耕轮作制度，加大高标准农田建设力度，提高耕地质量。实施新一轮高标准农田建设规划，多渠道筹集建设资金，提高建设标准和质量。加快发展节水农业，坚持"以水定产、以水定地"，推进灌溉区节水配套与现代化升级改造。加快农业绿色发展技术研发应用，加快创建国家有机旱作农业科研和生产试验区，推动农业科技绿色转型。优化农业绿色发展政策制度环境，完善绿色农业相关法律法规，构建标准明确、激励有效、约束有力的农业绿色发展制度环境。

**（二）促进农业绿色循环发展**

山西要把绿色循环发展作为农业高质量转型发展的突破口和着力点，推动形成"资源—产品—废弃物—再生资源"循环农业方式，增加绿色优质农产品供给。持续推进秸秆综合利用，积极推动秸秆肥料化、饲料化、燃料化、基料化和原料化利用，建设秸秆综合利用重点县，提高秸秆综合利用水平。推进农膜回收利用，加大全生物降解地膜替代、机械回收、适时揭膜等农艺配套措施的示范推广力度，支持废旧农膜资源化利用，提高农膜回收率。开展农药肥料包装废弃物回收，坚持"谁使用谁交回、谁销售谁回收、谁生产谁处置"的原则，提升农药包装废弃物回收率。加强畜禽粪污资源化利用，建设一批整县推进畜禽粪污资源化利用示范县，加大规模养殖场粪污处理设施建设力度，加大散养户粪污处理力度，加快推进种养结合，着力补齐畜禽养殖环境保护的突出短板。实施病虫害绿色防控，重点在全省粮食生产功能区、果菜优势区和中药材等特色产业区，探索绿色防控和统防统治融合发展新模式，辐射带动周边病虫害绿色防控。

**（三）加强农业污染治理**

绿色、优质、特色农产品生产需要天蓝、地绿、水净的良好生态环境，坚决打好农业污染防治攻坚战，强化污染治理和生态保护，有利于满足人民群众对优质农产品的需求。山西农业面源污染防治取得了一定成效，但农业面源污染问题仍然较为突出，要坚持不懈推进农业面源污染治理，持续推进农药减量控害与化肥减量增效，大力推广配方施肥、水肥一体化、绿肥种植、有机肥施用等技术，推进重点区域农业面源污染防治，加大农业面源污染防治宣传力度，建立健全农业面源污染监测体系。加强农产品质量和食品安全监管，全面推行农产品达标合格证制度、推进追溯体系建设、完善农产品安全信用体系，严格农业投入品使用和管理，积极发展绿色农产品、有机农产品和地理标志农产品，实行食用农产品达标合格证制度，推进国家级和省级农产品质量安全县创建。建立工业和城镇污染向农村转移的防控机制，严禁工业污染向农村转移，加强农产品产地环境保护。

## 二 继续推进农村人居环境整治提升行动

改善农村人居环境，建设生态宜居美丽乡村，推进乡村生态振兴，是实施乡村振兴战略的一项重要任务和重大举措。山西要持续推进农村人居环境整治，建设好生态宜居美丽乡村，让广大人民群众在乡村振兴中有更多获得感、幸福感、安全感。

### （一）有序推进村庄规划编制

统筹城乡发展，山西要积极有序推进"多规合一"实用性村庄规划编制，对有条件、有需求的村庄尽快实现规划全覆盖；对暂时没有编制规划的村庄，严格按照县乡两级国土空间规划中确定的用途管制和建设管理要求进行建设。乡村规划要突出乡村特色、地域特色、民族特色，把特色村镇建设放在乡村振兴战略大局中去谋划和部署。加强乡村风貌管控，立足现有基础，尊重山水林田湖草等生态脉络，注重与自然和农业景观搭配互动，顺应地形地貌，保留乡村特色风貌，避免千村一面，不搞大拆大建，让乡村"望得见山、看得见水、留得住乡愁"。继续实施农村危房改造和地震高烈度设防地区农房抗震改造。

### （二）推进农村人居环境整治提升

农村人居环境整治是乡村振兴的一项基础性工作，做好人居环境整治，改善乡村生态环境，有利于促进乡村生态振兴。山西应尽快启动实施农村人居环境整治提升五年行动，要有序推进、分类推进、因地制宜推进农村厕所革命；因地制宜建设污水处理设施；健全农村生活垃圾收运处置体系；深入推进村庄清洁和绿化行动，切实增强农村宜居性和群众满意度。厕所革命是一项系统工程、长期工程，要扎实推进农村厕所革命，一切从实际出发，充分尊重农民意愿，科学谋划推进方式，坚持数量服从质量、进度服从实效，求好不求快，严格按照标准规范进行改厕，加强全过程监管，确保改一户、成一户、用一户、好一户。进一步完善农村生活垃坂收运处置体系，推进县、乡、村生活垃圾一体化治理，以生活垃圾分类为抓手，通过政策鼓励、宣传教育等形式，推动有条件的地方开展农村生活垃圾源头分类减量。优化农村生活垃圾分类方法，如可回收物利用或出售、有机垃圾就地沤肥、有毒有害垃圾规范处置、其他垃圾进入收运处置体系。梯次推进农村生活污水和黑臭水体治理，以污水减量化、分类就地处理、循环利用为导向，优先治理位于水源保护区、黑臭水体集中区域、乡镇政府所在地、城乡接合部、旅游风景区、重点河流沿岸的村庄和中心村，有序推进农村生活污水处理设施建设。

**（三）提升村容村貌建设宜居美丽乡村**

"十四五"时期，山西应持续深入开展村庄清洁行动，围绕美丽乡村建设，因地制宜拓展"三清一改"（清除农村生活垃圾、村内河道沟渠、畜禽养殖粪污等农业生产废弃物，改变影响农村人居环境的不良习惯）内容，推进村庄清洁行动与农村基础设施建设、产业兴旺、乡风文明、农民增收等有机结合，全面建立村庄保洁长效机制，确保村村有保洁。按照《山西省农村人居环境"六乱"整治百日攻坚专项行动方案》，深入开展农村环境卫生治"六乱"（乱搭乱建、乱堆乱放、乱扔乱倒垃圾）活动，以县为主体，整体推进，聚焦交通沿线、村庄街巷、农户庭院、田间地头，攻坚重点区域，将"六乱"整治与乡村建设相结合，集中时间专项整治，由及时清洁向长期清洁转变。提升村容村貌，以农房为主体，利用古树、池塘等自然景观和牌坊、古祠等人文景观，营造具有本土特色的村容村貌。重视村庄公共活动空间的布局和建设，统领乡村容貌特色。鼓励农民利用房前屋后发展具有乡土特色的庭院经济，推介一批美丽休闲乡村和精品旅游景点，带动提升村容村貌，打造山清水秀、天蓝地绿、村美人和、宜居宜业宜游美丽乡村。

**（四）凝聚各方力量统筹推进人居环境整治**

山西要坚持把农村人居环境整治工作作为一项重要的任务来抓，在党组织领导下动员社会各方力量，整合各种资源，形成推动和促进农村人居环境改善的合力。政府是农村人居环境整治的主导力量和管理主体，要完善非经营性设施政府或村级组织管护机制，鼓励通过购买服务、设立物业管理机构和公益性管护岗位等方式进行管护。要发挥群团组织和社会组织在改善人居环境中的作用，畅通和规范市场主体、新社会阶层、社会工作者和志愿者等参与乡村治理的途径。鼓励专业化、市场化的运营企业建设和管护人居环境。同时，激发农民主体责任意识，发挥农民主体作用，尊重农民需要，鼓励农民全面参与人居环境整治和改善，在乡村建设项目的设计、施工、使用与维护过程中，充分依靠农民，激发农民建设美丽家园的内在动力。

### 三 全面推进乡村生态环境系统治理

生态振兴是生态文明的必然要求，是乡村振兴的重要支撑。"十四五"期间，山西要加强"两山七河一流域"生态修复保护，开展"五湖"治理，深化污染防治，助推黄河流域生态保护和高质量发展，促进经济社会发展全面绿色转型。

#### （一）创新体制机制推进生态保护修复治理

山西要强化国土空间规划和用途管控，落实生态保护、基本农田、城镇开发等空间管控边界，实施主体功能区战略，划定并严守生态保护红线，坚持省、市、县联动，做到专项规划与国土空间规划"多规合一"，增强规划的专业性、指导性、可操作性。研究探索基于国土空间规划和用途管制、自然资源有偿使用和自然资源交易的生态保护补偿制度，积极引导市场化、多元化生态修复投入，拟定社会资本参与生态修复的具体政策措施。抓住黄河流域生态保护和高质量发展等重大机遇，与沿黄相关省份开展横向生态补偿试点，用足用好黄河流域绿色发展基金。构建生态与经济双赢的制度政策体系，以生态产业化、产业生态化为途径加快构建绿色产业体系，探索生态产品价值实现路径，发掘良好生态中蕴含的经济价值，推动生态与经济双赢，实现人与自然和谐共生。健全矿山生态修复和监管机制，探索建立露天矿山用地机制。

#### （二）持续抓好重点生态修复项目

加强"两山七河一流域"和大泉生态修复保护，继续以太行山、吕梁山为主战场，围绕黄河流域北部生态修复区、黄河流域中部生态治理区、汾河上游华北水塔生态重建区、太行山北段生态建设区和太行山中段生态恢复区，坚持山水林田湖草系统治理，大力探索以林权造林为主的生态修复机制。推动黄河流域生态保护和高质量发展，统筹上下游、干支流、左右岸保护治理，着力保障黄河长治久安，着力改善黄河生态环境，着力优化水资源配置，着力促进全流域高质量高速度发展。加快实施以汾河为重点的七河流域生态保护与修复工作，统筹谋划汾河上中下游、干流支流、左右两岸综合治理、系统治理、源头治理，对"七河"〔汾河、桑干河、滹沱河、漳河、沁河、涑水河、大清河（唐河、沙河）等〕干流河段进行综合整治，合理开发利用，加强七河流域的湖泊生态保护与修复。以"五湖"为重点，深入推进生态保护修复、污染水体治理和湿地保护涵养等重大工程，打造良性循环的健康湖泊生态系统。

**（三）提升乡村生态碳汇能力**

将碳达峰、碳中和纳入生态文明建设整体布局，是以习近平同志为核心的党中央做出的重大战略决策。"十四五"时期，我国生态文明建设进入以降碳为重点战略方向、推动减污降碳协同增效、促进经济社会发展全面绿色转型、实现生态环境质量改善由量变到质变的关键时期。生态碳汇在应对气候变化、碳达峰、碳中和过程中，扮演着十分重要的战略角色。"十四五"期间，扎实推进碳达峰碳中和山西行动，开展林业和草原碳汇行动助力碳达峰碳中和，制定林业草原碳汇行动方案，提升林草生态碳汇能力。统筹推进山水林田湖草系统治理，开展大规模国土绿化行动，扩大林草面积，实施森林质量精准提升工程，优化森林结构和功能，提高林草生态系统质量、稳定性和碳汇能力。严格保护和合理利用各类林草资源，全面加强资源保护，减少碳库损失。大力发展林业生物质能源和木竹替代，实现生物减排固碳。

# 第五章　乡村振兴战略下乡风文明建设研究

乡村振兴，乡风文明是保障。乡村振兴离不开文明乡风的滋养，乡风文明是乡村振兴战略之魂。加强乡风文明建设，既要发挥好先进思想文化的引领作用，又要传承好优秀传统文化，更要围绕农民需要提供多样化文化服务，从而提升农民素质和乡风文明程度，助力乡村振兴发展。

## 第一节　乡村文化振兴的基本内容与内在机理

乡村文化一直是我国文化的重要组成部分，乡村文化振兴是乡村振兴的重要内容，贯穿于乡村振兴的全过程。乡村文化振兴的内容丰富、机理复杂、意义重大，充分发挥乡村文化作用，让文化振兴赋能乡村振兴。

### 一　乡村文化振兴的基本内容

文化兴，则乡村兴。乡村文化在调节社会关系中发挥着"润物细无声"的作用，优秀的乡村文化能够提振农村精气神，增强农民凝聚力，孕育社会良好风尚。

#### （一）内涵

文化有着丰富的含义，是人类社会的本质特征。文化的核心内涵由物质文化（吃穿住行等人类生存的基础）、制度文化（人类生活、生产规范的基本构成）、语言文化（人类文化的基本符号与工具）、精神文化（人类的信仰、道德、伦理）构成。文化具有特殊的力量，能够提升人的认识，形成相互联结的精神纽带；能够凝聚人心，在共同的文化活动中消解困顿，赋予生活以意义、价值和快乐。[①] 文化作为一种精神力量，能够在人

---

① 徐勇：《乡村文化振兴与文化供给侧改革》，《东南学术》2018 年第 5 期。

们认识世界、改造世界的过程中转化为物质力量，对社会产生深刻的影响。

中国社会是一个以乡土为根基的社会，乡村自我创造各种各样的文化活动，包括价值、知识、道德、习俗、娱乐等文化，几千年的乡土生产、生活方式所孕育的文化自成体系，形成了悠久厚重的农耕文明。在中华文明五千年的历史中，农耕文明璀璨夺目，形成了独具特色的文明发展道路，对人类社会发展做出了重要贡献。农耕文明是中华民族传统文化的"根"与"魂"，乡村文化的核心是农耕文明，传承发展提升农耕文明，加强农村精神文明建设，推动乡村文化振兴，对实现乡村全面振兴具有重要意义。

乡村文化振兴，就是在乡村振兴发展过程中，坚持物质文明和精神文明一起抓，繁荣兴盛乡村文化，培育文明乡风、良好家风、淳朴民风，改善农民精神风貌，不断提高乡村社会文明程度，焕发乡村文明新气象。

**（二）主要内容**

繁荣发展乡村文化，就是坚持以社会主义核心价值观为引领，以传承发展中华优秀传统文化为核心，以乡村公共文化服务体系建设为载体，推动乡村文化振兴。

1. 加强农村思想道德建设

加强思想道德建设是乡村文化振兴的重要内容，有利于广大村民形成共同的奋斗目标和精神支柱，对乡村政治稳定、经济发展、社会和谐、村民安居乐业具有重要推动作用，促进乡村社会文明程度不断提高。农村思想道德建设，主要包括践行社会主义核心价值观、巩固农村思想文化阵地、实施公民道德建设工程。培育和践行社会主义核心价值观，就是坚持教育引导、实践养成、制度保障三管齐下，采取符合农村特点的方式方法和载体，深化中国特色社会主义和中国梦宣传教育，大力弘扬民族精神和时代精神。巩固农村思想文化阵地，就是推动基层党组织、基层单位、农村社区有针对性地加强农村群众性思想政治工作，倡导科学文明生活。实施公民道德建设工程，就是推进村民的社会公德、职业道德、家庭美德、个人品德建设，推进诚信建设，建立健全农村信用体系。

2. 弘扬中华优秀传统文化

乡村文化是中华民族文明史的主体，蕴藏着中华优秀传统文化的基因。弘扬中华优秀传统文化，离不开乡村文化振兴的支撑和促进，主要做法是保护利用乡村传统文化、重塑乡村文化生态、发展乡村特色文化产业。保护利用乡村传统文化，就是要积极调动社会力量投入乡村文化保护，实施农耕文化传承保护工程和乡村经济社会变迁物证征藏工程，划定乡村建设的历史文化保护线，传承传统建筑文化，完善非物质文化遗产保护制度，支撑优秀传统文化传承和发展。重塑乡村文化生态，就是深入挖掘乡村文化中蕴涵的优秀思想观念、人文精神、道德规范，将乡村文化融入乡村建设和保护中，丰富农村文化业态。发展乡村特色文化产业，是指发展以乡村社会为生存土壤、以广大乡民为参与主体、以乡村文化资源为重要依托的文化创意、文化生产和文化服务等经营活动。① 大力推动农村地区实施传统工艺振兴计划，积极开发传统节日文化用品和民间艺术、民俗表演项目，推动乡村文化和经济融合发展。

3. 丰富乡村文化生活

乡村文化是社会主义文化的重要组成部分，繁荣发展乡村文化，对丰富农民群众生活、提高农民整体素质、构建社会主义和谐社会具有重要意义。丰富乡村文化生活，就是要加强乡村文化建设，健全乡村公共文化服务体系，广泛开展群众文化活动，为农村地区提供更多更好的公共文化产品和服务，满足广大农民日益增长的精神文化需求。加强乡村公共文化建设，发挥县级公共文化机构辐射作用，推进基层综合性文化服务中心建设，完善农村新闻出版、广播电视公共服务覆盖体系，实施公共数字文化工程，完善乡村公共体育服务体系，不断健全乡村公共文化服务体系。深入推进文化惠民，建立农民群众文化需求反馈机制，推动农村公共文化服务品牌建设，支持"三农"题材文艺创作生产，深入农村地区开展惠民演出活动和文化活动，为农村地区提供更多更好的公共文化产品和服务。培育挖掘乡土文化本土人才，加强基层文化队伍培训，鼓励农村地区自办文化，广泛开展形式多样的群众性体育活动、节日民俗活动、文化志愿服务活动等，活跃繁荣农村文化市场。

4. 开展移风易俗行动

移风易俗，就是在乡村改变落后愚昧的风俗习惯，培育良好的社会风

---

① 刘金祥：《着力发展乡村特色文化产业》，《学习时报》（第6版）2019年3月8日。

尚，树立乡风文明新风尚。在乡村发展过程中，一些陈规陋习正在阻碍乡村健康发展，影响人们的身心健康。在乡村文化建设过程中，加强科普文化教育，丰富乡村文化活动，积极遏制各种不良习俗，培养村民健康文明的生活习惯。制定"村规民约"，健全完善村民议事会、红白理事会章程，以村规民约的形式公告村民，监督并引导村民自觉遵守。广泛开展群众性精神文明创建活动，通过榜样和模范去影响和带动村民，传承弘扬良好文明新风，提升农民精神风貌。发展科学文化教育，加强农村科普工作，推动全民阅读进家庭、进农村，提高农民科学文化素养。

**二 乡村文化振兴的内在机理**

乡村文化发展与国家现代化进程、国家政策制度的实施关系密切，推进乡村文化振兴，要把乡村文化的繁荣兴盛置于全面建设社会主义现代化国家新征程中，从城乡关系发展变化深刻认识乡村文化变迁，从顶层设计视角探讨乡村文化发展态势，从而深刻把握文化振兴的现实价值意义，推动乡村文化全面振兴。

**（一）历史发展轨迹**

中国有着数千年的农业文明传统，费孝通先生将传统中国称为"乡土中国"。在以农业文明为特质的传统社会里，农业是主要产业，农民是社会主体，乡村有其自身的逻辑演绎和发展规律。乡村社会关系呈现明显的亲缘关系，人们的做事方式按"差序格局"进行交往，乡村的文化秩序主要依靠地方绅士通过宗族关系来维系。

中华人民共和国成立后，社会主义制度建立，中国的政治、经济、文化等领域发生重大变革，计划经济体制催生了城乡二元结构，国家对乡村实行全面控制，改造乡村文化生活，社会主义和集体主义意识对乡村文化产生深远影响，农民的社会文化生活具有封闭性和保守性。改革开放后，家庭联产承包责任制推行，农村市场逐渐发展，乡村社会向现代社会过渡转型，城乡二元结构被打破，随着工业化、城市化的快速发展和农村人口不断流向城市，乡村日渐衰落，城乡差距显著，乡村经济发展落后，原有的文化生态被打破，乡村文化价值不断被城市文化改造和解构，乡村传统特色文化资源不断受到冲击，优秀的传统文化和民间艺术日渐式微，乡村文化面临消失的命运。

党的十八大之后，我国从城乡统筹阶段进入城乡融合发展阶段，国家更加重视乡村文化建设发展，乡村文化开始摆脱服务经济发展的附属地位，乡村文化建设被提到更好满足农民群众对美好生活的需要以及推动人的全面发展、社会全面进步的战略高度。特别是党的十九大以来，作为乡村振兴的重要内容，乡村文化贯穿于乡村振兴的各领域、全过程，为乡村振兴提供持续精神动力。推动乡村文化振兴，不断繁荣兴盛乡村文化，焕发乡风文明新气象，从根本上塑造农民新的精神面貌。

"十四五"时期，我国从脱贫攻坚进入全面推进乡村振兴的时期，乡村振兴战略全面实施，乡村社会文明程度不断提高，随着乡村治理现代化的推进，乡村文化与城市文化融合发展，现代性逐渐显现，绿色文化、生态文化、休闲文化和红色文化等越来越成为乡村文化的优势，将助推乡村文化振兴，乡村振兴全面发展。

**（二）政策演变历程**

农村文化政策的定位直接关系农村文化发展方向和发展趋势。中国共产党自成立之日起就十分重视乡村文化建设。以李大钊、陈独秀为代表的"五四"新文化运动领导人在接受马克思主义之后，认识到要解决中国社会积贫积弱的问题，必须从改造文化着手。以毛泽东为代表的中国共产党坚定地认为，农民是乡村文化的创造者，只有加强乡村文化建设，用先进思想文化塑造新型农民，才能取得最终胜利。中国共产党领导乡村建设行动，始终立足乡村实际与乡村文化特殊性，出台相关政策措施激发乡村文化活力，动员和组织广大干部群众投身乡村文化建设，推动乡村文化大发展、大繁荣。

中华人民共和国成立后，中国共产党对乡村进行了以文化改造为主的乡村文化建设，对广大人民群众进行了关于社会主义制度和共产主义理想信念的教育与宣传，进行了爱国主义、集体主义和社会主义的教育，大力宣传党的方针政策，传播社会主义新思想、新道德、新文化。

改革开放后，中国共产党提出并强调农村社会主义精神文明建设，乡村文化以社会主义核心价值观为主要内容，且服务于国家意识形态。1979年，国家提出社会主义精神文明建设。1983年，国家出台《关于加强农村思想政治工作的通知》。1995 年,《关于深入开展农村社会主义精神文明建设活动的若干意见》要求,在坚持马克思主义世界观、方法论指导的同时,发扬中国优秀文化传统和民族传统美德,用通俗易懂的语言、生动活泼的方式增强农民集体主义、爱国主义观念,提高农民社会主义觉悟。

1996 年以后,中国共产党提出并强调社会主义精神文化重在建设,文化、科技、卫生"三下乡"活动展开,农村文化政策取向逐渐转为推动农村文化建设和发展。1998 年 10 月,《中共中央关于农业和农村工作若干重大问题的决定》提出,全面提高农民的思想道德素质和科学文化素质,为农村经济社会发展提供强大的精神动力、智力支持和思想保障。

21 世纪后,农村文化政策逐渐转向城乡文化统筹发展,以精神文明建设为重点,推动农村文化大发展、大繁荣。党的十六大提出,统筹城乡经济社会发展,建设现代农业,发展农村经济,增加农民收入,是全面建设小康社会的重大任务。党的十六届五中全会提出,把建设社会主义新农村作为首要任务,并按照"生产发展、生活宽裕、乡风文明、村容整洁、管理民主"的新内涵和新要求,推进社会主义新农村建设。党的十七届六中全会提出,加快城乡文化一体化发展,增加农村文化服务总量,深入实施文化惠民工程,鼓励城市对农村进行文化帮扶。

2012 年以后,中国进入城乡融合发展阶段,党对"三农"问题越来越重视,对乡村文化建设的部署更加具体,每年中央一号文件都强调了农村精神文明建设、农民文化素养、优秀传统文化和民风民俗的重要性,提出要推进城乡公共文化服务一体化、保障农村文化投入、弘扬优秀传统文化、培育文明乡风。为解决工业化和城市化进程中的城乡差别,党的十九大报告提出,实施乡村振兴战略。2018 年 1 月,中央一号文件《中共中央国务院关于实施乡村振兴战略的意见》公布,乡村振兴战略开始正式实施。9 月,中共中央印发《乡村振兴战略规划(2018—2022 年)》,全面部署实施乡村振兴战略。乡村文化振兴作为专篇,从思想道德建设、优秀传统文化传承、公共文化建设三个方面详细论述。2019 年,国家出台《关于进一步推进移风易俗 建设文明乡风的指导意见》,以实施乡村振兴战略为总抓手,以社会主义核心价值观为引领,加强农村思想道德建设,充分发挥农村基层党组织和党员作用,有效发挥村民自治重要作用,不断改善农民精神风貌，提高乡村社会文明程度。2021 年中央一号文件强调，要加强新时代农村精神文明建设，推动形成文明乡风、良好家风、淳朴民风。

**（三）现实价值**

乡村文化振兴是实现乡村振兴战略最为核心的一环，乡村文化振兴对乡村产业振兴、人才振兴、生态振兴、组织振兴具有重要引领和推动作用。文明乡风渗透在乡村振兴的方方面面，对乡村振兴战略的"产业兴旺、生态宜居、治理有效、生活富裕"四个方面有着重要影响。

乡村文化振兴与产业振兴是相辅相成、不可分割的，文化振兴是产业振兴的思想保障，产业振兴是文化振兴的物质基础。只有乡村产业不断发展繁荣，才能给乡村文化振兴带来资金支持和发展空间。文化的产业化发展已是大势所趋，发展乡村文化产业和文化旅游产业对于调整乡村产业结构，提升竞争力，实现农民持续增收具有积极作用。乡村文化振兴与乡村产业振兴融合发展，是推动乡村文化与产业齐头并进的重要路径，挖掘乡村特色文化资源，打造具有地方特色的文化旅游业，以文兴业，不断夯实乡村振兴的发展基础。

乡村人才振兴是实现乡村文化振兴的重点和关键。促进乡村内外部文化人才投身乡村建设是推动乡村人才振兴的关键。实施乡村文化振兴，还要加强文化供给，增加文化供给、丰富文化生活是推动乡村人才振兴的客观要求和有效途径。推动乡村文化振兴，需要本土艺人、工匠、新乡贤、回乡创业人员、乡村知识分子以及社会各界人士的智慧与能力，使其成为实现乡村优秀传统文化现代化发展的建设者和推动者。同时，推动乡村文化振兴，加强乡村的文化教育、道德教育、技术教育、法制教育和其他专业教育，提高村民综合素质，为乡村振兴提供各方面人才，进而推进乡村人才振兴。

乡村生态振兴是乡村振兴战略的重大任务，推动乡村文化振兴，使人们树立新发展理念，积极践行绿水青山就是金山银山的生态文化理念，自觉保护生态环境，建设生态宜居美丽乡村，从而推动乡村生态振兴。而且，良好的自然生态是乡村振兴的最大优势和宝贵财富，不仅呈现美丽乡村景象，更能深刻反映乡村发展的内在文明程度，有利于增强村民对自然人居环境的主人翁意识，积极投身并带动生态环境保护行动的持续发展，为新时代乡村振兴筑牢坚实屏障。

乡村组织振兴，决定着乡村治理能力和内生发展能力，对乡村文化振兴具有直接影响。推动乡村文化振兴，农村基层党组织是关键，社会组织参与乡村文化振兴可以在动力、资金和氛围上提供帮助，村民自治组织的治理文化有利于提升乡村治理水平。依托传统优秀治理文化，充分挖掘乡村社会丰富而深刻的乡村组织模式和治理智慧，结合现代社会治理思想与发展实际，将优秀乡村文化转化成乡村社会教育资源，发挥村规民约的自我约束和乡村舆论的文化监督作用，依托新乡贤的权威与感化，将乡村自治、法治与德治有机结合，从而推动乡村组织振兴与乡村社会全面发展。

### 三　乡村文化振兴的战略意义

乡村文化振兴是为解决城乡文化发展不平衡和乡村文化发展不充分问题的战略抉择，推进乡村文化振兴具有重要的战略意义，对农业农村现代化发展、中华优秀传统文化弘扬、民族文化自觉自信、社会主义现代化强国建设发挥着越来越重要的作用。

#### （一）乡村文化振兴是乡村振兴的"铸魂工程"

文化振兴在乡村振兴战略中占据重要地位，乡村振兴，既要塑形，也要铸魂。没有乡村文化的高度自信，没有乡村文化的繁荣发展，就难以实现乡村振兴的伟大使命。要把乡村文化振兴贯穿于乡村振兴的各领域、全过程，为乡村振兴提供持续的精神动力。[①] 乡村文化振兴不仅是乡村振兴的任务和价值追求，更是实施乡村振兴战略的路径和抓手，为推进乡村产业振兴、人才振兴、生态振兴、组织振兴提供重要支撑。只有深刻理解文化建设在乡村振兴中的重要作用，才能科学把握新时代实施乡村振兴战略的内在要求，推动乡村振兴战略走深走实。

#### （二）乡村文化振兴是繁荣社会主义文化的重要组成部分

新时代中国特色社会主义文化建设的基本任务是推动社会主义文化繁荣兴盛，而乡村文化振兴是社会主义文化在广袤农村大地繁荣兴盛的重要路径。乡村文化蕴藏着中华优秀传统文化的基因，农耕文化是中华优秀传

---

① 《习近平要求乡村实现"五个振兴"》，http://politics.people.com.cn/n1/2018/0716/c1001 -
30149097.html。

统文化的根，很多风俗习惯、村规民约等具有深厚的优秀传统文化基因，至今发挥着重要作用。弘扬中华优秀传统文化是新时代社会主义文化建设的重要内容，需要乡村文化振兴的支撑和促进。挖掘和保护利用乡村物质和非物质文化遗产，做好创造性转化和创新性发展，有利于传承发展乡村文化，促进社会主义文化繁荣发展。

**（三）乡村文化振兴有利于提升中华民族文化自信**

习近平总书记指出，文化自信是更基础、更广泛、更深厚的自信。坚定文化自信，是事关国运兴盛、事关文化安全、事关民族精神独立性的大问题。中华优秀传统文化根植于农耕文明的沃土，是中国文化自信之根，是农民的精神家园和心灵寓所，是增强文化自信的重要资源。立足乡风文明，推动乡村文化振兴，充分发挥优秀思想观念、人文精神、道德规范等凝聚人心、教化群众、淳化民风的重要作用，充分利用传统村落、特色古镇、民族村寨、古建遗存等物质文化遗产，深入挖掘戏曲舞蹈、手工技艺、民族服饰、民俗活动等非物质文化遗产，发展乡村特色文化产业，重塑乡村文化生态、重建乡村文化自信，增强农民群众对乡村文化的高度认同感和强烈归属感，促进文化复兴和民族复兴。

# 第二节　山西乡村文化振兴的现状分析与实践困境

一直以来，国家都很重视乡村文化建设，山西乡村文化建设取得了一定的成绩，但仍存在发展不平衡不充分的问题，与全面实现乡村振兴战略目标还有很大的差距。

## 一　现状分析

党的十八大以来，山西坚定不移地实施乡村振兴战略，加强思想道德建设，传承弘扬乡村文化，加快农村公共文化建设，乡风文明不断提升，乡村文化生活日益丰富，乡村社会风气不断进步，人民群众精神面貌焕然一新。

**（一）思想道德建设水平不断提高**

山西持续推进农村精神文明建设，大力弘扬社会主义核心价值观，弘扬太行精神、吕梁精神、右玉精神，深入开展文明村镇、文明家庭创建活动，有力推动农民文明素养和农村社会文明程度不断提升，人们的文明意识不断提高，农村社会风气日渐好转。2020年11月，全国精神文明建设表彰大会上，山西74个村镇被表彰为全国文明村镇。

近年来，山西新时代文明实践中心建设进展顺利，工作稳步推进，共建成117个县（市、区）新时代文明实践中心，实现新时代文明实践中心全覆盖。实践中心（所、站）整合党群服务中心、文化活动中心、图书馆、农家书屋、纪念馆、乡村大舞台、文体广场、乡村学校少年宫等基层公共服务阵地资源，开展形式多样的实践活动，有故事会、电影展播、悦读茶座、乡风评议、政策宣讲、文明户评选等，文明实践与当地文化、产业、资源和受众特点有机结合，不断增强人民群众的先进文化获得感。

山西移风易俗成效显著，红白理事会、道德评议会、村民议事会、禁毒禁赌会等群众性组织普遍建立，婚丧嫁娶标准逐步规范，对办事程序、就餐桌数、饭菜烟酒标准等做出限制，不良风气和陈规陋习初步得到遏制，农村人情费支出明显减少，喜事新办、丧事简办、孝亲敬老成为村民共同遵守的行为准则。

**（二）优秀传统文化不断传承发展**

山西历史文化悠久，是华夏农耕文明的代表，传统文化资源富集，现存的古村落约3500处，登记建档1736处，中国传统村落550处，是北方汉民族地区传统村落数量最多、风貌最完整、集聚度最高、类型最丰富的省份。中国历史文化名村达到96个，传统村落达到550个，均位居全国前列，乡村历史风貌得到有效保护。2020年第三个中国农民丰收节在运城举办，全面展示了山西特有的农耕文化、传统民俗文化以及丰富的农业旅游资源、特色农产品，正在成为最具特色的乡村文化符号。

2015年5月，山西启动了"乡村文化记忆工程"，遴选出112个乡镇作为第一批试点，通过资源调查、分类整理、建立档案等途径，保护和展示乡村的文化记录、文化场所、文化实物等文化资源和记忆。2016年，山西遴选出318个乡镇作为第二批试点。2020年，运城市"乡村文化记忆工程"覆盖率已达到100%，建成了50个乡村文化记忆展馆，在建39个。

**（三）基本公共文化建设成效凸显**

近年来，山西农村地区公共文化产品和服务水平显著提升，乡村文化生活日益丰富。目前，全省有综合文化站 1409 个（乡镇文化站 1196 个，街道文化站 213 个），村级综合性文化服务中心 18619 个。"十三五"期间，山西加大了公共财政文化建设投入力度，积极推广政府购买公共文化服务方式，统筹利用各级各类面向基层的文化惠民资金，推动经常性送演出、送培训、送图书、送电影、送辅导下乡等文化惠民工程。

山西深入开展文化惠民工程，文化惠民活动越来越深入人心。"免费送戏下乡一万场"已成为山西深入人心的惠民文化品牌。自 2017 年起，省、市、县三级每年投入送戏下乡经费近 1 亿元，调动全省近 400 个文艺演出院团，演职人员 1 万多人，3 年共免费送戏下乡 4.8 万余场。2019 年完成演出 16628 场，其中在国家级和省级贫困县演出 8000 余场，基本实现了乡镇一级送戏下乡全覆盖的目标，超额完成 2019 年惠民演出任务。2020 年完成免费送戏下乡演出 12631 场，其中面向贫困地区完成 5438 场，超额完成了年度任务。按照农村电影放映工程"一村一月放映一场公益电影"的要求，每年为 28079 个行政村放映公益电影 33 万余场。深入推进全民阅读系列活动，积极推荐阅读优秀晋版图书，精心打造"书香三晋""十大读书人物""红色的魅力""书香矿区""乡村阅读中心"等一批公共文化品牌，大力实施农家书屋等惠民文化工程，全省行政村农家书屋实现全覆盖。2020 年，群众文化服务品牌共开展活动 2164 场次，乡村群众文艺队伍（文艺小分队）共开展活动 123280 场次，乡土文化能人艺人共开展活动 26126 场次，乡村文化带头人共开展活动 51573 场次。

专栏 5-1

# 山西国家级"乡风文明建设"优秀典型案例

为深入贯彻落实党中央关于加强农村精神文明建设决策部署，发挥先进典型的示范引领作用，农业农村部和国家乡村振兴局组织开展了两届全国村级"乡风文明建设"典型案例推荐活动，共推介了 46 个村，山西雷家坡村入选。

运城市盐湖区龙居镇雷家坡村。雷家坡村是一个传统农业型村庄，全村 1439 人，2020 年入选第一批全国村级"乡风文明建设"优秀典型案例。以"德孝"立村的雷家坡村，大力实施"环境卫生整治、繁荣农村文化、陈规陋习整治、核心价值观融入、文明家风建设、群众自治提升"六大行动，形成了"尚勤劳、重孝道、守规矩、讲卫生"的文明乡风。乡风文明建设需要落实到具体的人与事中，该村从夫妻关系、婆媳关系、邻里关系等入手，以妇女参与为突破，以德孝文化为载体，并结合新时代文明实践工作要求，开展一堂课（德孝大讲堂）、一朵花（孝顺媳妇）、一颗星（五星级文明户）、一首歌（村歌）、一顿饭（老年日间照料中心）、一演出（文艺演出）、一队伍（志愿服务队伍）、一场所（红白事集中办理场所）、一活动（重阳敬老主题活动）、一传承（村史村志）"十个一"新时代文明实践活动，解决村民立业、治家、处世等方面的实际问题，让乡风文明建设深入人心，成为干部群众共同的价值取向和实践标杆。

## 二　实践困境

乡村文化在乡村振兴中属于基础性、隐性问题，是农村经济社会发展中的短板。虽然山西乡村文化建设取得了一定成绩，但发展不平衡不充分的问题仍然突出，与全面实现乡村振兴战略目标还有很大的差距。

### （一）乡村文化空间日益萎缩

乡村文化空间是乡村地区人们赖以生存和生活的重要场所，是各种文化活动的主要载体，在引导村民文化认同、构建文化记忆等方面发挥着巨大作用，乡村文化空间发展状态关乎着乡村振兴战略实施的整体进程，直接影响着文化振兴的成效。在工业化、城市化、现代化发展背景下，与全国其他地区一样，山西乡村文化空间面临日益萎缩的问题。乡村传统文化陷入生存困境，部分面临存续危机，传统特色民居或已遭破坏或已消失，传统文化民俗节日活动渐趋式微，一些非物质文化遗产面临失传。乡村文化存在失序危机，人与自然环境相互融合的生态文化秩序遭遇危机，传统乡村精神文化秩序渐趋消解，传统农村民俗规范秩序被冲击和解构。在乡村传统文化出现危机的同时，乡村文化并未随着乡村发展而与时俱进，主要表现为部分农民精神信仰缺失、农村法治意识淡薄、乡村特色文化产业发展不足、农村文化市场活力不足等问题，民间艺术、民俗表演项目、传统工艺等民俗文化资源产业化开发滞后，乡村文化产业发展水平较低且特色不明显，非物质文化遗产传承发展不足，满足农民文化消费需求的多样化文化产品和服务较少。

**（二）乡村公共文化服务供需失衡**

近年来，山西大力推动农村公共文化服务体系建设，这些基本公共文化服务设施和文化惠民工程在满足农民教育、娱乐、休闲等方面的需求上发挥了重要作用。但是，从具体实践情况来看，存在供需结构不合理问题，农村公共文化服务基本按照统一标准，采取自上而下的行政方式配置标准化的公共文化产品和服务。在投入结构层面，存在着"重投入轻管理""重文化基础设施建设轻文化人才培养"等问题；在组织结构层面，存在着"多头组织""无人管理""资源浪费"等问题。农民是农村文化活动的主体，但是许多公共文化服务受到政府过多干预，农民作为消费者只能被动接受，对公共文化服务参与热情不高。当前大多数文化惠民工程仍以传统文化载体供给文化产品和服务，借助新兴、高科技的文化媒介较少，无法满足现阶段农民的新型文化需求，存在文化服务供给的滞后。

**（三）乡村文化行动主体缺失**

农民是乡村文化建设的主体，但是乡村中有文化、有能力和高素质的青壮年、大学生等优秀人才流入城市，乡村主要劳动力大量流失，特别是中青年和优秀人才流失最为严重，"空心村""留守儿童""留守老人"等现象凸显，成为制约乡村振兴战略顺利推进的关键一环。乡村文化振兴的主体缺失，削弱了乡村文化建设的基础力量和关键力量，导致乡村文化建设和发展受阻，且乡村文化产品和服务缺乏乡土气息，不能真正满足广大农民群众需要，最终导致文化发展失去动力。根据山西省第七次全国人口普查公报，全省常住人口中，2020年乡村人口比2010年减少546.74万人，人口流动仍是从农村向城市流动为主，农村文化建设的主体在不断减少，乡村文化振兴迫切需要一大批劳动力和优秀人才来服务乡村、建设乡村、发展乡村。

## 第三节　繁荣乡村文化的制度构建与实施路径

乡村文化是整个社会文化系统的渊源和基础，良好的乡村文化积淀是乡村秩序正常运行的灵魂和根基。推进乡村文化振兴，需要建立促进文化振兴的长效机制，选择有效路径来实现乡村文化振兴。

## 一　促进乡村文化振兴的政策制度设计

乡村文化振兴与国家政策制度安排有着必然的联系，选择合宜的乡村文化发展路径对乡村文化全面振兴至关重要。

### （一）构建共融共享的城乡文化互动互通机制

城市和乡村文化资源禀赋具有明显的差异性和互补性，构建城乡文化融合发展机制，有利于实现乡村文化振兴。山西应把城市文化和乡村文化作为一个有机整体来进行谋划，建立上下联动与有效对接机制，吸引文化振兴所需的资本、技术、人才等资源要素更多向乡村流动，实现各种文化要素能够在城乡之间自由流动，激发乡村文化发展内生动力。把"送文化"与"种文化"相结合，不仅要继续深入开展送演出、送培训、送图书、送电影、送戏曲等文化惠民工程，还要积极培育乡村文化建设的内生力量，加大力度扶持民间艺术组织、乡间艺人、非物质文化遗产传承人等，使外来文化与本土文化渗透融合。建立城乡文化交流互动机制，通过搭建平台、建立通道等方式，积极推动乡村文化"走出去"，把乡村优秀文化产品与服务展示和提供给城市，不断满足城市多样化文化需求。

### （二）健全乡村文化人才发展体制机制

推动乡村文化振兴，亟须打造一支懂文艺、爱农村、爱农民、专职与兼职相结合的农村文化工作者队伍。山西要建立健全乡村文化人才发展体制机制，优化乡村文化人才发展环境，激发乡村文化人才的活力。加大文化人才培育、扶持力度，培养和造就一批热心文化工作、长期扎根农村的文化能人，创造有利环境让更多文化人才参与农村地区建设。充分发挥大学生、返乡精英、文化能人等新乡贤的智慧和力量，共同推动乡村文化振兴。加强基层文化队伍培训，培育扶持乡村文化人才，积极争取城市中的优秀文化人才下乡，定期举办各种业务培训，提升文化服务能力。汇聚社会力量，支持民间文艺团体、艺人等深入农村开展文化活动，丰富人民群众文化生活。推进城乡"结对子、种文化"，推动文化工作者和志愿者等投身乡村文化建设，加强城市对农村文化建设的对口帮扶，形成常态化工作机制。

### （三）健全城乡公共文化服务体系

山西应着力统筹城乡公共文化设施布局、服务提供、队伍建设，推动文化资源重点向乡村倾斜，扩大与提高服务的覆盖面和适用性。进一步完善公共图书馆、文化馆（站）和基层综合性文化服务中心等公共文化服务机构建设、管理、服务和评价标准规范，健全城乡公共文化服务标准体系。完善城乡公共文化服务协同发展机制，持续推进"百县强基"工程和城乡公共数字文化工程建设，创新实施文化惠民工程，积极开展流动文化服务，持续实施"戏曲进乡村"活动，引导优质文化资源和文化服务更多地向农村倾斜。建立公共文化服务群众需求征集和评价反馈机制，推动公共文化服务设施、项目与居民需求信息有效对接。

### （四）建立乡村文化保护利用机制

山西要立足乡村文明，建立乡村文化保护利用机制，更好地保护利用乡村传统文化，盘活乡村文化资源，重塑乡村文化生态。因地制宜建设文化礼堂、文化广场、乡村戏台、非遗传习场所等主题功能空间。推动乡村优秀传统文化创造性转化、创新性发展，建立地方和民族特色文化资源挖掘利用机制，创新传统工艺振兴模式，发展特色工艺产品和品牌，推动优秀农耕文化遗产保护与合理适度利用。健全文物保护单位和传统村落整体保护利用机制，加强"中国民间文化艺术之乡"建设管理，鼓励乡村建筑文化传承创新，强化村庄建筑风貌规划管控，保护好农业遗迹、文物古迹、民族村寨、传统村落、传统建筑和灌溉工程遗产，推动非物质文化遗产活态传承。

## 二 推进乡村文化振兴的有效路径

文化振兴在乡村振兴中占据重要地位，是推进乡村全面振兴的内生原动力。如果没有乡村文化的振兴与繁荣，乡村全面振兴的战略目标将难以实现。为此，山西要高度重视乡村文化振兴，使其成为引领和带动乡村全面振兴的重要引擎。

### （一）加强农村思想道德建设

山西要引导农民群众践行社会主义核心价值观，采取符合农村、农民特点的有效方式,深化中国特色社会主义和中国梦宣传教育,大力弘扬民族精神和时代精神。弘扬社会主义核心价值观,弘扬太行精神、吕梁精神、右玉精神,推动社会主义核心价值观转化为农民群众的情感认同和行为习惯,牢牢占领农村思想文化阵地。完善乡村信用体系,推进诚信建设,强化农民的社会责任意识、规则意识、集体意识、主人翁意识。深入实施公民道德建设工程,挖掘农村传统道德教育资源,推进社会公德、职业道德、家庭美德、个人品德建设,广泛开展学习时代楷模、道德模范、最美人物等活动,开展好邻居、好媳妇、好公婆评选和寻找"最美家庭"等活动。持续推进文明村镇创建,广泛开展星级文明户创评活动,落实《山西省实施乡村振兴战略星级文明户创评工作管理暂行办法》,培育文明乡风、良好家风、淳朴民风。深入推进农村移风易俗,发挥好村民议事会、道德评议会、红白理事会、禁毒禁赌协会等群众组织作用。加强乡村精神文明实践站(所)建设,充分发挥农村基层党组织的组织、宣传、凝聚、服务群众的重要作用,切实提高农民群众的思想觉悟、道德水平、文明素养、法治观念。

**(二)保护利用乡村传统文化**

乡村振兴离不开农村优秀传统文化价值的发挥,离不开在保护传承基础上对农村优秀传统文化的创造性转化和创新性发展。山西要重视传承和弘扬优秀传统文化,充分挖掘和整合乡村民俗文化、节日文化、手工艺文化等乡村优秀文化资源,实施乡村文化记忆、传统村落保护、农耕文明传承保护和非物质文化遗产传承发展等工程,保护传承乡村传统文化。深入挖掘革命历史文化资源,统筹推进红色文化资源保护开发利用。善于提升和转化乡村文化资源,在保护传承乡村优秀传统文化的基础上,支持农村地区优秀戏曲曲艺、少数民族文化、民间文化等传承发展,实现创造性转化、创新性发展,不断赋予其新的时代内涵、丰富其表现形式。深化拓展"农民丰收节"活动,展示、传承、弘扬农耕文化。发挥好新乡贤在移风易俗、倡导文明乡风中的功能,强化乡村文化资源开发与传承,涵养乡村人文精神,加强村民之间的情感联系和文化认同。

**(三)提升乡村公共文化服务水平**

乡村文化建设水平低于城市,最突出的问题是乡村公共基础设施落后，公共文化服务供给滞后。山西要着力推动城乡公共文化服务体系融合发展，健全公共文化服务体系，增加公共文化产品和服务供给，丰富群众文化生活，提升农村公共文化服务水平。加强基层综合性文化服务中心建设，依托农村文化资源，结合地区文化特点，提供有针对性的文化产品，努力做到一地一策。按照农民意愿提供公共文化产品和服务，采取灵活多样的公共文化服务方式，为农村地区提供更多更好的公共文化服务。随着农民对公共文化服务需求的不断增长，积极拓展新产品新服务，增加数字文化产品和服务供给，提供心理健康服务、就业创业信息等深层次文化服务，多样化、多层次丰富农民精神文化生活。

# 第六章　乡村振兴战略下乡村治理体系建设研究

乡村治理是国家治理的重要组成部分，乡村治理体系建设是国家治理体系和治理能力现代化的重要内容。党的十九大乡村振兴战略的提出，为新时代乡村治理体系建设提供了难得的机遇，重构乡村治理体系恰逢其时，也任重道远。

## 第一节　乡村治理体系建设回顾

随着我国经济社会的发展，农村、农业、农民在国民经济体系中的地位也在发生巨大的变化，国家的乡村战略也在随时而变，政府与乡村的关系也在与时俱进。

### 一　中华人民共和国成立后早期的乡村治理模式（1949~1958）

中华人民共和国成立后，广大农村的经济与社会都处于战后恢复、重建时期。这一时期国家对农村的主要政策是稳定、恢复、发展。基本保留原有的农村基层格局，县下设区，区作为政府的派出机构领导乡和行政村基层政府的工作。

1950年12月8日政务院第62次政务会议通过了《乡（行政村）人民代表会议组织通则》和《乡（行政村）人民政府组织通则》，乡和行政村都是农村基层地方合法政权机构，乡村并立。其中《乡（行政村）人民政府组织通则》明确指出："乡人民政府委员会的职权为：执行上级人民政府的决议和命令；实施乡人民代表会议通过并经上级政府批准的决议案；领导和检查乡人民政府各部门工作；向上级反映本乡人民的意见和要求。"

《乡（行政村）人民政府组织通则》同时规定行政村具有"具体执行上级政府的决议和命令；具体实施村人民代表会议通过并经县区人民政府批准的决议案；根据上级政府的政策与制度，办理村中一切兴革事宜；掌握与管理村财政的收支；统一领导和检查村人民政府各部门工作及向人民代表大会做工作报告等职权"。

1954 年，取消了行政村建制，"乡、民族乡是农村基层行政区划，乡政权是农村基层政权，是国家政权的有机组成部分"。基本形成县管乡—乡管村的基层政权格局，乡以下的行政村、自然村，村内公共权力由村党支部和上级部门委派的工作组来行使。国家终于将行政权力下沉到村庄内，农民第一次被完全纳入国家政治体系管理。

### 二 中华人民共和国成立后到改革开放前"政社合一"（1958～1978）

在国家的强力推进下，土地改革实现了完全意义上的"耕者有其田"。随着土地的分散入户，基于生产关系与生产力的匹配要求，与此相配套的农村政权基层组织也在进行相应的改革。我国农村的人民公社体制从互助组到初级社、高级社逐步完善。随着 1958 年《关于在农村建立人民公社的决议》的颁布，"大跃进"运动开始，全国各地都进行了大范围的撤乡镇建大社，人民公社迅速取代了原有的农村基层组织成为全国统一的农村基层组织，与此同时农民成为农业生产者，失去了生产和交换的自由。1962 年 2 月，中共中央发布《关于改变农村人民公社基本核算单位问题的指示》，在农村开始实行"政社合一""三级所有、队为基础"的生产、社会制度，生产资料归人民公社、生产大队、生产小队"三级所有"，农村的生产和经营、核算以生产小队为单元。

这一阶段，人民公社是国家权力在基层的代表，具有社会管理的职能，同时兼具生产和分配的经济管理职能，把发展经济、基层治理与政权建设统一在"政社合一"的治理体系下。国家动员和整合乡村社会的能力得到空前加强，但同时也固化了农民的身份和抑制了农民的生产积极性，制约了农村、农业的发展。

### 三 改革开放后的"乡政村治"

1978 年党的十一届三中全会召开后，党的工作重心转移到了社会主义现代化建设，从计划经济开始向市场经济过渡。而家庭联产承包责任制的推行，将广大农民从过去的计划经济桎梏中解放出来，激发了农民的生产积极性。经济体制的转变必然会伴随着社会治理体制的变革。家庭联产承包责任制在全国的推行，极大地冲击了"政社合一"的旧的管理体制。1982年《宪法》第111条，第一次提出了"村民委员会"这一名称，并规定"村民委员会"是"基层群众自治性组织，负责管理本村事务"。同时，"乡、民族乡、镇的人民政府执行本级人民代表大会的决议和上级国家机关的决定和命令，管理本行政区域内的行政工作"。我国的乡村治理进入"乡政村治"时期。

1987年全国人大常委会通过《村民自治组织法（试行）》，从法律的角度明确和细化了村民自治委员会的组织建设。到1998年，《村民自治组织法》在全国范围内正式推行，国家撤销了人民公社、生产大队和生产小队，乡镇政府成为农村基层政权，村委会和村民小组取代了原先的生产小队，实行村民自治。

**四　农业税取消后"多元"乡村治理体系**

2005年12月，第十届全国人民代表大会常务委员会第十九次会议决定："第一届全国人民代表大会常务委员会第九十六次会议于一九五八年六月三日通过的《中华人民共和国农业税条例》自二〇〇六年一月一日起废止。"中国农村社会延续了几千年的"皇粮国税"退出了历史。国家、集体、农民之间的分配关系发生了巨变，乡村治理体系也走向了新的阶段。

随着农村经济的发展，新的生产力催生新的生产关系，合作社、家庭农场、公司加农户联合体等出现，乡村治理呈现出多元化的特征。2019年中共中央办公厅、国务院办公厅正式印发《关于加强和改进乡村治理的指导意见》，强调村"两委"班子成员应当交叉任职，落实县乡党委抓农村基层党组织建设和乡村治理的主体责任，努力实现党组织领导下的自治、法治、德治相结合的乡村治理体系。新的乡村治理体系不仅是村一级发生了极大的变化，乡镇政府对农村的管理职能也逐渐减少，服务职能进一步加大。而农村一级的治理主体除村党支部、村委会之外，村庄内生的一些经济组织、社会组织也通过村委会、党支部会议表达一部分农民对于村庄经济、社会发展的建议。我国"乡政村治"治理模式也进入新的发展时期。

# 第二节 重构乡村治理体系的机遇与挑战
## ——以山西为例

党的十八大以后，伴随着形势任务的变化，我国乡村治理也进入新时代。以习近平同志为核心的党中央继续坚持把解决好"三农"问题作为全党工作重中之重，推动乡村治理工作不断创新，乡村治理结构发生了历史性变革，特别是对农村基层党组织的建设、基层服务型政府建设、村民自治机制等方面不断提出了新的要求。党的十九大明确提出，要实施乡村振兴战略，要"加强农村基层基础工作，健全自治、法治、德治相结合的乡村治理体系"。这为我国未来乡村治理体系和治理结构建设提出了新思路。在全面乡村振兴的大背景下，如何重构乡村治理体系，走出一条城乡融合发展的农村现代化之路，是我们必须认真思考的一个重要问题。

## 一 重构乡村治理体系的难得机遇

2017 年 10 月，党的十九大报告明确提出实施乡村振兴战略，构建乡村治理新体系，坚持自治、法治、德治相结合。2018 年中央一号文件《中共中央国务院关于实施乡村振兴战略的意见》，对乡村振兴战略做出了全面部署。2018 年 9 月，中央发布了《国家乡村振兴战略规划（2017～2022年)》，规划了实施乡村振兴战略的"四梁八柱"。为全面实施乡村振兴战略，中央提出了"产业兴旺、生态宜居、乡风文明、治理有效、生活富裕"的总体要求。这二十字总体要求，给乡村治理指明了方向，也提供了路线图，更为乡村治理体系重构奠定了基础。

### （一）实施乡村振兴战略将为乡村治理体系建设奠定坚实基础

实施乡村振兴战略，要求统筹城乡发展空间、优化农村空间布局；要求坚决打好脱贫攻坚战，重点攻克深度贫困；要求农村产业兴旺，加快农业现代化步伐，完善农村其他产业；要求加强农村基础设施建设，建设美丽宜居的现代农村；等等。乡村振兴战略要求加强基层党组织建设，着力培养农村各类实用人才，这些为乡村振兴和乡村治理提供了组织和人才保障。乡村振兴战略还要求不断强化农村地区精神文明建设，大力弘扬农村的传统文化，这些为乡村振兴营造了良好的文化氛围，同时也为乡村治理体系的建设和完善奠定了文化基础。

**（二）乡村振兴战略提出了构建乡村治理体系的基本目标**

实现乡村"治理有效"是国家有效治理的基石，也是我国乡村治理体系建设的基本目标。但由于我国人口众多、地域辽阔，各地农村个体差异很大，要达到"治理有效"的共同目的，需要在乡村振兴的大背景下因地制宜，稳步推进。加之我国经济社会发展严重不平衡，各地自然禀赋、气候条件、交通位置差异很大，不可能在全国找到一个标准的、统一的乡村治理模式。即便是在一些地方推行比较好的创新经验，也不能在其他地方简单复制和推广，必须结合本地实际情况，找到适合本地特色的治理模式。

**（三）乡村振兴战略明确了乡村治理体系建设的时间表和路线图**

按照《国家乡村振兴战略规划（2018～2022年）》，到2020年，在我国乡村治理方面，要基本形成乡村振兴的制度框架和政策体系；到2022年，要求"以党组织为核心的农村基层组织建设明显加强，乡村治理能力进一步提升，现代乡村治理体系初步构建"。就长远发展来讲，到2035年，乡村振兴要取得决定性进展，乡村治理体系更加完善；到2050年，要求"乡村全面振兴，农业强、农村美、农民富全面实现"。上述时间节点和阶段性任务，不仅是我国乡村振兴战略的规划，也是我国乡村治理体系建设和完善的时间表和路线图。

**二　新时代乡村治理体系面临的挑战**

实施乡村振兴战略是党的十九大做出的重大决策部署，2018年9月19日山西省委省政府发布了《山西省乡村振兴战略总体规划（2018—2022年）》，描绘了山西乡村振兴的宏伟蓝图，明确了引领山西乡村振兴战略实施的路线图和时间表。近年来，山西虽然在乡村治理体系建设方面进行了一系列探索，也取得了一定成效，但与"治理有效"的标准相比，乡村治理体系建设还存在一些问题和困难，当前的乡村治理存在诸多现实困境，乡村治理面临新的挑战。

**（一）乡村人口数量持续减少**

随着城镇化的不断推进，2020 年山西省农村常住人口为 1307.72 万人，较 2017 年的 1453.51 万人，减少了 145.79 万人。并且据相关学者测算，到 2035 年，山西常住人口城镇化率预计将由 2018 年的 58.41% 提高到 69%，乡村人口将继续减少 300 多万，老龄化、空心化程度继续加剧。这样的人口流动导致当下农村的空心化、农村家庭的空巢化以及农村常住人口的老龄化等问题不断凸显，这些问题都迫切需要乡村社会治理体系的完善以化解相应的社会问题。

**（二）村庄行政正在发生巨变**

村庄空心化在山西省一些地方越来越突出，尤其是在山区和一些贫困地区，不少自然村庄在慢慢消失。根据山西省统计局数据，全省村民委员会数量由 1990 年的 32396 个减少到 2017 年的 27961 个，28 年间减少了 4435 个，降幅达到 13.7%。从变化趋势看，2000 ~ 2004 年的 5 年间，全省村民委员会数量降幅最大。根据相关预测，随着新型城镇化的不断推进，按照 2035 年城镇化率达到 69% 的预测，到 2035 年全省乡村数量将减少 6000 个左右，乡村数量下降到 22000 个左右。总体看，未来全省乡村数量仍将处于相对稳定的下降状态。随着易地扶贫搬迁、农村新型社区建设等项目的开展，一些带有现代社区性质的农民集中聚居区域出现了，有的甚至几个村庄集中到了一起。在村庄消亡与新型农村社区兴起并存的同时，伴随的是村庄的分化和农民的分化，以及相应的农村居民思想观念、生产方式以及生活习惯的明显变化。

**（三）农村基层组织动员能力弱化**

由于多年来农村基层党组织建设薄弱和农村集体经济发展滞后，目前山西农村居民的组织化程度实际上处于较低的水平，这一方面导致农村基层党组织凝聚力涣散、战斗力不强；另一方面由于缺乏集体收入的源头活水，许多村庄的社会事业发展无从谈起，最终导致村民的集体意识逐渐弱化、归属感缺失、牢骚和抱怨不断。这些都是乡村治理亟须破解的难题。

**（四）村民自治流于形式**

当前的村民自治在全省一些地方形式大于内容，主要表现在两个方面：一是某些地方根本没有真正落实；二是即使落实了，一些村委会的自治能力也非常薄弱，村庄处于一盘散沙状态。目前的村"两委"依然是各地乡镇政府的行政功能延伸，村委会根本就不是自治组织。这种局面出现的原因是多方面的，既有基层政府惯性思维、法治意识不强的原因，也有自治组织政策水平低、治理能力差的原因，更有当下村民的法治意识普遍不强、法治观念淡薄的原因。

**（五）乡村治理难度与日俱增**

乡村治理最关键的是要解决好涉及人的问题和涉及财物的问题，但这两方面就目前情况而言都面临诸多困扰，治理难度不断加大。例如，村干部受文化程度和视野的制约，整体素质偏低，能力不强，对一些棘手问题往往是不敢管、管不了、管不好；另外，随着城镇化和农村老龄化的持续，村里的年轻人都渴望到城市发展，导致乡村发展的人才严重匮乏，许多村庄呈现房堵窗、户封门的现象，基本不见年轻的居民，乡村振兴面临人才危机；由于历史的原因，山西农村重建设轻管理的问题依然非常明显，各地美丽乡村建设稳步推进，但乡风文明弘扬、传统文化传承、乡村社会管理等深层次问题没有得到很好解决。

如上文所言，当前山西农村呈现了新旧矛盾问题交织的局面，面对这些错综复杂的乡村现实问题，在实施乡村振兴战略的大背景下，构建基层党建引领，自治、法治和德治相结合的乡村治理体系，是未来一段时间山西乡村治理的重要任务。

# 第三节　突出党建引领

全面提升乡村治理效能，必须充分发挥农村基层党组织的主力军作用。推进党建引领乡村治理，是贯彻落实习近平新时代中国特色社会主义思想的必然要求，是践行党的初心使命的题中之义，是破解基层社会治理困境的客观需要，是推进基层社会治理现代化的根本举措。但在实践中，还存在党建引领社会治理的理念转变有待加快、组织保障有待强化、机制创新有待加强、能力建设有待提升等不足。在全面推进乡村振兴的新的历史时期，进一步推进党建引领乡村治理，要充分发挥基层党组织统筹全局、协调四方的功能，凝聚党员、村民及企业等各方力量，形成乡村治理合力，切实把党的政治优势、组织优势和群众工作优势转化为治理优势，着力构建共建共治共享的乡村治理新格局。

## 一　牢牢坚持党组织在乡村治理中的核心地位，突出政治引领这个根本

坚持把讲政治作为推进乡村治理工作的第一要求，确保党的领导贯穿乡村治理全过程、各方面，始终把准乡村治理的正确方向。把筑牢理想信念的堤坝作为乡村党组织发挥政治引领作用的前提，狠抓乡村党组织理论学习，深入推进"不忘初心""党史学习"教育常态化，推动党的创新理论进田间地头、进千家万户，深入推动习近平新时代中国特色社会主义思想入脑入心。农村基层党组织要坚决服从中央集中统一领导，维护党中央权威，在政治立场、政治方向、政治原则、政治道路上始终同党中央保持高度一致，坚定执行党的政治路线，严格遵守政治纪律和政治规矩，使乡村社会治理始终朝着正确方向健康发展。在乡村两级党政领导班子建设和选人用人上，要突出政治过硬，把讲政治作为"第一标准"。

农村基层党组织必须认识到党在乡村治理中的领导核心地位，扩大与提高工作的覆盖范围及组织能力，强化主体责任意识，将各项党建工作责任落到实处。农村基层党组织负责人要认真学习党建知识，不断提升自身素质，以找到党建与乡村治理工作之间的结合点，着眼于乡村治理中的现有问题，并以此为依据制定具有针对性的治理方案。

乡村治理主体具有多元化的特点，既有行政组织、经济组织及群众自治组织，还有各类社会组织和服务组织等。要全面压紧压实乡村党委党建主体责任，全面加强对各级各类组织的统领，保证各级各类组织既保持正确的政治方向，又充满活力。这些组织都要在农村基层党组织领导下，按照法律和各自章程去开展工作。所有农村重大事项的决策实施，要把农村基层党组织置于决策链的第一环，由农村基层党组织首先提出初步的意见和方案，在党组织内部进行讨论和表决，使其引领地位在制度层面上得到确保，从而成为农村重大事务决策的主导者和控制者。

## 二　切实抓好抓实乡村党组织建设，聚焦组织引领这个关键

以织牢、织密、织实乡村党组织网络为基本方向，加大乡村新型组织

党组织覆盖力度，科学构建沉底到边分级分层的基层党组织体系。积极探索"互联网＋党建"，把组织建在网上、党员连在线上，延伸基层工作触角，织密乡村党组织体系。创新党组织设置方式，适应农业农村现代化要求，把党组织建在生产小组、农村专业协会和产业链上，及时调整优化合并村组、村改社区、跨村经济联合体党组织设置及隶属关系，真正增强党组织对各类农村组织的引导作用。持续整顿软弱涣散基层党组织，建立基层党组织质量指标体系，形成常态化的整顿机制，切实提升农村基层组织战斗力。

建立以提高素质为核心的农村基层党组织干部新的选拔机制，坚持政治标准，强化"从好人中选能人"导向，选优配强村"两委"班子特别是党组织书记，大力推进村支书和村主任一人兼任。着力培养德才兼备的基层党员带头人，多渠道选人，综合把关，注重从农村致富带头人、大学生村干部中选拔优秀人才，解决农村基层干部年龄老化、后继乏人的问题。通过"派、调、引、选、培"等方法，多层面、多渠道地拓宽农村基层党组织选人用人的视野，使更多懂农业、爱农村、爱农民的人到农村来工作。

狠抓基层党组织制度和作风建设，坚决执行党务公开，及时、定期进行党务、村务和财务公开，以阳光公开促监督、促落实、促改进。村级重大事项制度要严格按"四议两公开"程序决策，确保村级事务在党组织领导下，真正反映民意，健康有序运行。建立健全村干部经济责任审计、任期述职、责任追究等制度，规范村级事务运行。以集体资产管理、土地征收和惠农补贴等领域为重点，大力整治侵害农民正当权益的腐败行为和不正之风。

### 三　着重完善乡村治理"党建＋治理"协同机制，创新机制引领这个重点

不断改进农村基层党组织引领乡村治理的工作机制，进一步规范乡村关系和"两委"关系。明确村级党组织在支持和保障村民自治中承担的责任及履行责任的方式，村民自治组织要自觉接受村级党组织的领导。健全乡村党组织领导下的村民自治机制、民主协商机制、群团带动机制、社会参与机制。制定党员群众互联互助的具体措施，推选有帮扶能力的党员、

入党积极分子、村民小组组长、致富带头人等作为中心户，每人就近联系群众，重点围绕思想交流联络、经济利益联结、生产生活联系、邻里互助联谊、公益事业联动等方面开展互联互助活动，着力打通党员联系服务群众"最后一公里"。健全村党组织领导的基层群众自治机制，推动村党组织指导制定完善村规民约、行业规章、团体章程等各类规则，规范村务监督委员会运行，让村民自己"说事、议事、主事、督事"，做到村里的事村民商量着办。在乡村党组织领导下，探索建立各类组织间的"契约合作"机制，强化在面临共同治理问题上的责任共担、资源互换、利益共享，凝聚治理合力。

### 四　大力加强乡村治理能力建设，提升能力引领这个保障

完善基层组织健康运行保障机制，加大乡村党组织运转经费投入力度，尽快建立村级组织运转经费正常增长机制，落实关心关爱乡村一线干部的政策措施。抓关键少数，内育外引，重点培养一批党性强、业务精的乡村党组织书记。大规模培训乡村干部，开展干部乡村治理能力素质分析，围绕大部分基层党员干部比较缺乏的法治能力、矛盾处置化解能力、舆情管理能力、社会心态引导能力、信息技术使用能力等开展精准培训，提升培训的针对性、有效性。优化农村党员服务中心、党员之家等党群服务综合体等功能分布，形成党组织为民服务的主阵地，在服务群众中把党群服务中心建成治理中心。加强新一代信息技术在乡村社会治理各个领域和不同场景的深度应用，发展大数据治理、云治理等新模式，提升乡村智慧治理能力。改进评价考核机制，把乡村治理工作纳入各级党委政府政绩考核指标体系，引入群众民主投票机制，以群众的满意度为最终的考核标准，真正实现群众说了算。激励引导乡村党组织和党员干部更积极主动地想群众之所想、急群众之所急，团结带领广大人民群众共抓基层党建、共建美好家园。

## 第四节　提升自治能力

村民自治是广大农村群众实现自己民主权利，实行自我管理、自我服

务、自我教育的一种制度安排。村民自治作为推进乡村治理的基本形式，是村民直接参与基层组织建设的主阵地和乡村治理的重要平台。坚持村民自治在乡村治理中的基础作用，充分调动村民作为乡村治理重要主体的参与积极性，对于搞好乡村治理和农村社会稳定具有重要作用。

## 一　深化村民自治实践

进一步完善农村民主选举、民主协商、民主决策、民主管理、民主监督制度。严格依法实行民主选举，体现村民意愿，选出群众拥护的讲政治、守规矩、重品行、有本事、敢担当的村委会班子。选举前向村民普及选举规则、注意事项及基本情况，使村民充分了解选举程序和候选人条件，保障村民知情权，更好地选举出为村民办实事的村干部；推动村党组织书记通过选举担任村委会主任。

严格落实村民会议和村民代表大会制度。做实村民代表联系村民制度，及时做到对村民群众的意见收集和决策反馈，使民主协商制度有效运转。要在完善村民委员会作用的基础上，充分利用村民议事会、村民监事会等自治载体，切实提高村民自治的能力、动力和水平。推动村级调解制度化、规范化和程序化，真正发挥村规民约和自治章程的有效性。

健全民主决策制度，强化主人翁意识，探索促使村民会议和村民代表大会发挥作用的新模式，规范议事程序，在村政事务进行管理决策时鼓励他们参与进来，为决策建言献策。

严格规范乡村治理权力的运行，围绕村级管理事项重点规范，制定村级权力运行方案，依据"实用、管用、简便、务实"等原则，明确责任主体、权力名目、事项名称、权力运行公示流程、责任追究等事项，使村民事项管理明确清楚。

落实村务民主监督制度，推行村级事务阳光行动计划，严格落实"四议两公开"、村两委联席会议等重要制度，形成"民事民议、民事民管、民事民办"格局。在村级重大事项决策、村级财务管理、招投标管理、阳光村务管理、人员任用、村集体资产资源处置、宅基地问题、救助救灾申请等方面，实现"三公开"，实现乡村治理权力运行和村务办理的公开化、透明化。

## 二 创新基层管理服务

明确基层党组织和自治组织权责，对基层政府的行政审批和公共服务职责进行优化整合，创建"一站式服务"的便捷高效综合服务平台。加快基层信息化建设步伐，加快创建基层网上服务站点，加快构建村级便民服务体系。坚决清理和禁止众多干扰村级正常工作的检查督查、考核评比和创建达标等上级行动。

加强农村社区治理创新，尽可能地把资源、服务、管理等治理重点下放到基层，创新基层管理体制机制。围绕全省各地实际，确立各具特色的群众工作方法，树立先进典型，学习基本经验，整合公共服务职能，打造"一门式办理""一站式服务"综合服务平台，形成完善的乡村服务体系。

## 三 建立健全各类自治载体

引导壮大农村各类组织，以积极培育各类农村合作经济组织为重点，稳步提高农民组织化程度，进而引导各地特色农业发展，带动农民增收，壮大集体经济。同时必须鼓励引导农村各类中介组织发展，为农民提供决策咨询、市场供求信息等中介服务，使农产品的流通渠道更加通畅。着力培育公益和互助类农民组织，着力满足农民个性化、多样化需求。通过农村各类组织的发展，逐步构建起村内事务由民议、民办、民管的多层次乡村自治新格局。

厘清治理主体权责，构建新型合作关系。明晰基层党组织、基层政府、村级自治组织、集体经济组织、社会组织等治理主体在乡村治理中的职责和边界，构建各类治理主体责权清晰、各安其位、合作有序的新型合作关系，构建领导权、决策权、执行权、监督权、经营权相互分离，运转协调的运行机制。

## 四 强化村级事务监督管理

建立健全村务监督委员会，进一步规范职责权限、监督内容、工作方式，全面提升村务监督工作的水平和实效。推行村级事务阳光工程，加强制度约束，确保村"两委"主动公开党员培养、征地补偿、低保救助、项目落实等涉及村民切身利益的事项，接受村民的监督。

加大监督与问责力度，为乡村治理现代化提供支持和保障。通过强化宣传政策内容和施行意义，大力提升村务监督委员会、乡贤议事会、村民监督员的监督作用，促进"党务、村务、财务"公开透明运行。制定惩戒机制和违纪惩处机制，制定违纪责任的追究标准。

健全多元监督体系，在不断完善村务监督委员会的工作机制、激励机制与问责机制的基础上，加强内外部合作的协同，健全监督的保障机制，形成多元复合的监督体系。村务监督委员会要和乡镇纪检组织确立起监督工作上的合作关系，在村庄内部监督中获得乡镇纪检组织的指导、支持和帮助，并协助乡镇纪检组织对村干部展开村庄外部监督。

## 第五节　强化法治保障

法治是乡村治理的前提和保障，是建设中国特色社会主义法治体系、实现全面推进依法治国总目标的需要。加强基层民主法治建设，创设有利于农民参与乡村治理的良好环境，是实现乡村善治的必然要求。

### 一　完善法规细则，增强乡村治理的约束力

强法治必须先立法，要引导乡村治理进入法治化轨道，就要做到在顶层设计上不断健全和完善农村基层治理相关法律制度，制定法规细则，完善农业投入、环境保护、文化建设、农民权益保障等领域的立法，确保乡村治理有法可依。实现村民自治有法可依，要在法律上明确规定乡村自治的主体及对应的权利与责任，要明确基层政府与基层村委会自治组织的职责边界，列出基层政府的权力清单，不在政府清单范围内的事务由基层自治组织管理。通过地方制定地方规章规定等立法行为细化村民代表会议程序，让农村基层自治中非常重要的代议机构发挥真正作用。可以通过在村民代表会议内部设置专门职位，并由选举产生的人员负责会议的召集和主持，保证定期召开村民代表会议。要尊重基层群众的首创精神，根据农村经济社会发展的新特点、新问题，鼓励各地主动研究、探索更为有效的操作方法，在适当时候，把一些好的创新性管理办法、管理规则及时提炼上

升到法律层面，从而提升群众对乡村法治的认同感。要与时俱进地修订乡规民约，乡规民约作为非正式法律制度，在农村社会发挥着重要作用，应充分发挥村民代表会议的作用及时修订乡规民约，以符合社会发展需要。

## 二　加强普法宣传引导，提升法治的执行能力

有效的乡村治理需要良好的民主法治环境，良好的民主法治环境需要宣传教育来促成。普法宣传是实现村民知法、懂法的重要手段。在新形势下，必须转变思路、创新方式、丰富内容、上下互动，以村民喜闻乐见、通俗易懂的方式进行普法宣传，提高普法宣传工作成效。

要不断创新农村普法形式，充分利用广播、标语、文化广角、各类农民学校等渠道，通过案例宣传、动漫、专题节目、大型公益活动、编写符合村民实际需要的法治宣传手册等方式进行普法宣传，对广大村民进行民主法治宣传教育，使民主法治宣传教育常态化，以切实提高村民的法治观念和法律知识，不断培养广大村民自觉学法、守法、用法的法治意识，引导村民学会运用法律手段解决一些现实纠纷和表达利益诉求。不断强化法治文化阵地建设，推动开展"民主法治示范点"创建，促进民主法治建设，加强法治文化园（墙、街）等法治文化阵地建设，使村民在"家门口"就可以学到法律知识。

要注重法治宣传成效，将法律知识宣传与村民日常生活相结合，深入宣传与农民生产生活密切相关的法律法规，加强土地承包流转、农业生态补偿、劳动和社会保障等方面法律法规的宣传教育，满足农民对诸如婚姻、家庭、继承、权益保护、纠纷解决等实际问题的法律诉求，注重向村民阐明与其生活息息相关的法律概念以及发生纠纷时可以采取的法律手段，提高村民对法律的接纳度和认可度，让农民相信法律，信任法治，愿意用法制的方法解决生活和工作中遇到的法律问题，让法治观念深入农民心中。

## 三　加强民主法治实践，提升乡村法治水平

加强基层民主法治建设，需要规范村干部和村民的行为，使村干部的决策民主合法，让村民能够依法民主监督，确保乡村治理在民主法治的环

境下运行。首先，要规范农村民主选举制度，确保基层组织能够依法按时进行村委会选举换届，规范村委会候选人的产生方式以及对候选人的资格审查，设置候选人海选环节，让村民对候选人有真实的认知和正确的判断，完善投票程序，确保适格主体公平参与基层选举，保障每一位村民的政治权利得到实现。其次，要引导村干部依法民主决策。把关系村里发展和村民切身利益的事务全部由村民集体讨论决定，并严格按照"四议两公开"制度，保证决策形式合法，决策程序民主，决策结果科学。再次，要健全村务监督机构，并确保发挥作用。要强化村干部的廉洁自律意识，做到自我监督。纪律监督部门要加强执纪，对违法乱纪的村干部，依法严厉追责，违法必究。

深入推进综合行政执法改革向基层延伸，尽快推行县乡政府权力清单制度，树立依法治理理念，增强基层干部法治观念和法治为民意识，明确县乡（镇）政府各单位、各岗位公共服务的职权和职责，划定权力边界，依法规范涉农行政行为，将各项涉农工作纳入法治化轨道。加强执法队伍建设，进一步整合执法队伍，下沉执法力量，切实提高执法能力，大胆创新监督监管方式，打造法律监督、社会监督、舆论监督的多维执法监督体系。

## 四　建立多层次法律服务体系，提高农村法律服务质量和水平

建立覆盖农村居民的公共法律服务体系，全面推进村级法律服务咨询中心建设，完善当前村级调解、县级仲裁、司法兜底的农村集体土地承包经营权纠纷处理机制。加强对农民的法律援助和司法救助，建立健全市县乡司法机构为农村提供对口法律援助的制度，将信访纳入法治化轨道，建立将优秀法律工作者引入信访接待的工作机制，引导群众以理性方式反映利益诉求，为有效防止社会矛盾激化提供法律服务。

通过政府购买服务的方式，引导专业法律人员进入农村法律服务体系，实现"一村一律师"、人民调解等农村法律服务。发挥"互联网＋法治宣传"作用，构建以互联网、微信为核心的法治宣传阵地，采取点对点、一对一的结对帮扶方式，为村民提供针对性的专业法律指引、仲裁或诉讼代理以及非诉讼法律服务。通过法治便民联系卡、微信群等，搭建警

官、法官、检察官、律师等法律工作者与村民的沟通桥梁，组织法律工作者与村民"法治结对"，通过入户访谈、法治宣传等形式，开展普法宣讲、矛盾纠纷化解等涉法事项服务，对村民的产业发展、项目引进、设施建设、土地流转等方面提供"法治体检"。

## 第六节　塑造德治之魂

德治是"三治结合"乡村治理体系的灵魂，在乡村治理中融入德治，能够发挥道德的规范引领作用，为自治和法治注入道德力量，激发乡村治理的内在动力，使乡村治理事半功倍。乡村德治的建设需要有良好的思想土壤、稳定的德治秩序、有效的共治机制和强大的榜样力量。

### 一　弘扬正确文明的道德观，净化乡村德治思想土壤

乡村的传统价值规范与治理秩序以道德规范的方式影响乡村治理。应当深入挖掘乡村熟人社会蕴涵的道德规范与治理秩序，推动乡村"熟人秩序"的价值观念升级，并将其应用到新时代乡村治理的新秩序建构中，强化现代德治能力。要完善道德教化激励约束机制，引导农民自我管理、自我教育、自我服务、自我提高，实现家庭和睦、邻里和谐、干群融洽。

要深入挖掘乡村优秀传统文化，宣传弘扬中华传统美德，培育弘扬社会主义核心价值观，形成乡村新的社会道德标准。把社会主义核心价值观转化为村民的情感认同和行为习惯，引导农村居民崇德向善，培养良好家风、社风、民风，倡导文明树新风。建立"以评立德、以文养德、以规促德"的德治建设体系，把抽象的概念、崇高的追求变成人们实实在在的行动。

要通过丰富多彩的活动载体，开展形式多样、内容丰富的宣传教育活动，如开设乡村道德讲堂、乡风学校，创建功德银行、光荣榜，建立激励机制教化、引导民心向善。利用宣传栏、文化墙、善行功德榜等多种形式，深入宣传道德楷模的典型事迹，弘扬真诚、善良的美德，在村民中树立普遍认同的"道德准则、道德规范、道德意识、道德心理"，并将其内化为村民的行动指南。

要加强农村文化建设，深入开展"文明村镇""道德模范""星级文明户""五好文明家庭""好婆媳""最美农家""身边好人""最美乡村教师、医生、村官"等评选活动，用先进典型引领乡风文明，弘扬真善美，传播正能量，引导农民向上向善、尊老爱幼、重义守信、勤俭持家，实现家庭和睦、邻里和谐、干群融洽。

推广建设"道德评议会""道德红黑榜"等新型德治平台，充分发挥村民议事会、红白事理事会、禁毒禁赌协会等群众组织的作用，广泛开展乡风评议活动，大力提倡推广移风易俗，遏制婚丧嫁娶中人情攀比的陈规陋习，打击涉农违法犯罪行为，激浊扬清、抑恶扬善，倡导文明、健康、科学的生产生活方式，营造风清气正的淳朴乡风。

**二　完善乡规民约执行机制，重塑乡村德治新秩序**

乡村社会是一个熟人社会，加强德治是开展乡村治理的先天优势，也是降低社会治理成本、实现治理有效目标的必由之路。乡村治理要达到一种春风化雨的效果，就要形成良好的乡村道德风尚，这就要充分发挥村规民约、生态公约、村民道德公约等自律规范对村民价值认知和行为规范的重要作用。在乡村治理实践中，村规民约等自律规范一直是一种重要的治理手段。

要充分发挥村规民约在乡村治理中的特殊功能，引导、鼓励和帮助村民，通过集体共议的形式，把一些良好的乡土文化、风俗习惯化为各类自律规范，形成符合本村实际，又被百姓认可的乡规民约，以引导、约束和规范村民语言和行为。村规民约等自律规范要重点对文明卫生、邻里人情往来、打牌赌博之风等老大难问题做出明确规定。同时，要引导村民根据时代变迁健全完善现有村规民约，规范村规民约制定和修改过程，确保制定和修正合法化、民主化、透明化，将违反国家法律、法规、政策以及损害村民合法权益的条款予以删除，鼓励出台新的村规民约，对农村老人、妇女、儿童的合法权益予以保护。

要加强对优秀村规民约的宣传推广，引导农民群众树立正确的价值取向和道德观念。通过建设乡村文化墙、开设道德讲堂大力宣传村规民约，让村民自觉遵守村规民约，增强农民群众自我约束的主动性。要积极探索村规民约的组织实施方式，建立健全村规民约监督体系，增强村规民约的权威性和约束力。要建立村规民约的执行和奖惩机制，通过以奖代罚的奖罚机制，引导村民自觉执行乡规民约，实现自我教育、自我管理和自我约束。

### 三 实施乡贤精英回流工程，开创乡贤共商共治新局面

全面实施乡村振兴战略，需要我们立足传统乡土社会，重新构建新时代乡贤文化，以乡贤组织为载体，培育乡村协商民主环境，不断推动乡村治理现代化。要积极联络各类乡贤精英，向他们招才引智。要在经济、政策支持和平台保障等方面，鼓励新乡贤将产业和事业落地本乡本土，引导乡贤回乡发挥特色专长、技艺，助推乡村发展。要培育和创新乡贤文化，加大新乡贤的培养，注重宣传新乡贤的典型，发挥优秀基层干部、乡村教师、退伍军人、文化能人、返乡创业人士等新乡贤的示范引领作用，涵育真善美的文明乡风，用榜样的力量带动村民奋发向上。要推动新乡贤等乡村精英参与乡村治理和乡村振兴，创新乡贤参与乡村治理机制，鼓励成立村乡贤理事会、乡贤参事会等，探索构建"村两委＋乡贤会"的乡村治理模式，主动向乡贤公开村务、财务，接受乡贤会的监督，重视他们提出的意见与建议，实现政府管理与村民自治的对接和互动。

# 第七章 乡村振兴战略下乡村生活富裕研究

伴随着城镇化的快速推进，城乡发展不平衡、农村发展不充分成为中国不平衡不充分发展的重要方面，如何保障和改善民生，实现乡村振兴中的生活富裕，就是要围绕农民群众最关心、最直接、最现实的利益问题，加快补齐农村民生短板，提高农村美好生活保障水平，让农民群众有更多实实在在的获得感、幸福感、安全感。

## 第一节 生活富裕的时代内涵与主要内容

新时代是人民美好生活需要日益广泛的时代，更是我们党带领人民不断创造美好生活、逐步实现全体人民共同富裕的时代，实现乡村振兴中生活富裕的发展目标，不仅需要把握生活富裕的时代内涵，更需要明晰生活富裕的主要内容。

### 一 乡村振兴中生活富裕的时代内涵

从中华民族伟大复兴战略全局看，民族要复兴，乡村必振兴，实施乡村振兴战略有利于增进农民福祉，让亿万农民走上共同富裕的道路，汇聚起建设社会主义现代化强国的磅礴力量，理解乡村振兴中生活富裕的时代内涵，需要把握以下四个方面。

第一，生活富裕是全体人民实现共同富裕的必然要求。这不仅是经济问题，而且是关系党的执政基础的重大政治问题，2020 年 11 月 24 日，习近平同志在全国劳动模范和先进工作者表彰大会上的讲话中指出："让人民群众过上更加幸福的好日子是我们党始终不渝的奋斗目标，实现共同富裕是中国共产党领导和我国社会主义制度的本质要求。"作为共同富裕在当前经济社会发展阶段的基本形式，生活富裕与消除贫困、改善民生、不断满足人民日益增长的美好生活需要一起，充分体现了我国处于社会主义初级阶段的基本国情和主要矛盾，体现了乡村振兴战略的目标导向和价值追求，彰显了中国特色社会主义的制度优势和发展优势。

第二，生活富裕必须提高农民的收入水平和消费能力。物质生活层面的富裕是生活富裕的基本要求，推动农民收入水平提高和消费层次不断升级是实现农民生活富裕的重要抓手和实施路径。2018年6月，习近平同志在山东考察时指出："农业农村工作，说一千、道一万，增加农民收入是关键，要加快构建促进农民持续较快增收的长效政策机制，让广大农民都尽快富裕起来。"在新的经济形势下，增强农民获得感、幸福感和安全感不仅要推动农民工资性收入、经营性收入、财产性收入、转移性收入持续增长，还要积极促进农民在食品、衣着、居住、生活用品及服务、交通通信、教育文化娱乐、医疗保健、其他商品和服务等方面的消费能力提升和消费层次升级。

第三，生活富裕必须做好脱贫攻坚与乡村振兴的有效衔接。脱贫摘帽不是终点，而是新生活、新奋斗的起点，打赢脱贫攻坚战、全面建成小康社会后，必须进一步巩固拓展脱贫攻坚成果，接续推动脱贫地区发展和乡村全面振兴。2021年2月，习近平同志赴贵州看望慰问各族干部群众时指出："要做好巩固拓展脱贫攻坚成果同乡村振兴有效衔接，加强动态监测帮扶，落实'四个不摘'要求，跟踪收入变化和'两不愁三保障'巩固情况，定期核查，动态清零。要发展壮大扶贫产业，拓展销售渠道，加强对易地搬迁群众的后续扶持，要推动城乡融合发展，推动乡村产业、人才、文化、生态、组织等全面振兴。"脱贫地区推进乡村振兴，必须坚持从实际出发，因地制宜发展乡村特色优势产业，突出抓好农产品加工，确保品质、打出品牌，让农民更多分享增值收益。

第四，生活富裕必须促进农民的全面发展。实现乡村振兴中生活富裕就是要坚持"以人为本"，把保障和改善农村民生作为根本要求，把重塑城乡关系、消除城乡发展差距作为最终目标，努力实现农民的全面发展。2021年7月，习近平同志考察西藏时强调："要坚持以人民为中心的发展思想，推动巩固拓展脱贫攻坚成果同全面推进乡村振兴有效衔接，更加聚焦群众普遍关注的民生问题，办好就业、教育、社保、医疗、养老、托幼、住房等民生实事，一件一件抓落实，让各族群众的获得感成色更足、幸福感更可持续、安全感更有保障。"新时期实现乡村生活富裕，不仅要推动城乡交通、饮水、能源、信息网络等生活基础设施，教育健康事业等基本公共服务的一体化发展，而且要全面提高农民文化素质和身体素质，创新乡村人才培育引进使用机制，强化乡村振兴的人才支撑。

## 二 乡村振兴中生活富裕的主要内容

生活富裕是乡村振兴的民生目标，也是推动乡村振兴战略的着眼点和落脚点。具体而言，就是要消除绝对贫困，持续增加农村居民收入，缩小城乡居民在基础设施和公共服务方面的差距，实现乡村人口全面小康基础上的生活富裕。从政策体系看，主要包括农村脱贫攻坚、农村基础设施建设、农村公共服务、农村劳动力就业四个方面的内容。

一是要消除农村地区绝对贫困。准确把握扶贫格局变化，加大精准脱贫力度，实行扶持对象、项目安排、资金使用、措施到户、因村派人、脱贫成效"六个精准"，实行发展生产、易地搬迁、生态补偿、发展教育、社会保障兜底"五个一批"，增强贫困地区内生动力和发展活力，建立稳定脱贫长效机制。

二是要加强农村基础设施建设。把基础设施建设重点放在农村，持续加大投入力度，改善农村交通物流设施条件，加强农村水利基础设施网络建设，构建农村现代能源体系，夯实乡村信息化基础，加快补齐农村基础设施短板，促进城乡基础设施互联互通，推动农村基础设施提档升级。

三是要增加农村公共服务供给。把社会事业发展的重点放在农村，优先发展农村教育事业，推进健康乡村建设，加强农村社会保障体系建设，提升农村养老服务能力，加强农村防灾减灾救灾能力建设，促进公共教育、医疗卫生、社会保障等资源向农村倾斜，逐步建立健全全民覆盖、普惠共享、城乡一体的基本公共服务体系，推进城乡基本公共服务均等化。

四是要提升农村劳动力就业质量。坚持就业优先战略和积极就业政策，健全城乡均等的公共就业服务体系，拓宽转移就业渠道，强化乡村就业服务，完善制度保障体系，不断提升农村劳动者素质，拓展农民外出就业和就地就近就业空间，实现更高质量和更充分就业。

## 第二节　山西农村居民生活现状及城乡差距

"没有农村的小康，特别是没有贫困地区的小康，就没有全面建成小康社会"，保障和改善民生是经济社会发展的出发点和落脚点，也是全面建成小康社会的核心要义所在，站在新的历史起点上，我们一方面要看到山西省脱贫攻坚、农村基础设施建设和农村公共服务水平提升所取得的积极成效，另一方面也要清醒地认识到山西省农村居民人均可支配收入和人均消费支出与发达省份、周边地区相比还有不小的差距。

### 一　现状分析

"十三五"以来，山西省农业农村经济全面发展，农民收入渠道进一步拓宽，脱贫攻坚取得全面胜利，农村基础设施建设和公共服务水平提升成效显著，农民生活实现了从贫困到温饱，再到整体小康的跨越。

#### （一）脱贫攻坚

山西是全国脱贫攻坚的重要战场，从 2016 年首战首胜到 2020 年决战完胜，解决了许多长期想解决而没有解决的难题，办成了许多过去想办而没有办成的大事，取得了许多具有历史性、标志性、趋势性的伟大成就，58 个贫困县全部摘帽，7993 个贫困村全部退出，329 万贫困人口全部脱贫，"两不愁三保障"全面实现，告别了千百年来的绝对贫困，蹚出了一条具有中国特色山西特点的减贫之路。

一是产业扶贫方面。7243 个贫困村建立"五有"机制（村有脱贫产业、有带动企业、有合作社，户有增收项目、有技能），依托小杂粮、干鲜果、肉类等五大出口贸易平台和山西药茶等农产品精深加工十大产业集群，延伸产业链、提升价值链、构建脱贫链，带动 127.7 万贫困人口增收脱贫；建设光伏扶贫村级电站 5479 座、集中电站 53 座，总规模 295 万千瓦，带动贫困村村级集体经济年均增收 20 万元，惠及 67.42 万贫困人口。

二是整村搬迁方面。瞄准"一方水土养不好一方人"的区域，实施精准识别对象、新区安置配套、产业就业保障、社区治理跟进、旧村拆除复垦、生态修复整治"六环联动、闭环推进",整村搬迁3365个深度贫困自然村,建成集中安置区1122个,搬迁36.2万贫困人口、11万同步人口,其中城镇化安置33.4万人,占比71%。

三是生态扶贫方面。从深度贫困和生态脆弱相互交织的省情特点出发,山西明确提出在"一个战场上"同时打赢脱贫攻坚和生态治理"两个攻坚战",实施退耕还林奖补、造林绿化务工、森林管护就业、经济林提质增效和林产业综合增收"五大项目",带动52.3万贫困人口增收。

四是就业扶贫方面。把就业作为民生之本、扶贫之要,实施全民技能提升工程,建设"人人持证,技能社会",培训贫困劳动力37.24万人、技能持证13.91万人,带动务工就业89.55万人,打造地方特色劳务品牌90多个。

五是消费扶贫方面。率先在全国出台"五进九销"消费扶贫重要举措,鼓励引导社会各界"买贫困地区产品,献扶贫济困爱心",切实解决和打通了产业扶贫中的许多痛点和难点,通过线上线下互动销售等方式解决渠道不畅的问题,累计销售扶贫农特产品66万吨88亿元,惠及49.2万贫困户。

六是社会保障方面。健康扶贫落实"三保险三救助""双签约""一站式结算"政策,贫困人口住院综合报销90%,惠及贫困人口211.9万人次;教育扶贫健全义务教育控辍保学机制,实现各阶段教育、公办民办学校和贫困学生资助"三个全覆盖";农村低保连续五年提标,2020年全省平均达到5319元,惠及44.6万贫困人口;在全国率先建立城乡居民补充养老保险制度,普惠和倾斜相结合,重点对无子女或子女无赡养能力的低收入老年居民倾斜,为老年人养老和防止返贫致贫提供了制度保障。

**(二)农村基础设施建设**

"十三五"期间,山西省推动农村基础设施建设提质升级,完善交通、供水、用能通信、网络及广播电视等配套设施建设,努力创造宜居舒适的乡村生活环境,城乡在基础设施方面差距逐步缩小。

一是农业基础设施方面。山西加强高标准农田、农田水利、农业机械化等现代农业基础设施建设,夯实现代化农业基础。目前划定粮食生产功能区2160万亩,累计建设高标准农田939.5万亩。2019年,全省农机总动力达1517.6万千瓦,拥有大中型拖拉机10.5万台,配套农机具55.6万

部，联合收割机 3.3 万台，机动脱粒机 5.3 万台，大中型拖拉机配套比由
2015 年的 1∶2.7 提高到 2019 年的 1∶4；农作物综合机械化水平达到
71.2%，年均提高 1.2 个百分点；小麦机收水平达到 89.2%，比"十二
五"期末高出 11.2 个百分点。全省农业用水量达到 43.2 亿立方米，农田
灌溉水有效利用系数达到 0.55，供水能力大幅提高。设施农业在蔬菜、瓜
果、花卉苗木等园艺产品产业上取得明显突破，各类大棚、中小棚、温室
等农业设施增长较快。2020 年，全省设施农业种植占地面积 65.3 万亩，
设施数量 34.3 万个，设施农业实际使用面积 47.4 万亩。

二是农村基础设施方面。推动农村公路提档升级，实施建制村和撤并
建制村通硬化路、窄路基路面拓宽改造工程和农村公路"畅返不畅"路段
提质改造，开展"四好农村路"示范县和示范项目创建工作，提升农村现
有公路技术标准，完善农村公路服务设施，促进农村道路的硬化、绿化、
亮化、美化、净化，为农村群众出行提供更加快捷通畅的交通条件；实施
农村供水饮水安全工程，强化农村供水和饮水安全工程建设，推动城乡供
水一体化和农村饮水安全工程规模化、标准化，积极开展重要饮用水水源
地周边和水质需改善控制单元范围内的村庄整治；推进农村清洁能源革
命，结合供给条件，坚持"宜气则气、宜电则电、宜煤则煤"的原则，初
步构建起清洁高效、多元互补、城乡协调、统筹发展的农村现代清洁能源
体系；实施光纤宽带工程和 4G 网络覆盖工程，因地制宜采取无线和有线
相结合方案，推进 4G 网络向城镇周边非核心区域人流密度较高的道路和
未通宽带的村庄延伸，不断提升农村地区 4G 网络服务能力。"十三五"时
期，全省农业农村基础设施显著提升，完成"四好农村路"7.48 万公里，
具备条件的建制村实现 100% 通硬化路，行政村光纤和 4G 网络基本覆盖，
农村饮水安全巩固提升工程取得显著成效。

**（三）公共服务水平提升**

"十三五"期间，山西省坚持在发展中保障和改善民生，统筹做好城
乡教育、医疗、社保、养老、托幼等各方面工作，让发展成果更多更公平
地惠及全体人民，不断满足城乡居民日益增长的美好生活需要，城乡融合
水平显著提升，农村公共服务能力不断增强。

一是农村教育事业方面。持续提升学前教育办学水平，增强了对农村

多层次普惠性幼儿园的建设和帮扶力度，农村学前教育队伍建设不断深化，在编制和待遇方面优化管理，构建起了乡村全覆盖、质量有保证的农村学前教育公共服务体系；进一步推动了城乡义务教育一体化发展，农村义务教育与农村城市化发展进程基本协调，农村学校布局更加合理，城乡义务教育学校办学条件整体差异不断缩小，县域义务教育均衡化水平全面提升；建立了普通高中与职业高中协调发展机制，普通高中、中职学校布局结构进一步优化，实施了高中阶段教育普及提升计划，加强了教育基础薄弱县普通高中建设，改善了基本办学条件，到2020年末，全省县域所有高中阶段学校办学条件达到国家标准，普通高中教育基本实现了特色化、多样化、优质化发展。

二是农村医疗卫生服务方面。深化县乡医疗卫生机构一体化改革，以行政、人员、财务、业务、绩效、药械"六统一"管理为抓手，建立起县级医疗集团运行新机制，"区域一体、上下联动、信息互通"的新型基层医疗卫生服务体系不断完善；优质医疗卫生资源下沉，在每个乡镇建立了乡镇卫生院、每个不低于200人的行政村建立了村卫生室，构建起了科学、有序、便捷的分级诊疗格局；大力支持乡镇卫生院和村卫生室改善条件，持续促进城乡医疗服务同质化和管理标准化；不断加强乡镇卫生院和村卫生室信息化建设，农村健康医疗服务与互联网、大数据、人工智能等先进信息技术深度融合，拓展了预约诊疗、在线支付、智能导医及检查检验信息推送等智慧医疗服务在农村地区的应用。2020年，山西省基本公共卫生支出达到27.59亿元，较2016年增长66.57%，城乡居民基本公共卫生服务人均财政补助标准提高到74元。

三是农村居民社会保障方面。坚持"保生活"和"促就业"相统一原则，失业保险对农民合同制职工的保生活、防失业、促就业功能不断强化；深入实施"全民技能提升工程"，"人人持证、技能社会"建设成效显著，"十三五"期间，全省累计培训350万人次，192万农村劳动力实现转移就业；深入推进户籍制度改革，全面实施居住证制度，农业转移人口落户条件明显放宽；全民参保计划基本实现法定人群覆盖，基本医疗保障水平逐年提高，2020年，全省企业职工基本养老金达到月人均3529元，城乡居民基础养老金最低标准提高到108元／（人·月），建立了城乡居民补充养老保险制度，医疗保险参保率达到 95%；进一步提高了对特殊困难群体的救助水平，初步建立起特困人员救助供养标准动态调整机制，加强了低收入人群、残疾人等困难群众基本生活保障，2020 年，全省城乡低保保障标准分别达到 592 元/（人·月）和 5319 元/（人·年）。

## 二 城乡差距

2020 年，山西农村居民人均可支配收入 13878 元，同比增长 7.6%，增幅比全国高 0.7 个百分点，农民收入连续三年超过全国平均增速，连续五年超过城镇居民收入增速，城乡居民收入比由 2015 年的 2.7∶1 缩小到 2.5∶1，但从全国来看，无论是农村居民人均可支配收入还是农村居民人均消费支出，山西与发达地区、周边地区都还有不小的差距。

### （一）山西农村居民收入与支出总体情况

2016 年，全国农村居民人均可支配收入的平均值为 12877.71 元，31 个省份中，高于平均值的省份有 9 个，分别是上海 25520 元、浙江 22866 元、北京 22310 元、天津 20076 元、江苏 17606 元、福建 14999 元、广东 14512 元、山东 13954 元和辽宁 12881 元；山西省的农村居民人均可支配收入为 10082 元，在 31 个省份中排名第 24 位，高于宁夏、陕西、西藏、云南、青海、贵州和甘肃，体量是排名第一的上海市的 39.5%，是全国平均值的 78.29%。到 2020 年，全国农村居民人均可支配收入的平均值为 17814.3 元，较 2016 年增长了 38.33%；高于平均值的省份有 8 个，分别是上海 34911 元、浙江 31930 元、北京 30126 元、天津 25691 元、江苏 24198 元、福建 20880 元、广东 20143 元和山东 18753 元；山西省的农村居民人均可支配收入为 13878 元，在 31 个省份中排名第 26 位，高于陕西、云南、青海、贵州和甘肃，体量是排名第一的上海市的 39.75%，是全国平均值的 77.9%（见表 7-1）。

表 7-1　2016~2020 年各省份农村居民人均可支配收入

单位：元

| 省份 | 2020 年 | 2019 年 | 2018 年 | 2017 年 | 2016 年 |
|---|---|---|---|---|---|
| 北京市 | 30126 | 28928 | 26490 | 24240 | 22310 |

**续表**

| 省份 | 2020 年 | 2019 年 | 2018 年 | 2017 年 | 2016 年 |
|---|---|---|---|---|---|
| 天津市 | 25691 | 24804 | 23065 | 21754 | 20076 |
| 河北省 | 16467 | 15373 | 14031 | 12881 | 11919 |
| 山西省 | 13878 | 12902 | 11750 | 10788 | 10082 |
| 内蒙古自治区 | 16567 | 15283 | 13803 | 12584 | 11609 |
| 辽宁省 | 17450 | 16108 | 14656 | 13747 | 12881 |
| 吉林省 | 16067 | 14936 | 13748 | 12950 | 12123 |
| 黑龙江省 | 16168 | 14982 | 13804 | 12665 | 11832 |
| 上海市 | 34911 | 33195 | 30375 | 27825 | 25520 |
| 江苏省 | 24198 | 22675 | 20845 | 19158 | 17606 |
| 浙江省 | 31930 | 29876 | 27302 | 24956 | 22866 |
| 安徽省 | 16620 | 15416 | 13996 | 12758 | 11720 |
| 福建省 | 20880 | 19568 | 17821 | 16335 | 14999 |
| 江西省 | 16981 | 15796 | 14460 | 13242 | 12138 |
| 山东省 | 18753 | 17775 | 16297 | 15118 | 13954 |
| 河南省 | 16108 | 15164 | 13831 | 12719 | 11697 |
| 湖北省 | 16306 | 16391 | 14978 | 13812 | 12725 |
| 湖南省 | 16585 | 15395 | 14093 | 12936 | 11930 |
| 广东省 | 20143 | 18818 | 17168 | 15780 | 14512 |
| 广西壮族自治区 | 14815 | 13676 | 12435 | 11325 | 10359 |
| 海南省 | 16279 | 15113 | 13989 | 12902 | 11843 |
| 重庆市 | 16361 | 15133 | 13781 | 12638 | 11549 |
| 四川省 | 15929 | 14670 | 13331 | 12227 | 11203 |
| 贵州省 | 11642 | 10756 | 9716 | 8869 | 8090 |
| 云南省 | 12842 | 11902 | 10768 | 9862 | 9020 |
| 西藏自治区 | 14598 | 12951 | 11450 | 10330 | 9094 |
| 陕西省 | 13316 | 12326 | 11213 | 10265 | 9396 |
| 甘肃省 | 10344 | 9629 | 8804 | 8076 | 7457 |
| 青海省 | 12342 | 11499 | 10393 | 9462 | 8664 |
| 宁夏回族自治区 | 13889 | 12858 | 11708 | 10738 | 9852 |
| 新疆维吾尔自治区 | 14056 | 13122 | 11975 | 11045 | 10183 |

资料来源：国家统计信息网。

2016 年，全国农村居民人均消费支出的平均值为 10508 元，31 个省份中，高于平均值的省份有 10 个，分别是浙江 17359 元、北京 17329 元、上海 17071 元、天津 15912 元、江苏 14428 元、福建 12911 元、广东 12415 元、内蒙古 11463 元、湖北 10938 元和湖南 10630 元；山西省的农村居民人均消费支出为 8029 元，在 31 个省份中排名第 27 位，高于贵州、甘肃、云南、西藏，体量是排名第一浙江省的 46.25%，是全国平均值的 76.41%。到 2020 年，全国农村居民人均消费支出的平均值为 13849 元，较 2016 年增加了 3341 元，增长了 31.79%；31 个省份中，高于平均值的省份有 12 个，分别是上海 22095 元、浙江 21555 元、北京 20913 元、广东 17132 元、江苏 17022 元、天津 16844 元、福建 16339 元、安徽 15024 元、湖南 14974 元、四川 14953 元、湖北 14472 元和重庆 14140 元；山西省的农村居民人均消费支出为 10290 元，在 31 个省份中排名第 29 位，仅高于甘肃和西藏，体量是排名第一上海市的 46.57%，是全国平均值的 74.3%（见表 7 - 2）。

表 7 - 2    2016 ~ 2020 年各省份农村居民人均消费支出

单位：元

| 省份 | 2020 年 | 2019 年 | 2018 年 | 2017 年 | 2016 年 |
|---|---|---|---|---|---|
| 北京市 | 20913 | 21881 | 20195 | 18810 | 17329 |
| 天津市 | 16844 | 17843 | 16863 | 16386 | 15912 |
| 河北省 | 12644 | 12372 | 11383 | 10536 | 9798 |
| 山西省 | 10290 | 9728 | 9172 | 8424 | 8029 |
| 内蒙古自治区 | 13594 | 13816 | 12661 | 12184 | 11463 |
| 辽宁省 | 12311 | 12030 | 11455 | 10787 | 9953 |
| 吉林省 | 11864 | 11457 | 10826 | 10279 | 9521 |
| 黑龙江省 | 12360 | 12495 | 11417 | 10524 | 9424 |
| 上海市 | 22095 | 22449 | 19965 | 18090 | 17071 |
| 江苏省 | 17022 | 17716 | 16567 | 15612 | 14428 |
| 浙江省 | 21555 | 21352 | 19707 | 18093 | 17359 |
| 安徽省 | 15024 | 14546 | 12748 | 11106 | 10287 |
| 福建省 | 16339 | 16281 | 14943 | 14003 | 12911 |
| 江西省 | 13579 | 12497 | 10885 | 9870 | 9128 |
| 山东省 | 12660 | 12309 | 11270 | 10342 | 9519 |

续表

| 省份 | 2020 年 | 2019 年 | 2018 年 | 2017 年 | 2016 年 |
|---|---|---|---|---|---|
| 河南省 | 12201 | 11546 | 10392 | 9212 | 8587 |
| 湖北省 | 14472 | 15328 | 13946 | 11633 | 10938 |
| 湖南省 | 14974 | 13969 | 12721 | 11534 | 10630 |
| 广东省 | 17132 | 16949 | 15411 | 13200 | 12415 |
| 广西壮族自治区 | 12431 | 12045 | 10617 | 9437 | 8351 |
| 海南省 | 13169 | 12418 | 10956 | 9599 | 8921 |
| 重庆市 | 14140 | 13112 | 11977 | 10936 | 9954 |
| 四川省 | 14953 | 14056 | 12723 | 11397 | 10192 |
| 贵州省 | 10818 | 10222 | 9170 | 8299 | 7533 |
| 云南省 | 11069 | 10260 | 9123 | 8027 | 7331 |
| 西藏自治区 | 8917 | 8418 | 7452 | 6691 | 6070 |
| 陕西省 | 11376 | 10935 | 10071 | 9306 | 8568 |
| 甘肃省 | 9923 | 9694 | 9065 | 8030 | 7487 |
| 青海省 | 12134 | 11343 | 10352 | 9903 | 9222 |
| 宁夏回族自治区 | 11724 | 11465 | 10790 | 9982 | 9138 |
| 新疆维吾尔自治区 | 10778 | 10318 | 9421 | 8713 | 8277 |

资料来源：国家统计信息网。

2016 年，山西省农村居民人均可支配收入为 10082 元，比山西省城镇居民少 17270 元，是城镇居民的 36.86%；山西省农村居民人均消费支出为 8029 元，比山西城镇居民少 8964 元，是城镇居民的 47.25%。到 2020 年，山西省农村居民人均可支配收入为 13878 元，比山西省城镇居民少 20915 元，是城镇居民的 39.89%，较 2016 年上涨 3.03 个百分点；山西省农村居民人均消费支出为 10290 元，比山西城镇居民少 10042 元，是城镇居民的 50.61%，较 2016 年提高 3.36 个百分点。总体看，山西省城乡居民在人均可支配收入和人均消费支出上的差距逐步缩小（见表 7 - 3、图 7 - 1）。

表 7 - 3　2016 ~ 2020 年山西省城乡居民人均收入支出情况

单位：元

| 年份 | 城镇居民人均可支配收入 | 城镇居民人均消费支出 | 农村居民人均可支配收入 | 农村居民人均消费支出 |
|---|---|---|---|---|
| 2016 | 27352 | 16993 | 10082 | 8029 |

续表

| 年份 | 城镇居民人均<br>可支配收入 | 城镇居民人均<br>消费支出 | 农村居民人均<br>可支配收入 | 农村居民人均<br>消费支出 |
|---|---|---|---|---|
| 2017 | 29132 | 18404 | 10788 | 8424 |
| 2018 | 31035 | 19790 | 11750 | 9172 |
| 2019 | 33262 | 21159 | 12902 | 9728 |
| 2020 | 34793 | 20332 | 13878 | 10290 |

资料来源：历年《山西统计年鉴》。

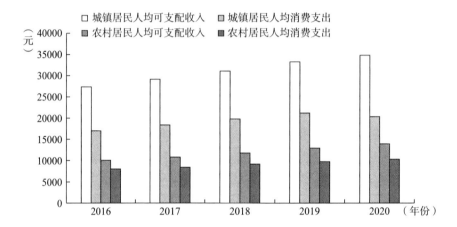

图 7 - 1　2016～2020 年山西省城乡居民人均收入支出情况

资料来源：历年《山西统计年鉴》。

### （二）山西农村居民消费结构变动的主要特征

农村居民消费是农村居民生活的试金石和晴雨表，推动农村居民消费平稳增长，判断农村居民消费结构特征，对于构建以国内大循环为主体、国内国际双循环相互促进的新发展格局具有重要意义，山西形成了具有本土特色的消费结构特征（见表 7 - 4、表 7 - 5、图 7 - 2）。

表 7 - 4　2003～2019 年山西省农村居民收支项目明细

单位：元

| 年份 | 人均可<br>支配收入 | 生活消费<br>支出 | 食品 | 衣着 | 居住 | 家庭设备 | 医疗保健 | 交通通信 | 文教娱乐 | 其他 |
|---|---|---|---|---|---|---|---|---|---|---|
| 2003 | 2410 | 1502 | 619 | 154 | 180 | 58 | 120 | 258 | 86 | 27 |
| 2004 | 2738 | 1728 | 747 | 178 | 193 | 64 | 132 | 295 | 90 | 29 |

续表

| 年份 | 人均可支配收入 | 生活消费支出 | 食品 | 衣着 | 居住 | 家庭设备 | 医疗保健 | 交通通信 | 文教娱乐 | 其他 |
|---|---|---|---|---|---|---|---|---|---|---|
| 2005 | 3082 | 2000 | 825 | 210 | 218 | 75 | 163 | 364 | 111 | 34 |
| 2006 | 3420 | 2421 | 855 | 236 | 335 | 108 | 226 | 457 | 155 | 49 |
| 2007 | 3975 | 2908 | 1019 | 272 | 438 | 135 | 272 | 518 | 188 | 66 |
| 2008 | 4480 | 3386 | 1192 | 291 | 552 | 157 | 335 | 551 | 235 | 72 |
| 2009 | 4677 | 3642 | 1201 | 298 | 666 | 178 | 330 | 622 | 271 | 76 |
| 2010 | 5263 | 4070 | 1349 | 335 | 711 | 201 | 365 | 650 | 376 | 84 |
| 2011 | 6225 | 5096 | 1694 | 428 | 966 | 286 | 468 | 716 | 403 | 136 |
| 2012 | 7064 | 6184 | 1796 | 531 | 1340 | 350 | 632 | 814 | 565 | 155 |
| 2013 | 7950 | 6458 | 1839 | 498 | 1420 | 340 | 702 | 843 | 647 | 170 |
| 2014 | 8809 | 6992 | 2054 | 540 | 1481 | 344 | 707 | 929 | 770 | 168 |
| 2015 | 9454 | 7421 | 2150 | 559 | 1537 | 382 | 820 | 1017 | 794 | 162 |
| 2016 | 10082 | 8029 | 2272 | 565 | 1798 | 386 | 962 | 1132 | 770 | 143 |
| 2017 | 10788 | 8424 | 2308 | 578 | 1902 | 393 | 1028 | 1127 | 938 | 151 |
| 2018 | 11750 | 9172 | 2540 | 626 | 2076 | 444 | 1107 | 1150 | 1065 | 165 |
| 2019 | 12902 | 9728 | 2751 | 697 | 2171 | 501 | 1169 | 1057 | 1208 | 174 |

资料来源：历年《山西统计年鉴》。

**表7-5 2003～2019年山西农村居民生活消费项目支出分布**

单位：%

| 年份 | 食品 | 衣着 | 居住 | 家庭设备 | 医疗保健 | 交通通信 | 文教娱乐 | 其他 |
|---|---|---|---|---|---|---|---|---|
| 2003 | 41.21 | 10.25 | 11.98 | 3.86 | 7.99 | 17.18 | 5.73 | 1.80 |
| 2004 | 43.23 | 10.30 | 11.17 | 3.70 | 7.64 | 17.07 | 5.21 | 1.68 |
| 2005 | 41.25 | 10.50 | 10.90 | 3.75 | 8.15 | 18.20 | 5.55 | 1.70 |
| 2006 | 35.32 | 9.75 | 13.84 | 4.46 | 9.33 | 18.88 | 6.40 | 2.02 |
| 2007 | 35.04 | 9.35 | 15.06 | 4.64 | 9.35 | 17.81 | 6.46 | 2.27 |
| 2008 | 35.20 | 8.59 | 16.30 | 4.64 | 9.89 | 16.27 | 6.94 | 2.13 |
| 2009 | 32.98 | 8.18 | 18.29 | 4.89 | 9.06 | 17.08 | 7.44 | 2.09 |
| 2010 | 33.14 | 8.23 | 17.47 | 4.94 | 8.97 | 15.97 | 9.24 | 2.06 |
| 2011 | 33.24 | 8.40 | 18.96 | 5.61 | 9.18 | 14.05 | 7.91 | 2.67 |
| 2012 | 29.04 | 8.59 | 21.67 | 5.66 | 10.22 | 13.16 | 9.14 | 2.51 |
| 2013 | 28.48 | 7.71 | 21.99 | 5.26 | 10.87 | 13.05 | 10.02 | 2.63 |

续表

| 年份 | 食品 | 衣着 | 居住 | 家庭设备 | 医疗保健 | 交通通信 | 文教娱乐 | 其他 |
|---|---|---|---|---|---|---|---|---|
| 2014 | 29.38 | 7.72 | 21.18 | 4.92 | 10.11 | 13.29 | 11.01 | 2.40 |
| 2015 | 28.97 | 7.53 | 20.71 | 5.15 | 11.05 | 13.70 | 10.70 | 2.18 |
| 2016 | 28.30 | 7.04 | 22.39 | 4.81 | 11.98 | 14.10 | 9.59 | 1.78 |
| 2017 | 27.40 | 6.86 | 22.58 | 4.67 | 12.20 | 13.38 | 11.13 | 1.79 |
| 2018 | 27.69 | 6.83 | 22.63 | 4.84 | 12.07 | 12.54 | 11.61 | 1.80 |
| 2019 | 28.28 | 7.16 | 22.32 | 5.15 | 12.02 | 10.87 | 12.42 | 1.79 |

资料来源：历年《山西统计年鉴》。

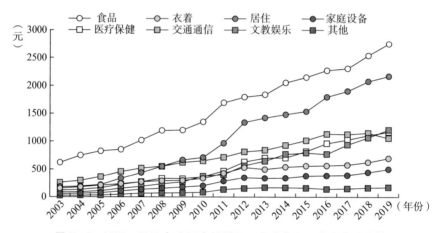

图 7-2　2003～2019 年山西农村居民八大消费项目支出变动趋势

2003 年山西省农村居民消费支出中，占比由大至小分别是食品、交通通信、居住、衣着、医疗保健、文教娱乐、家庭设备和其他类，比例分别为 41.21%、17.18%、11.98%、10.25%、7.99%、5.73%、3.86%、1.80%；到 2019 年山西省农村居民消费支出中，占比由大至小分别是食品、居住、文教娱乐、医疗保健、交通通信、衣着、家庭设备和其他类，比例分别为 28.28%、22.32%、12.42%、12.02%、10.87%、7.16%、5.15%、1.79%，从纵向比较来看，小康阶段山西省农村居民消费结构总体呈现以下特征。

一是食品消费占比下降，营养食品消费逐年上升。2003 年山西农村居民食品消费额占比为 41.21%，2019 年下降为 28.28%，下降幅度超过 10 个百分点，说明随着收入水平的提高，人们日益重视食品之外的多种消费，山西居民消费结构日趋多元化。食品消费在生活消费支出中所占比例最大。随着收入水平的提高和生活消费支出的增加，食品支出绝对额同步增加，表明随着农民收入的提高，人们注重饮食质量的提升，食品消费结构再次提升了一个档次，增加了对肉禽等更有营养的食品的消费，消费额不断增长。

二是衣着支出占比下降，更加注重品位与品牌。2003 年山西农村居民衣着的消费占比为 10.25%，2019 年下降为 7.16%，总体呈缓慢下降趋势，这主要是得益于物质商品的极大丰富，成衣的价格相对收入的增长是下降的，人们可以用相对较少的支出买到更加实惠的商品。伴随消费支出增加，衣着支出绝对额在增加，这表明随着农民收入的提高，人们更加注重衣着消费的多样化、时尚化，品牌意识已经进入农民心中，质量和款式成为人们的追求，人们越来越注重自己的着装与品位，因此衣着消费额在不断增长。

三是居住支出占比上升，成为消费增长的重点。2003 年山西农村居民居住消费占比为 11.98%，2019 年上升为 22.32%，整体呈上升趋势。自 2012 年开始，居住的消费比例一直维持在 20% 以上，一方面由于房价飙升，国家对危房、旧房改造进行补贴，农村居民的投资住房积极性被调动起来，同时住房也是体现自身价值的一个标准，因此农民掀起了建房、买房高潮；另一方面说明山西农村居民的居住质量在不断提升，人们开始注重更加宽敞、舒适的生活环境，新建的住房使用钢筋混凝土结构替代了原来的砖木结构，因此需要更多的建材，建材的价格上涨导致成本上升。此外，家庭装潢在农村住房中也越来越普及，居住支出的增加不仅表现在住房面积的增加，更表现在住房质量的改善。

四是家庭设备及用品支出占比上升，档次明显提高。2003 年山西农村家庭设备消费占比为 3.86%，2019 年上升为 5.15%，整体呈上升趋势。从 2008 年开始国家实施家电下乡政策，政府对农村居民购买指定的彩电、冰箱及洗衣机等家电给予一定比例的财政补贴，让大部分的农村居民在增收时能够买得起家电。在收入增加和政策支持的双重作用下，农村居民家庭设备及服务消费稳定增长。

五是医疗保健支出占比上升，民众健康意识增强。2003 年山西农村居民医疗保健消费占比为7.99%，2019年上升为12.02%，医疗保健的支出比例呈现出总体上涨的趋势。一方面因为农村居民生活水平不断提升，开始注重生存质量的改善；另一方面由于农村合作医疗体系逐渐完善，农村居民在医疗保健方面的支出逐渐增加。但农民对于保健，尤其是体检、预防这方面的支出较少，说明农民消费水平还有待提升。

六是交通通信支出占比下降，但消费热度不减。2003年山西农村居民交通通信消费占比为17.18%，2019年下降为10.87%，交通通信消费支出占比总体呈下降趋势。这是由于政府对于农村基础设施建设的重视，财政投入力度不断增大，农村交通通信较从前更便捷，相对成本不断降低。但是随着交通与通信事业的快速发展，农村交通工具拥有量日益增多，4G网络的大范围覆盖，手机等通信设备不断更新换代，导致居民在交通通信方面的支出不断增加。

七是文教娱乐支出较快提升，子女教育费用占主要部分。2003年山西农村居民文教娱乐消费占比为5.73%，2019年上升为12.42%，文教娱乐消费支出占比总体呈上升趋势。这是由于政府对于农村教育日益重视以及校外培训班、补习班增多，农民文教娱乐消费还是以供子女上学为主。此外，随着收入的稳定增长，在物质生活消费得到一定程度的满足后，农村居民开始追求丰富的精神生活，外出旅游度假成为休闲的一种选择。

八是其他商品服务支出比例降低。其他商品和服务的消费占比较稳定，虽然在总消费支出中占比较小，但这也反映了山西农民消费的多元化。

## 第三节　提升山西农村居民生活质量的路径及建议

提升农村居民生活质量、拓展农村消费空间对于构建以国内大循环为主体、国内国际双循环相互促进的新发展格局具有重要意义，新的历史发展时期，应多维度拓展农民增收渠道，巩固拓展脱贫攻坚成果，强化城乡居民社会保障一体化建设，健全农村商品流通体系，促进农村生活服务消费升级、改善农村消费环境，推动农村居民生活质量持续改善，为实现"生活富裕"的发展目标奠定坚实的基础。

## 一　持续促进农民增收

提升农村居民收入是增加农村居民消费的前提和基础，是提升农民生活条件、拓展农民自身价值的根本保证。推动农村居民持续致富增收就要加大对农村劳动力就业创业的支持力度。

### （一）多维度拓展农户增收渠道

扶持农户发展生态农业、设施农业、体验农业、定制农业，提高产品档次和附加值，拓展增收空间。指导农户"抱团取暖"，根据产地、产品、发展思路的不同，构建更多专业化社会组织，通过发展休闲观光农业、互动式体验农业或者共同打造产业品牌等，赋予农业更多发展空间和潜力。为小农户搭建更多产销平台，如依托电商平台、供销社平台等，拓宽销售渠道，解决农户无钱发展的窘境。引导农户按照"农业+""互联网+"模式，参与三次产业融合发展，积极发展休闲观光、文化创意、绿色养生、智慧电商、生态循环等新兴业态，促进传统小农户向现代小农户转型。

### （二）分类推进农村劳动力就业创业

对外出就业的，输出地主动加强与输入地对接，组织好"点对点、一站式"直达运输服务，帮助其安全返岗复工。对留在本地就业的，加强与本地企业用工需求精准对接，及时提供动态岗位信息，支持其多渠道灵活就业。对自主就业困难的，要积极开发乡村水管员、护路员、生态护林员、农田管护员、环卫保洁员等公益性岗位，帮助其实现就业。加大返乡入乡人员创业扶持力度，将符合条件的返乡入乡人员一次性创业补贴等支持政策落实到位，支持地方搭建一批返乡入乡创业园区、创业孵化基地等创业平台，支持返乡入乡人员从事贮藏保鲜、分级包装等农产品加工业，病虫害防治、代耕代种等生产性服务业，家政服务、社区零售等生活性服务业，电子商务、直播直销等新产业新业态。

### （三）增强就业创业服务指导

根据乡村就业创业涉及的主要产业、优惠政策和配套服务，指导各市、县加快建设乡村就业创业共享平台和信息服务窗口，增强促进就业创业政策举措的引导性、精准性和协同性；进一步加强就业创业辅导培训，提升农民及返乡人员就业创业能力；加强农村创业创新监测调查，及时掌握农村创业创新新动向；积极争取金融、投资和相关部门的支持，完善乡村就业创业部门合作机制。完善农村劳动力资源信息平台建设。运用信息化、大数据、人工智能等手段，融资源汇聚、信息发布、需求对接、公共服务于一体，促进人力资源市场建设与现代产业体系发展有效协同。加强基层平台人员队伍建设，充实力量，提升业务能力水平。

## 二 巩固拓展脱贫攻坚成果与乡村振兴有效衔接

聚焦脱贫地区、脱贫人口，不断提升脱贫地区基础设施的支撑能力和公共服务水平，增强脱贫地区的发展活力、巩固成果、拓展成效，形成脱贫攻坚与乡村振兴有效衔接的体制机制。

### （一）增强脱贫地区基础设施支撑能力

打造内畅外联的农村交通网络，健全县、乡、村三级"路长制"管理体系，提高农村公路的服务能力、服务效率、服务品质，完善农村客运和物流基础设施，统筹管护运营好农村公路。完善重点帮扶县农田水利设施，持续扩大农田有效灌溉面积，健全防洪抗旱服务机制；采取新建、改造、配套、升级、联网等方式，建立常规水质定期监测制度，解决好脱贫群众饮水安全问题。提升自然村4G信号覆盖率，推进重点帮扶县重点中心城镇的5G网络建设和应用进程，引导通信企业降低重点帮扶县宽带用户接入资费，提升重点帮扶县宽带用户普及率。

### （二）提升脱贫地区公共服务水平

全面推进脱贫地区义务教育标准化、信息化建设，加快中小学校网络提速扩容，建立名校网络资源共享机制，推进信息技术与教育教学的深度融合；加强脱贫县职教中心建设，改善职教中心办学条件，加强重点帮扶县重点专业和实训基地建设，提高职教中心面向脱贫劳动力的职业技能培训能力。进一步深化县域医疗卫生一体化改革，推进紧密型医共体建设，提高县级医疗集团建设水平和管理能力，夯实县乡村三级医疗卫生服务体系。持续扶持脱贫县公共文化设施建设，推进公共文化服务向脱贫地区倾斜，采取政府配送、社会捐助等形式，推进脱贫村文体广场、文化大院、农家书屋、健身中心、广播电视等文化设施建设。

### （三）健全防止返贫动态监测和帮扶机制

对脱贫不稳定户、边缘易致贫户以及因病因灾因意外事故等刚性支出较大或收入大幅缩减导致基本生活出现严重困难户，开展定期检查、动态管理，重点监测其收入支出状况、"两不愁三保障"落实及饮水安全状况，合理确定监测标准。建立健全易返贫致贫人口快速发现和响应机制，分层分类及时纳入帮扶政策范围，实行动态清零。建立农户主动申请、部门信息比对、基层干部定期跟踪回访相结合的易返贫致贫人口发现和核查机制，实施帮扶对象动态管理。坚持预防性措施和事后帮扶相结合，精准分析返贫致贫原因，采取有针对性的帮扶措施。

### 三　强化城乡居民社会保障一体化建设

解决好农村居民的社保问题就是免除了农村居民消费的"心中坎""枕上忧"，要按照"兜底线、织密网、建机制"的要求，抓重点、补短板、强弱项，加快补齐民生短板，全面推进覆盖全民、城乡统筹、权责清晰、保障适度、可持续的多层次社会保障体系建设。

#### （一）完善基本养老保险制度

建立城乡居民基本养老保险待遇确定和基础养老金正常调整机制。健全多缴多得、长缴多得激励机制。动态调整个人缴费档次和政府缴费补贴标准。对65岁及以上参保老年居民增发基础养老金，对长期缴费、超过最低缴费年限的参保居民加发年限基础养老金。根据全省经济发展、城乡居民人均可支配收入增长、物价变动等情况，适时调整基础养老金标准。对建档立卡贫困人口、低保对象、特困人员等贫困人员及重度残疾人等缴费困难群体参加城乡居民基本养老保险的，由市县政府为其代缴最低标准的养老保险费。将被征地农民纳入现行基本养老保险制度，为被征地农民提供基本养老保险补贴。落实经济困难的高龄、失能老人"两项补贴"。

#### （二）提升农村医疗综合保障水平

建立健全以基本医疗保险为主体，大病保险为延伸，医疗救助为托底，社会慈善和商业保险为补充的多层次城乡居民医疗保障体系。认真落实重特大疾病医疗保障政策，完善城乡居民大病保险、医疗救助可持续筹资机制，适度提高建档立卡贫困人口大病保险报销比例，有效缓解农村贫困人口因病致贫、因病返贫问题。加强乡居民基本医疗保险、大病保险和医疗救助的有效衔接，切实提高农村居民医疗保障水平。

### （三）完善农村社会救助体系

进一步完善农村低保制度，健全低保对象认定办法，根据山西省经济社会发展实际，稳步推进低保制度城乡统筹发展。全面实施特困人员救助供养制度，通过整合、改扩建、新建等方式，在具备条件的农村地区集中建设一批中心敬老院，完善服务设施条件，打造区域性农村社会福利综合服务机构。逐步提升农村特困人员供养服务机构的托底保障能力和服务质量。进一步做好临时救助工作，确保农村困难群众得到及时救助，基本生活得到有效保障。完善农村残疾人生活用电、水、气、暖等优惠政策。健全农村留守儿童和妇女、老年人以及困境儿童关爱服务体系。

### 四 健全农村商品流通体系

加快完善县乡村三级农村物流体系，改造提升农村寄递物流基础设施，深入推进电子商务进农村和农产品出村进城，推动城乡生产与消费有效对接。

### （一）构建服务城乡现代物流体系

建设仓储物流体系。按照"改造提升、整合资源、补齐短板、共享共用"的原则，采取项目建设与改造提升相结合的方式，加快实施农村仓储物流项目建设，进一步拓展农产品上行和工业品下行物流通道，建立以供应链为核心的商流、物流、信息流三位一体业态模式，打造"一点多能、一网多用"的覆盖全省、辐射周边、线上线下、双向流通的仓储物流体系，切实破解农村物流"最后一公里"难题。建立健全以县域物流配送中心、乡镇配送节点和村级末端公共服务站点为支撑的农村配送网络，补齐农村物流短板，推动物流网络共享共用。发挥城乡配送骨干企业优势，建立与上下游企业协同联动的合作机制，整合利用商贸、交通、邮政、快递、粮食、供销等系统资源，综合利用商业、仓储、邮政、快递、社区服务等各类设施，重点发展共享共用的配送中心和末端综合服务网点。

### （二）大力发展冷链物流运输

加大现代冷链物流理念、标准和技术的推广应用，建立覆盖农产品生产、加工、运输、储存、销售全程的冷链物流体系。重点建设太原、晋中、晋南、晋北、吕梁等5个区域性冷链仓储设施，建设冷链物流服务配送中心，引进第三方物流企业，筹建生鲜加工中心，补齐冷链仓储短板。初步构建起"全链条网格化、严标准、可追溯、新模式、高效率"的现代化冷链物流体系。

### （三）提升农村商品流通智能化水平

推动农村数字化转型升级，促进新技术与农业多产业融合，打造科技、智慧农业，更好地拓展农村消费新渠道，提高数据统计能力，提高消费效率。促进新一代信息技术与农业相结合，加速建设农产品加工、包装、仓储、冷链等乡村基础设施与智慧配送中心。推动人工智能、大数据服务于乡村实体经济，促进线上、线下渠道双向发展。着力推进电商网点建设、拓展完善现有网点服务功能。培育有能力、有潜力、有意愿的农村电商企业，引入优质电子商务服务商，组织企业开展互联网品牌推广。帮助企业对接品牌策划、融资等服务资源，参加国内电商公共服务平台，指导电商企业开展贫困地区农特产品促销活动，建立完善电商企业同农民的利益联结机制。鼓励支持农业产业化龙头企业同电子商务平台加强合作，推动优质农特产品上行。

### 五　促进农村生活服务消费升级

打造方便快捷、层次鲜明的生活圈域，增强消费对农村经济社会发展的基础性作用，强化农村居民新消费经济中的信息化、智能化支撑，积极倡导绿色低碳、文明健康的生活方式。

### （一）打造乡村便捷消费圈

在城乡接合部和经济较发达的农村地区，新建一批现代生活综合服务中心。鼓励支持中心城市有实力、信誉好的市场主体直接设立经营网点，不断优化商贸市场、金融网点等布局，向农村居民提供多样化多层次的便利服务。推进社会保障卡、金融IC卡、交通卡等公共服务卡的应用集成和市域、跨市一卡通用，推动农村居民生活、出行等快速融入主城区。加强城郊区域图书馆、数字档案馆、博物馆等公益设施建设。推进智慧医院、远程医疗建设，形成融入市域内1小时交通圈、半小时就医就学就业服务圈，建设新型城镇生活消费圈。在经济相对欠发达的农村地区，加快推动在集贸市场、"万村千乡"农家店等商业设施搭载居民生活服务业。加快改造一批乡镇生活综合服务中心，改善市场硬件设施和购物环境，配套完善乡村菜市场、快餐店配送站等大众化服务网点。依托现有的农村生活服务网络加强资源整合，构建乡村"宜居生活圈"，配置相应的公共服务设施，如村级生活综合服务站、儿童游乐园、幼儿园、老年活动室、卫生室、农村社区党群服务中心、文体活动广场等村落公共生活空间，进一步优化乡村生活服务布局。

### （二）引导农村居民消费观念升级

深入开展全民绿色消费教育，倡导绿色生活方式，将勤俭节约、绿色低碳的理念融入家庭教育、学前教育、中小学教育、未成年人思想道德建设教学体系，把绿色消费作为家庭思想道德教育、学生思想政治教育、职工继续教育和公务员培训的重要内容，纳入文明城市、文明村镇、文明单位、文明家庭、文明校园创建要求。鼓励绿色产品消费，推广高效节能电机、节能环保汽车、高效照明产品等节能产品，鼓励选购节水龙头、节水马桶、节水洗衣机等节水产品。推广环境标志产品，鼓励使用含有低挥发性有机物的涂料、干洗剂，引导使用含有低氨、低挥发性有机物的农药、化肥。

### （三）创新农村电商发展方式

推进农村电子商务主体建设，支持本地农业龙头企业、合作社、种养大户与第三方平台、生鲜电商合作，构建多层次的农产品网上批发渠道，积极打造 F2C（农场直供）、C2B（消费者定制）、C2F（订单农业）、O2O（离线商务）等农产品网络营销模式的山西样板。大力推动"三品一标""一村一品"农产品的网络营销，推动高品质农产品、民俗手工艺品、乡村特色旅游、乡村康养休闲、传统文化体育等原生态项目通过新媒体、新媒介创造新体验，为乡村三次产业融合发展提供高效的"线上""线下"技术支持。依托农家店、农村综合服务社、村邮站、快递网点、农产品购销代办站等发展农村电商末端网点。加快推进以"淘宝村"为代表的网商集聚区建设，从光纤宽带、移动网络覆盖、物流配送、金融贷款等方面提供支持，开展建设人才专项培训和考察学习先进经验等活动，全面提升村民现代经营意识和电商创业能力。

## 六　改善农村消费环境

推进消费产品和服务标准体系建设在农村消费领域落地，加强消费领域信用体系建设，健全农村居民消费权益保护机制，营造良好的农村消费环境。

### （一）推进消费产品和服务标准体系建设

实施"标准化＋"消费升级，以先进标准引领农村消费品质量提升。加快构建新型消费品标准体系，加大绿色产品标识认证制度实施和采信力度，开展高端品质认证。围绕黄河、长城、太行三大文旅板块，利用好"康养山西""夏养山西"品牌，拓展农业农村的文旅康养功能，积极发展"农家乐""休闲农业""文化农庄"等乡村休闲旅游，开展"农家乐"和"小型采摘园"标准化创建，打造休闲农业和乡村旅游品牌。加快推动完善山西省服务业地方标准，推进服务业标准化农村试点示范建设。在文化、旅游、康养、家政、餐饮、物业等重点领域遴选一批服务乡村质量标杆单位，推动建设相关服务标准，引入推广第三方服务认证。

### （二）加强消费领域信用体系建设

依托山西省公共信用信息平台、山西省市场监管信息平台，将消费领域企业基础信息、资质资格信息、违法违规等信用信息归集至企业信用档案。建立健全守信"红名单"制度，大力推进农村消费领域"信易＋"场景应用，通过优先办理、降低门槛、简化程序、免交押金等方式激励企业和农村居民守信行为，让守信企业和农村居民享受更多信用便利，切身体会到诚信让农村消费更便利。建立健全失信"黑名单"制度，对失信主体实施市场禁入或服务受限等联合惩戒措施。将消费领域企业相关信息在"信用中国""国家企业信用信息公示系统"向社会公开。建立典型消费纠纷案件、违法违规记录公示制度。在农村重点消费领域加快形成和完善全过程信用管理机制。

### （三）健全农村居民消费权益保护机制

充分运用全国12315互联网平台功能，建立常态化消费者满意度调查评估机制。全面推进网络消费、服务消费、品牌消费和民生领域消费放心工程。聚焦农村信息消费、预付式消费、网络购物、群体消费等领域出现的问题，加强消费维权知识宣传普及，在全省大型电商企业中推广使用在线纠纷信息平台。严厉打击假冒伪劣和虚假广告宣传。建立健全消费者信息保护、数据交易和共享相关制度。加大个人信息保护力度，严厉查处侵犯消费者个人隐私的违法行为。加强农村消费商品、服务质量抽检和专项整治，推进质量监督和风险监测信息公开，引导社会力量参与产品服务质量监督。健全产品、服务质量治理体系和农村消费满意度测评体系，构建完善跟踪反馈评估体系和质量安全风险监测评估制度。

# 第八章 乡村振兴战略下农业和农村
# 改革发展研究

随着《乡村振兴促进法》的出台，新一轮农业和农村改革步伐将全面提速，从农业农村改革的发展历程看，坚持市场改革方向和渐进性改革方式，尊重农民主体地位和首创精神，处理好稳定与放活的关系，加强制度创新和制度供给是我国推进农业农村改革的基本原则和重要经验。本章将我国农业农村改革的历程划分为农村合作化改造、农村市场经济体制形成、城乡统筹发展、农村改革全面深化四个发展阶段，梳理了新时期我国农业农村改革在深化农村土地制度改革、农村集体产权制度改革以及农村社会保障制度改革方面的难点问题，提出了推动二元土地制度融合、强化农业农村发展的科技支撑等思考和建议，从而为乡村振兴理清改革思路，汇聚改革动力。

## 第一节 中国农业农村改革历程及阶段划分

改革开放是中国农业农村改革的重要标志和关键节点，随着改革开放进程的不断深入，中国的农业农村改革也完成了早期经济体制改革向涵盖政治、经济、社会、文化、生态和党的建设综合性全方位改革的转变。从历史辩证唯物主义角度看，我国的农村改革在不同时期有着不同的改革背景、改革目标和改革任务，但始终未脱离农业农村的渐进式市场化改革这条主线，根据改革推进的阶段性特征和具体情况，笔者大致将我国农业农村改革进程划分为以下四个发展阶段。

### 一 农村合作化改造阶段（1949~1977）

从新中国成立到1978年改革开放，中国的农村经营体制大致经历了两个发展时期，实现了新中国成立之初农业农村个体经营体制向改革开放前农业农村集体经营体制的转变。

**（一）　新中国成立初期**

1949~1952年，我国将发展工业特别是重工业作为当时的首要战略任务，而农村地区则承担着提供粮食、农产品和工业原材料的重要职责，这一时期我国的农村经营体制是对革命时期相关制度的延续，以"农民所有、自主经营"为主要特征，核心是"打破封建地主制度，解放广大农民，实现民族独立"，出台了一系列重要的纲领性文件。第一个是1949年9月中国人民政治协商会议第一届全体会议通过的《中国人民政治协商会议共同纲领》，提出在经济上，"实行'以公私兼顾、劳资两利、城乡互助、内外交流的政策，达到发展生产、繁荣经济之目的'的根本方针"；提出在农村改革方面，"有步骤地将封建半封建的土地所有制改变为农民的土地所有制"，这也为新中国成立初期的农业农村工作指明了方向。第二个是1950年6月颁布的《土地改革法》，以此为法律依据推进新的土地制度，即废除地主阶级封建剥削的土地所有制，实行农民的土地所有制。具体做法是：一方面以乡为单位，没收地主的全部土地，平均分配给没有土地和土地较少的农民以及被没收土地的地主；另一方面保护中农、富农的土地和资产，保存富农经济，到1953年全国土地制度改革基本完成，约3亿农民共同分配了7亿亩农村土地。第三个是1951年中共中央发布的《关于农业生产互助合作的决议（草案）》，这是中央根据当时农民自主经营过程中生产资料短缺、协作不充分的客观实际所做出的决策，肯定了基于个体经济的劳动互助与生产资料共享，提出互助组将朝着农业集体化的方向发展，这也为新中国成立初期农村个体经营体制的改革奠定了基础。

**（二）　农村合作化运动时期**

1953年，我国确立了过渡时期的总路线和总任务，提出："在一个相当长的时期内，逐步实现国家的社会主义工业化，并逐步实现国家对农业、对手工业和对资本主义工商业的社会主义改造。"党在过渡时期的总路线也被简称为"一化三改"或"一体两翼"，它的提出标志着农业合作化运动的开启。

1953年2月发布的《关于农业生产互助合作的决议》提出，全国发展互助组并试办初级农业生产合作社，与此同时开启了长达 32 年的粮油统购统销制度，即在农村实行征购，在城市实行定量配给；1953 年 12 月中共中央做出的《关于发展农业生产合作社的决议》进一步提出发展高级农业合作社；1955 年 10 月中共中央形成《关于农业合作化问题的决议》，提出通过合作社引导农民过渡到更高级的社会主义，随后发布的《农业生产合作社示范章程》将农业生产合作社划分为初级和高级两个发展阶段；1956 年 6 月发布的《高级农业生产合作社示范章程》正式提出完成向高级合作社的转变，农业主要生产资料由农民所有转向集体所有，生产队成为农业生产合作社的基本单位，到 1956 年末，全国的农业高级生产合作社发展到 54 万个，入社农户占比达到 88%；1957 年中共中央发布《关于做好农业合作社生产管理工作的指示》和《关于整顿农业生产合作社的指示》，明确了合作社与生产队的组织规模，仅仅 4 年时间，全国基本完成了农业合作化改造。

为了加快集体所有制向全民所有制过渡，1958 年 8 月中共中央做出《关于在农村建立人民公社问题的决议》，标志着人民公社化开启，并于 1959 年 8 月在《关于人民公社的十八个问题》中首次明确了人民公社的三级所有制，其中以生产大队为主导；1960 年 11 月，为应对自然灾害，中共中央发布了《关于农村人民公社当前政策问题的紧急指示信》，下放核算单位到生产队，并明确了农村土地归生产队所有；1962 年 9 月修正的《农村人民公社工作条例》进一步强调生产队的基础地位，并提出这一制度至少 30 年不变。

总的来看，1949～1978 年的这一历史时期，我国农业农村完成了土地制度改革、农业合作化改造、人民公社制度建立和实行粮油统购统销制度等四项重要改革，农业经营体制也经历了互助模式、初级社模式、高级社模式和集体经营体制，由"农民所有，劳动互助"发展到"农民所有，统一经营"，再到"集体所有，统一经营"和"三级所有，队为基础"，虽然农村合作化运动在推动农业农村建设方面取得了一些成就，一定程度上实现了恢复和发展农业的目标，但在农村合作化运动中，推行严重的平均主义，缺少对农户和农民有效的激励，挫伤了农民生产的主动性和积极性，造成了农业生产效率的低下和农民总体收益的损失。

## 二 农村市场经济体制形成阶段 (1978~2001)

从党的十一届三中全会召开到 2001 年我国加入 WTO 这段时间里，我国的农业农村改革大致经历了两个发展时期，一个是 1978~1984 年家庭联产承包责任制确立时期，另一个是 1985~2000 年计划经济向市场经济转变的过渡时期，前一个时期以解放生产力、发展生产力、激活农村市场经济为核心，后一个时期则在其基础上逐步构建了社会主义农村市场经济体制，推动我国农业农村发展进入市场化的轨道。

### (一) 家庭联产承包责任制确立时期

1978 年，党的十一届三中全会确定以经济建设为中心，会上审议通过了《关于加快农业发展若干问题的决定 (草案)》，虽然并未允许包产到户，但提出了提高农业生产力的 25 条政策措施，这为改革开放初期的农业农村改革奠定了基础。1979 年 9 月上述决定正式通过，将草案中"不许包产到户"调整为"不许分田单干，除某些副业生产的特殊需要和边远山区、交通不便的单家独户外，也不要包产到户"，开启了制度创新的大门；1980 年 9 月，中央下发"75 号文件"，强调了集体经济的基础地位，但同时也肯定了包产到户是一种解决温饱问题的必要措施，该文件起到了承前启后的作用；1982 年中央一号文件《全国农村工作会议纪要》的发布，标志着"包产到户、包干到户"的"双包"责任制合法化，也明确强调了集体经济"统"的职能；1983 年中央一号文件《当前农村经济政策的若干问题》发布，提出分户承包的家庭经营是合作经济中的一个经营层次，明确了"联产承包责任制"的发展方向，并提出通过承包处理好"统"和"分"的关系是完善该制度的关键。

到 1983 年底，全国有 1.75 亿农户实行了包产到户，占农户总数的 94.5%。至此，以家庭联产承包责任制为主要形式的各种农业生产责任制成为中国农业的主要经营形式。从本质上看，家庭联产承包责任制是放松对农户经营自由的限制，使农户成为经济核算单位，通过以土地使用权和剩余分配权为对象的产权重新界定改变了农民与土地、农民与集体的关系，在农户层面重建了农业生产的激励机制。家庭经济地位的确立，农民经营自由的放开，也迫切要求放松"政社合一"下基层政府对农村经营活动的管控。1983 年 10 月 12 日，中共中央、国务院正式发布《关于实行政社分开建立乡政府的通知》，此举不仅标志着"政社合一"的人民公社制度彻底结束，更是促进家庭联产承包责任制在更大范围、更深层次的巩固与完善，到 1985 年春，全国农村人民公社政社分开、建立乡政府的工作全部结束，农村人民公社体制也正式终结。

**（二）资源配置机制从计划向市场过渡时期**

在这个历史时期，我国城乡要素资源配置逐步实现了计划制向市场化的过渡，从农业农村改革看，首先是启动了农产品流通体制改革，理顺了国家、集体、居民与农户之间的关系；再者是启动了乡镇企业改革和户籍制度改革，推动了人口的自由流动，为发挥市场在城乡资源要素配置中的作用奠定了基础。

统购统销制度与人民公社制度、人口户籍制度并称为我国重工业优先发展战略下的"三驾马车"，在 1953 年建立起的统购统销制度下，农产品价格不能反映真实的供求关系，农民的经营意识和买卖意愿受到了极大的限制。1984 年中央一号文件《关于 1984 年农村工作的通知》提出："在稳定和完善生产责任制的基础上，提高生产力水平，梳理流通渠道，发展商品生产。"1985 年中央一号文件《关于进一步活跃农村经济的十项政策》提出"从今年起，除个别品种外，国家不再向农民下达农产品统购派购任务，按照不同情况，分别实行合同定购和市场收购"，鼓励农民参与多层次、多渠道的农村商品流通，由此正式启动了以进一步放活农民经营自由和进一步发展商品经济为取向的农产品流通体制改革。整个 20 世纪 90 年代我国都在开展以粮食为核心的农产品市场流通体制改革，采取了一系列重要的政策举措：1993 年，我国取消了粮票和油票制度，粮油商品开始敞开供应；1994 年，我国开始实行"米袋子"省长负责制和"菜篮子"市长负责制；1996 年，建立了粮棉保护价格制度、主要农产品储备和风险基金制度；1998 年，进一步深化了粮食流通体制改革，建立起政府宏观调控与市场主导形成相结合的粮食价格机制。

在人口流动方面，1985 年 7 月，公安部制定实施《关于城镇暂住人口管理的暂行规定》，开始认可从农村到城市自发的劳动力流动，同年 9 月，居民身份证制度的正式实施为人口流动奠定了基础。在"农转非"方面，到 1993 年底，国家对"农转非"累计开了 23 个政策口子，到 2000 年，广东、浙江和江苏等省份宣布取消农业户口与非农业户口，并废除"农转非"计划指标。在小城镇户口制度方面，1984 年 10 月，国家开始允许农民自理口粮进集镇落户，放松农民向集镇迁移的限制。之后，县级市和小城镇的户口政策开始逐步放松。2000 年 6 月，中共中央、国务院发布《关于促进小城镇健康发展的若干意见》，明确规定凡在小城镇有合法固定住所、稳定职业或生活来源的农民，均可根据本人意愿转为城镇户口，并保留其承包土地的经营权，标志着小城镇户籍制度改革全面展开，人口的自由流动极大地推动了我国城镇化与工业化的发展。

总体来看，改革开放至我国加入世贸组织的二十多年里，党和国家在农业农村领域确立了家庭联产承包责任制，改革了农产品流通体制，发展了农村商品经济，打破了城乡要素自由流动的诸多限制。通过一系列改革举措，我国社会主义农村市场经济体制基本形成，农业综合生产能力显著提升，农民生活水平大幅提高，但也是在这个时期，我国城乡二元结构的矛盾愈发凸显，在城乡基础设施和公共服务方面的不平衡问题逐渐凸显，城乡统筹、一体化发展的需求愈发强烈。

### 三 城乡统筹发展阶段（2002～2011）

20 世纪 80 年代到 21 世纪的这段时期，我国农村社会事业发展较为缓慢，城乡社会事业之间的差距不断扩大，"三农"问题日益突出。面对这一形势，2002 年，党的十六大提出统筹城乡经济社会发展，公共财政开始更多地投向农村社会事业。2007 年，党的十七大提出"建立以工促农、以城带乡长效机制，形成城乡经济社会发展一体化新格局"。2008 年，党的十七届三中全会通过的《关于推进农村改革发展若干重大问题的决定》提出"统筹土地利用与城乡规划、统筹城乡产业发展、统筹城乡基础设施建设和公共服务、统筹城乡劳动就业、统筹城乡社会管理"五个统筹的战略部署。此外，该决定在农业农村改革方面指出：一是要大力推进改革创新，加强农村制度建设；二是要稳定和完善农村基本经营制度，健全严格规范的农村土地管理制度；三是要完善农业支持保护制度，建立现代农村金融制度；四是要建立促进城乡经济社会发展一体化制度，健全农村民主管理制度。此后，农业农村改革步伐明显加快，农村公共服务能力和基础设施建设水平有效提升，农村劳动力进城的制度障碍也进一步被清理，农村公共服务从无到有，城乡公共服务均等化稳步推进。

在统筹城乡发展的战略指导下，这一阶段的农业农村政策遵循"多予、少取、放活"的基本原则，逐步构建起支农惠农的政策制度框架，各项农业农村改革取得了显著成效。

**（一）农村税费改革**

统筹城乡发展政策体系中的"少取"主要体现在通过税费改革减轻农民负担。农村实行家庭联产承包责任制以后，农民的税费负担显性化程度不断加深，特别是1985年乡镇财政的建立以及1993年分税制改革都在不同程度加剧了农民负担，除了缴纳农业税，农民还要负担基层政府通过多种形式转嫁的收支缺口。2000年3月，中共中央、国务院下发《关于进行农村税费改革试点工作的通知》，率先在安徽省进行改革试点，之后，农村税费改革试点范围快速扩大，到2003年9月，试点基本上在全国范围推开。农村税费改革最初阶段主要集中在规范税费征收、减轻农民负担方面谋求突破，随着试点工作的不断深入，鉴于征税成本已远高于征税收入，同时也是基于"多予"与"少取"以及增加农民收入的考虑，农村税费改革开始向降低直至取消农业税的方向转变。2004年中央一号文件《中共中央国务院关于促进农民增加收入若干政策的意见》提出，当年农业税税率总体上要降低1个百分点，取消除烟叶以外的农业特产税，并启动免征农业税的相关试点工作。2005年12月，十届全国人大常委会第十九次会议做出2006年1月1日起废止《农业税条例》的决定，至此，延续了2600多年的农业税正式退出历史舞台，彻底取消了全国农业税。

**（二）建立农业支持保护制度**

统筹城乡发展政策体系中的"多予"主要体现在国家财政资金加大农业投入上，从2001年起，我国逐步搭建起了生产技术与农民收入相结合、专项补贴与综合补贴相配套的农业补贴政策体系框架，为调动农民种粮积极性，国家先后推出了"四补"，即种粮农民直接补贴、农作物良种补贴、农机具购置补贴以及农资综合补贴；2005～2007年，国家先后启动稻谷和小麦最低收购价执行预案、玉米临时收储制度，消除价格波动风险，稳定农民粮食生产的收入预期；2007 年，国家启动实施了能繁母猪补贴，对生猪调出大县给予奖励，以促进生猪生产、稳定猪肉价格；2008 年，国家设立现代农业生产发展专项资金，并不断完善粮食风险基金制度，逐步扩大农业保险保费补贴试点范围，通过一系列举措稳定粮食生产，当年，国家安排专项投资用于支持奶牛标准化规模养殖，奶牛保险被列入中央财政农业保险补贴范围。据财政部、农业部测算，2011 年，农民种 1 亩粮食的物化成本为 300 元左右，中央财政平均对每亩粮食的补贴资金将近 100 元，财政投入占农民物化投入的 1/3，2011 年全年中央财政支持农业生产支出为 3938.7 亿元，加上中央财政对种粮农民的 1406 亿多的补贴资金，平均每生产 1 斤粮食，中央财政的支出将会超过 0.4 元。

**（三）农村社会事业改革**

统筹城乡发展政策体系的"多予"的另一重要体现是让农民能够平等享受社会基本公共服务与社会保障，具体体现在以下三个方面。

第一，农村义务教育的全面保障方面。2005 年 12 月，国务院下发《关于深化农村义务教育经费保障机制改革的通知》，指出农村义务教育在全面建设小康社会、构建社会主义和谐社会中具有基础性、先导性和全局性的重要作用，农村义务教育经费保障机制改革主要包括全部免除农村义务教育阶段学生学杂费，对贫困家庭学生免费提供教科书并补助寄宿生生活费；提高农村义务教育阶段中小学公用经费保障水平；建立农村义务教育阶段中小学校舍维修改造长效机制；巩固和完善农村中小学教师工资保障机制等四项内容。2006 年 6 月，全国人大常委会修订《义务教育法》，在法律上明确义务教育不收学费、杂费，标志着中国农村义务教育事业改革取得了突破性进展。

第二，建立新型农村合作医疗制度方面。2002 年 10 月，中共中央、国务院做出《关于进一步加强农村卫生工作的决定》，提出要坚持以农村为重点的卫生工作方针，从农村经济社会发展实际出发，深化农村卫生体制改革，加大农村卫生投入，发挥市场机制作用，加强宏观调控，优化卫生资源配置，逐步缩小城乡卫生差距，在实施上要坚持因地制宜，分类指导，满足农民不同层次的医疗卫生需求；提出打破部门和所有制界限，统筹规划、合理配置、综合利用农村卫生资源，建立起以公有制为主导、多种所有制形式共同发展的农村卫生服务网络。2003 年 1 月，国务院办公厅以国办发〔2003〕3 号文件转发卫生部、财政部、农业部《关于建立新型农村合作医疗制度的意见》，标志着新型农村合作医疗制度试点工作正式启动。该《意见》指出："从 2003 年起，各省、自治区、直辖市至少要选择 2—3 个县（市）先行试点，取得经验后逐步推开，到 2010 年，实现在全国建立基本覆盖农村居民的新型农村合作医疗制度的目标，减轻农民因疾病带来的经济负担，提高农民健康水平。"据卫生部公布数据，截至 2008 年 3 月底，全国有 2679 个县（市、区）开展新农合，占应开展（有农业人口）县（市、区）数的 98.17%，占全国总县（市、区）数的 93.57%，到 2008 年 6 月底，全国 31 个省份已全部实现新农合覆盖，提前实现了计划目标。

第三，建立农村最低生活保障制度和新型农村社会养老保险方面。2007 年 7 月，国务院发布《关于在全国建立农村最低生活保障制度的通知》，强调"农村最低生活保障对象是家庭年人均纯收入低于当地最低生活保障标准的农村居民，主要是因病致残、年老体弱、丧失劳动能力以及生存条件恶劣等原因造成生活常年困难的农村居民；农村最低生活保障标准由县级以上地方人民政府按照能够维持当地农村居民全年基本生活所必需的吃饭、穿衣、用水、用电等费用确定，并报上一级地方人民政府备案后公布执行；农村最低生活保障标准要随着当地生活必需品价格变化和人民生活水平提高适时进行调整"。到 2007 年底，农村最低生活保障制度已经在全国范围内普遍建立。2009 年 9 月，国务院颁布《关于开展新型农村社会养老保险试点的指导意见》，提出"探索建立个人缴费、集体补助、政府补贴相结合的新农保制度，实行社会统筹与个人账户相结合，与家庭养老、土地保障、社会救助等其他社会保障政策措施相配套，保障农村居民老年基本生活"。

### （四）完善农民工相关政策

统筹城乡发展政策体系的"放活"的一个重要体现就是促进城乡人口合理流动，加快农业转移人口市民化进程，保障农民工合法权益。2001 年 3 月，国务院批转公安部《关于推进小城镇户籍管理制度改革的意见》，强调"凡是在县级市市区、县人民政府驻地镇及其他建制镇范围内有合法固定的住所、稳定的职业或生活来源的人员及与其共同居住生活的直系亲属，均可根据本人意愿办理城镇常住户口"，这也标志着小城镇常住户口的计划指标管理体制正式取消。国务院办公厅 2006 年 1 月发出《关于解决农民工问题的若干意见》和 2011 年 2 月发出《关于积极稳妥推进户籍管理制度改革的通知》，有效推动了中小城市和建制镇外来人口落户问题的解决。在提升对农民工合法权益的保障方面，2006 年 7 月，多部委联合发布《关于印发统筹城乡就业试点工作指导意见的通知》，要求彻底废除针对农村和外来劳动力的就业限制，保障城乡劳动者享有平等就业的机会；2008 年实施的《中华人民共和国劳动合同法》和 2011 年实施的《中华人民共和国社会保险法》进一步为农民工权益提供了法律保障。

总的来看，在城乡统筹发展阶段，我国对"三农"问题高度关注，在"三农"领域的财政资金投入、政策倾斜力度在不断加大，农业农村基础设施建设不断加强，农村公共服务体系逐步完善，在农村土地、合作经济、县乡财政、农村金融、义务教育、户籍制度等领域的改革取得了一定成效，"三农"问题在一定程度上得到缓解。

### 四 农村改革全面深化阶段（2012 年至今）

党的十八大以来，中国进入全面深化改革的新时期。2013 年 11 月，十八届三中全会通过《中共中央关于全面深化改革若干重大问题的决定》，明确了新时期我国全面深化改革的指导思想、重大原则、发展目标和重大任务，提出"面对新形势新任务，全面建成小康社会，进而建成富强民主文明和谐的社会主义现代化国家、实现中华民族伟大复兴的中国梦，必须在新的历史起点上全面深化改革，不断增强中国特色社会主义道路自信、理论自信、制度自信"。在此背景下，中国农业农村改革也凸显出全面深化、系统谋划、综合配套的整体特征，改革的重点主要集中在以下三个方面。

#### （一）健全完善扶贫开发体制机制

党的十八大以来，中国农村扶贫开发进入以精准扶贫为中心的扶贫新阶段。2013 年 11 月，习近平总书记在湖南湘西考察扶贫工作时首次提出了"精准扶贫理念"，指出抓扶贫开发，既要整体联动、有共性的要求和举措，又要突出重点，加强对特困村和特困户的帮扶。2013 年 12 月，中共中央办公厅、国务院办公厅印发《关于创新机制扎实推进农村扶贫开发工作的意见》，首次提出创新扶贫开发六大机制和十项重点工作，即建立健全贫困县考核、精准扶贫工作、干部驻村帮扶、政策专项扶贫资金管理、金融服务、社会参与六项工作机制；村级道路通畅、饮水安全、农村电力保障、危房改造、特色产业增收、乡村旅游扶贫、教育扶贫、卫生和计划生育、文化建设、贫困村信息化十项重点工作，标志着我国扶贫开发工作进入精准扶贫、精准脱贫的新阶段。

精准扶贫、精准脱贫的首要任务就是瞄准贫困户，建立建档立卡工作机制，2014 年 1 月，中共中央办公厅、国务院办公厅印发《关于创新机制扎实推进农村扶贫开发工作的意见》，提出国家制定统一的扶贫对象识别办法，再对识别出的贫困村和贫困户建档立卡；2014 年 4 月，国务院扶贫办印发《扶贫开发建档立卡工作方案》，6 月印发《扶贫开发建档立卡指标体系》，随后在工作推进中，全年共识别贫困村 12.8 万个，贫困户 2948 万户，贫困人口 8962 万，第一次建立起了全国统一的扶贫开发信息系统，为精准扶贫、精准脱贫方略的实施奠定了基础。

2015 年 6 月和 10 月，习近平又先后对农村扶贫工作提出"六个精准"要求和"五个一批"思路，即扶贫对象精准、措施到户精准、项目安排精准、资金使用精准、因村派人精准、脱贫成效精准；生产脱贫一批、易地扶贫搬迁脱贫一批、生态补偿脱贫一批、发展教育脱贫一批、社会保障兜底一批。2015 年 11 月，中共中央、国务院发布《关于打赢脱贫攻坚战的决定》，提出"构建专项扶贫、行业扶贫、社会扶贫互为补充的大扶贫格局"和"把精准扶贫、精准脱贫作为基本方略"；要求省、市、县、乡、村五级书记一起抓扶贫，党政一把手同为第一责任人；将打赢脱贫攻坚战的总体目标确定为：到 2020 年，稳定实现农村贫困人口不愁吃、不愁穿，义务教育、基本医疗和住房安全有保障，实现贫困地区农民人均可支配收入增长幅度高于全国平均水平，基本公共服务主要领域指标接近全国平均水平，确保我国现行标准下农村贫困人口实现脱贫，贫困县全部摘帽，解决区域性整体贫困。

2021 年 2 月 25 日，在全国脱贫攻坚总结表彰大会上，习近平总书记宣告我国脱贫攻坚战取得了全面胜利，现行标准下 9899 万农村贫困人口全部脱贫，832 个贫困县全部摘帽，12.8 万个贫困村全部出列，区域性整体贫困得到解决，完成了消除绝对贫困的艰巨任务。

**（二）深化农村集体产权制度改革**

党的十八大以来，以农村集体经营性资产、承包地和宅基地为重点的农村集体产权制度改革不断加快。农村集体产权制度改革的核心是探索社会主义市场经济条件下农村集体所有制经济的有效组织形式和经营方式，其关键是在保护农民集体经济组织成员权利的基础上界定和明晰集体经营性资产、承包地和宅基地等的产权归属，通过完善权能赋予农民更多财产权利。

在承包地改革方面，2014 年以来，国家逐步确立了"落实集体所有权，稳定农户承包权，放活土地经营权"的"三权分置"改革思路，全面推进农村土地承包经营权确权登记颁证工作，不断完善承包地产权权能，促进经营权流转；为稳定承包关系与预期，党的十九大报告明确提出第二轮土地承包到期后再延长 30 年。在宅基地改革方面，国家明确了宅基地所有权、资格权、使用权"三权分置"改革思路，并积极开展宅基地使用权确权登记颁证工作，鼓励探索宅基地自愿有偿退出机制。

在农村集体经营性资产改革方面，重点是开展清产核资、确定集体经济组织成员、明晰产权归属、推进股份合作制、完善集体资产股份权能和集体经济运行机制等工作。2014 年 11 月，中共中央、国务院审议通过《积极发展农民股份合作赋予农民对集体资产股份权能改革试点方案》，并于 2015 年 5 月在全国 29 个县（市、区）启动试点。2017 年和 2018 年，农业部和中央农办连续两次扩大农村集体产权制度改革试点地区。中央要求到 2020 年基本完成农村集体经营性资产折股量化到本集体经济组织成员。

此外，经全国人大常委会授权，2015 年以来国务院开展了农村土地征收、集体经营性建设用地入市、宅基地管理制度改革试点以及承包土地经营权和农民住房财产权抵押贷款试点，并取得了积极的成效。

**（三）推进农业供给侧结构性改革**

自 2015 年 12 月中央农村工作会议提出推进农业供给侧结构性改革以

来，中央和国务院有关部门制定实施了一系列改革措施。

一是调整和优化农业供给结构。农业部按照稳粮、优经、扩饲的要求促进三元种植结构协调发展，开展了"粮改饲"试点和种养结合循环农业示范工程建设等。"粮改饲"试点范围由 2015 年的 30 个县扩大到 2016 年的 121 个县，2018 年进一步扩大到 431 个县。

二是积极发展农业适度规模经营。为积极培育新型农业经营主体和服务主体，发展多种形式的适度规模经营，2014 年 2 月农业部发布《关于促进家庭农场发展的指导意见》，明确提出引导承包土地向家庭农场流转，重点鼓励和扶持家庭农场发展粮食规模化生产；2017 年 5 月，中共中央办公厅、国务院办公厅又发布《关于加快构建政策体系培育新型农业经营主体的意见》，从财政税收、金融信贷、基础设施、保险支持、营销市场、人才培育等方面提出了支持新型农业经营主体发展的政策体系。

三是完善农产品价格形成机制。2014 年，国家在全国范围内取消棉花、大豆临时收储政策，价格由市场决定；同时启动东北和内蒙古大豆、新疆棉花目标价格补贴试点。2016 年，国家正式取消实行了 8 年的玉米临时收储制度，按照市场定价、价补分离的原则建立市场化收购加补贴的新机制。

四是健全农业绿色发展体制机制。为促进农业绿色发展，2015 年 2 月，农业部实施《到 2020 年化肥使用量零增长行动方案》和《到 2020 年农药使用量零增长行动方案》，目前"双零增长"目标已经提前实现；2017 年 3 月，国务院发布《关于建立粮食生产功能区和重要农产品生产保护区的指导意见》；同年 9 月，中共中央办公厅、国务院办公厅印发《关于创新体制机制推进农业绿色发展的意见》，明确提出了推进农业绿色发展的目标任务、实现途径和保障措施。

五是完善财政和金融支持体系。2016 年，国家将种粮农民直接补贴、农作物良种补贴和农资综合补贴合并为农业支持保护补贴，用于支持耕地地力保护和粮食适度规模经营；2017 年，国家出台大豆目标价格政策，对大豆实行市场化收购加补贴的新机制，并提出分阶段对涉农资金进行统筹整合；2018 年开始，国家对补贴范围内农机具实行敞开补贴。此外，国务院还要求大型商业银行设立普惠金融事业部，服务"三农"。

# 第二节　新时期农业农村改革的重点与难点

党的十九大在总结国内外城乡发展经验基础上，着眼于当前城乡关系发展实际和未来城乡发展趋势，提出实施乡村振兴战略、建立健全城乡融合发展体制机制和政策体系。对于乡村振兴离不开对城乡关系发展的理解和认知，从城乡二元结构形成与发展，到党的十六大提出统筹城乡发展、党的十七大提出城乡发展一体化，我国进入城乡融合发展的新历史阶段，对于如何推动乡村振兴发展战略，应该把握住城乡融合发展的主要特征，也就是"不同"与"同"两个关键，一是"不同"，城乡融合发展不是城乡一样发展、一齐发展，即使进入城乡高度融合的发展阶段，城乡之间的差距、不同乡村之间的差距仍然是存在的，但是，这种差距主要是基于区位条件、人力资本等因素的客观差距，而不是城乡身份、所有制身份导致的制度性差距；二是"同"，城乡融合发展是将城市和乡村放在平等的地位，全面推动城乡经济、社会、文化、生态、治理等领域的制度并轨、体制统一，加快城乡要素市场一体化，让公共资源在城乡之间均衡配置，生产要素在城乡之间双向流动，生产力在城乡之间合理布局，治理资源在城乡之间科学调配，充分发挥城乡各自的功能，形成工农互促、城乡互补、全面融合、共同繁荣的新型城乡关系。

在此大背景下，农业农村改革迎来了新的历史机遇，也面临着新的问题和挑战，一方面，乡村振兴战略的实施为农业农村领域带来了政策利好和制度红利，城乡融合发展的客观需求要求乡村城市空间经济单元充分发展，以破解当前我国经济社会整体发展不平衡不充分的主要矛盾；另一方面，随着"双循环"新格局的加快构建以及农业科技的快速发展，对于农业发展方式转变、农业经营体制改革、农业社会化服务能力提升等问题提出了新的要求，这些也是新时期我国农业农村改革的重点与难点。

## 一　深化农村土地制度改革的难点问题

在推进农业农村现代化发展进程中，农地碎片化和农户经营分散化的问题较为突出，直接影响了农业生产过程中的农地效率和农业可持续发展，也直接影响了农业经营的规模效益和直接效益，而其问题的根源就在于农村土地产权制度的不完善。土地"三权分置"改革后，土地经营权从土地承包经营权中分离，直接促进了农村土地资源要素的效率化流动，也成为巩固农村集体所有制的有效制度创新。

在实际推进过程中，发现了以下三个方面的难点问题。一是对土地经营权的性质没有明确，从土地的产权上看，农村土地的所有权属于村集体，农户拥有使用权，此种使用权属于用益物权，而从农户承包经营权中分离出的土地经营权，其权利是属于用益物权和债权型利用权，这在政策文件和法律条文中还没有明确界定，这给土地经营权的实际流转带来了不确定性。二是集体所有制下的承包经营制度存在多样化的特征，2019 年颁布的《中共中央、国务院关于保持土地承包关系稳定并长久不变的意见》明确指出"稳定土地承包关系，第二轮土地承包到期后应坚持延包原则，不得将承包地打乱重分，确保绝大多数农户原有承包地继续保持稳定"，但是在实际推进过程中，村集体就会面临承包到户还是统一经营，承包到户后如何调整，调整的频率和办法又是什么等现实问题，这些方面都需要政策和法律进一步明确。三是承包经营权的期限问题，由于现代农业具有投资大、周期长等特征，稳定的经营权会有效降低农业投资的风险，但是在现有制度框架下，承包经营权流转期限和流转方式都受到限制，经营者在根据市场情况作相应经营调整时面临诸多困难，而经营权期限的问题也间接造成了农业区位条件较好的地区农业过度化经营，农业区位较差的地区土地撂荒的现象。

## 二　深化农村集体产权制度改革的难点问题

农村集体产权制度改革对于发展壮大农村集体经济，发挥农村集体经济组织社会化服务功能具有重要影响作用。从发展历程看，家庭联产承包责任制实施后，家庭农户"分"的功能整体上要大于农村集体经济组织"统"的功能，在一定程度上造成了农村集体经济组织的薄弱和涣散，党的十八明确提出"建立归属清晰、权能完整、流转顺畅、保护严格的农村集体产权制度"，随后集体经营性资产产权制度改革逐步推开，将农村集体经营性资产以股份或者份额的形式量化到本集体成员，成为其参加集体收益分配的基本依据。

在实际推进过程中，发现以下三个方面的难点问题。一是集体股股权设置的问题，在农村集体经济发展较好的地区，改革前便有普遍设置集体股以维持村级组织运转、发展村公益事业和公共服务的情况，但是集体股产权的不明确，给资产监管带来了很大难度，也成为村干部腐败和村矛盾纠纷的主要问题。因而《关于稳步推进农村集体产权制度改革的意见》指出"股权设置应以成员股为主，是否设置集体股由本集体经济组织成员民主讨论决定"，这一意见的出台导致多数参与集体经营性资产产权制度改革的村都设置了集体股，而且集体股的比例往往较高，一定程度上影响了农民参与改革的热情。二是个别地区股份并未成为农民参与集体收益分配的依据，我国的集体经营性资产产权制度改革最早是在城中村、城郊村和经济发达村开展的，随后根据群众意愿和要求在村集体经济相对较为薄弱的地区展开，但城中村、城郊村和经济发达村往往拥有数额较大的经营性资产，一直存在归属不明晰、经营收益不清、分配过程不公开、分配权益缺乏保障等问题，虽然一些地区集体经营性资产产权制度改革顺利完成，但集体资产的经营方式和分配方式没有发生根本性变化，因而集体成员的收益权并未得到有效保障。三是集体资产股份的完整权还存在障碍，在集体经营性资产产权制度改革试点推进过程中，普遍赋予了集体成员股份占有权和收益权，但在退出、抵押、担保、继承等权责赋予上普遍存在问题和障碍，比如在股权退出方面，一则股权预期收益不确定，很难对股权价值进行界定；二则村集体经济缺少流动资金往往不能对退出股权形成回购，这些都是下一步深化改革中需要重点考虑的问题。

### 三 深化农村社会保障制度改革的难点问题

党的十六大以后，农村社会事业发展迅速，但城乡公共服务在制度上是分割的，城乡要素市场一体化的进程比较缓慢，因而，党的十八大提出推动城乡发展一体化，形成以工促农、以城带乡、工农互惠、城乡一体的新型城乡关系，此后以土地为核心的城乡要素市场一体化改革开始推进，城乡公共服务制度开始并轨。当前，我国针对农村人口的社会保障制度体系已经基本建立，城乡居民医疗保险、养老保险和社会救助制度实现了地域性全覆盖和应保人口全覆盖，在抑制农民因病致贫、因病返贫现象，缓解农村人口生活压力，改善农村居民代际关系等方面发挥了积极作用。

在实际推进过程中，发现以下三个方面的难点问题。一是保障水平仍待提升，以城乡居民医疗保险为例，医疗保险基金通常是在行政区划范围内执行防范群体疾病风险、以收定支的制度，将城乡居民缴费总额、集体补助和政府补贴合计形成医疗保险基金，行政部门根据医疗保险基金规模，结合往年疾病发生率及医疗费用，确定第二年的医疗保险报销办法，这就造成在财务年度内，上半期的基金使用相对宽松，而到了下半期，基金使用往往处于紧张状态，定点医院也会根据保险基金的总体情况作相应调整，因而会在一定程度上影响医疗保险的保障能力。根据中国社会科学院课题组测算，2018 年城乡居民实际住院费用中，由基金支付的比例为56.1%，而个人支付的比例仍高达 43.9%，对于农村居民来说仍有不小的压力。二是农村社会保障制度所面临的公平性问题，一则农村社会保障水平远低于城镇居民和职工社会保障待遇水平，城乡低保制度仍然是双轨制，农村低保标准低于城镇低保标准；二则农民享受的社会保障待遇水平具有地域差异性，比如城乡居民养老保险方面，2019 年，上海市基础养老金为每人每月 930 元，北京市为 710 元，而中西部的许多省份却低于 100元。三是社会保障的资金管理体系不健全，由于城乡养老保险制度在基金管理和基金可持续方面缺乏有效的保值手段，银行存款利息又一直低于CPI 增长率，因而城乡居民保险基金基本上处于贬值的状态，而资金使用的精准性也存在一定问题，比如现行的低保政策一直存在目标对象不够精准的问题，一些应该享受保障的农民却未得到相应的帮扶，因而在农民缴费能力和缴费意愿的调查中，调查对象对农村社会保障制度不了解，对制度可持续存在疑虑，这在农村社会保障制度的完善过程中值得重视。

## 第三节　新时期深入推进农业农村改革的思考

改革是农业农村发展的根本动力，新时期农业农村发展仍然需要依靠深化改革，要围绕完善农村基本经营制度、制定农村集体经营性建设用地入市配套制度、进一步深化农村宅基地制度改革试点、全面推开农村产权制度改革试点等重点改革任务，持续推进体制机制创新，由此，笔者提出以下思考和建议。

## 一 推动二元土地制度融合

城乡融合发展离不开城乡二元土地制度的融合，城乡二元土地制度的融合是城乡融合发展的重要基础，是建立健全城乡融合发展机制和政策体系的重点，也是实现乡村振兴与农业农村现代化的关键环节。城乡二元土地制度融合要立足于土地所有制二元性和使用权、收益权的二元性，保持土地的所有权差别、融合土地的使用权和收益权差别，淡化土地的城乡二元属性和所有制二元属性，强化土地用途管制制度，实行城乡统一的土地制度。

城乡二元土地制度的融合重点在建设用地上，一方面，要淡化土地的所有制属性和所有权差别，坚持社会主义土地公有制的前提下不拘泥于土地属于国有还是集体所有；另一方面，在淡化土地城乡二元属性和所有制二元属性的同时，要强化土地用途管制制度，更加严格限制农用地转为建设用地，更加把牢农用地转为建设用地的关口，而这个严格主要体现在土地用途管制制度上，而非城乡之间，更不是体现在阻碍城乡土地要素及其他要素自由流动上，城乡之间要实行更加灵活有效、融为一体的土地制度，具体体现在以下五个方面。

一是统一规划制度。在规划上，全国一盘棋，城乡一盘棋，一张蓝图绘到底，加快融合城市和乡村的土地规划、建设规划，要严把土地用途管制关口，对于已经"入关"的建设用地，则要淡化城乡差别，统一规划制度与体制。

二是统一管理制度。统一城乡土地管理制度特别是建设用地管理制度，顺应城镇化发展与乡村振兴的整体需要，统一管理城市和农村土地、国有和集体所有土地，统一管理城市建设用地与农村建设用地，统一管理农村集体经营性建设用地、公益性建设用地和宅基地。

三是统一使用制度。跨越制度因素形成的城乡边界、集体边界，把握城乡发展变化和人口迁徙的长远趋势，以现代化的视角看待城乡居民居住地以及建设用地问题，充分合理地利用好乡村各类闲置建设用地，积极缓解城市建设用地紧张的局面，加快建立统一的城乡住房建设用地制度和城乡统一的人口居住制度。

四是统一入市制度。建立集体土地直接入市与经土地征收后入市并行的建设使用土地来源渠道，统筹集体建设用地直接入市制度与征地制度，统一城乡建设用地入市制度与市场，真正实现同地同权、同等入市，在符合规划和用途管制的前提下，统一将农村集体经营性建设用地以及限制的农村公益性建设用地、闲置宅基地纳入入市范围。

五是统一收益分配制度。在收益分配上，集体土地的使用及收益不能脱离国家的参与和发展独立存在，集体土地产生的收益也应通过税收等方式由国家与全民共享，要制定农村集体建设用地入市税收政策，统一城乡建设用地收益分配制度，统一集体土地增值收益调节金与国有土地出让金政策，建立健全兼顾国家、集体、个人的土地收益分配制度。

## 二　强化农业农村发展的科技支撑

城乡之间发展能力的最大差别主要体现在掌握运用先进科学技术的能力上，科学技术作为生产力中最活跃的因素，直接造成了城乡发展程度的差距，进而形成了城乡发展的二元格局，在城乡融合发展历史阶段，要积极为乡村注入科技要素，使之具备创新发展能力，进而成为缩小城乡发展差距、推动城乡融合发展的重要支撑，具体要做到以下三个方面。

一是以农业农村发展的新需求作为科技创新和推广的目标导向。针对农村一二三产业融合发展、六次产业效应不断显现的趋势，打破传统的工农业和各环节壁垒，推动产业链内各环节的技术衔接配套，实现产业技术体系的集成与创新；针对农业消费升级和产业转型升级需求，探索现代新兴科技对接农业产业和乡村资源，开发传统农业新功能和农村新产业新业态，以新兴科技作为核心内驱力创造新产品和新服务，对接农业农村发展的新需求；针对农村居民追求美好生活的需要，提供适合农村生产生活特点、兼顾简单便捷与经济适用、具备现代化特征又保留乡村原有风格的技术和解决方案，重点在提升农村居民生活水平、改善农村人居环境、保护农村生态环境、推动农业绿色发展等关键环节和重要领域发力，并以此为主线积极开展为农村居民喜闻乐见的科技宣传、科技教育与科技体验。

二是激发乡村内生的科技创新活力。借助城乡融合发展注入乡村新资源，依托农村新产业新业态激发乡村自身创新功能，利用新技术、新模式与乡村本土优质资源相结合，为乡村传统产业注入新内涵、提升附加值，为乡村与农业多功能性提供更多价值实现途径；推动新型农业经营主体创新发展，支持鼓励新型农业经营主体通过自主或委托开展新品种新技术试验和研发创新，通过应用高新技术横向拓展产品服务和纵向延伸产业链；依托乡村自然环境与人文环境的相对比较优势吸引创新产业与创业主体向乡村集聚转移，通过保护乡村生态环境、提升乡村人居环境、推动城乡基础设施联通和公共服务均等化，吸引创新龙头进入并发挥辐射带动功能，不断强化其技术溢出扩散效应。

三是适时创新科技推广模式，发挥农民的主体性与能动性，尽可能地挖掘和利用乡村自有的科技资源，积极拓展科技推广范围，增强农业科技推广的针对性，针对农业质量提升需要推广优质高效、绿色生态农业技术，针对农业产业升级推广全产业链集成技术，针对农村新产业新业态发展需要和农村人居环境改善推广相应的领域前沿技术；积极扩充科技推广的群体，引导高校、科研院所、企业通过实验站、示范区、科研基地、专家大院、科技小园等载体和形式将科技资源带入乡村，调动各类新型经营主体、农业技术员、乡村土专家的积极性，增强科技推广的横向传播与扩散；创新科技推广方式，通过技术专家和农民共同参与研发与实验过程面对面推广技术，通过新型经营主体基于商品与经营过程中的重点环节开展技术培训与实践学习，通过制定和推广技术标准推动全产业链的技术创新与技术采用，通过直接开展技术应用的专业社会化服务让新技术得到标准化、规模化的应用。

### 三 加强城乡教育资源均衡配置

经过多年发展，我国在促进教育公平、推进城乡教育优化配置方面取得了积极的进展，但总体上城乡之间、区域之间、学校之间的教育资源配置仍然不够均衡，办学条件和师资水平还存在一定的差距，特别是城乡居民在"有学上"的问题得到基本解决的基础上，对"上好学"产生了普遍且强烈的需求。因而健全城乡教育公共服务体系，应着力推动城乡义务教育一体化发展，优先发展农村义务教育，提升农村学前教育办学水平，推动高中阶段教育协调特色发展，进一步发展农村职业教育、特殊教育、继续教育和网络教育，增强农村剩余劳动力，特别是妇女科学文化素质和创业就业能力，具体体现在以下几个方面。

一是深入推进城乡义务教育均衡发展，通过教育联盟、集团化办学、大学区制等办学模式改革，有效扩大优质教育资源覆盖面，着力解决城镇学校拥挤的问题、乡村学校分散的问题、教师数量短缺的问题、教学质量偏低的问题。坚持就优与就近相结合的原则，因地制宜，撤建并举，统筹规划布局城乡基础教育学校，进一步优化农村小学布局，科学合理实施农村小学撤并，实施标准化寄宿制学校建设计划，实施农村义务教育营养改善计划，提高农村寄宿制学校保障水平，不断健全义务教育控辍保学制度，确保城乡适龄儿童接受义务教育。

二是统筹城乡义务教育经费保障机制，优先发展农村教育事业，深入实施"义务教育办学模式改革计划"，积极推行"教育集团""联合校""协作校"等城乡教育联合体模式，建立优质教育资源城乡共享机制，加强乡村学校信息化基础设施建设，完善教育信息化发展机制。

三是推进义务教育学校标准化建设，健全完善农村义务教育学校建设和装备基本标准体系，促进教育装备水平持续提升，保障小规模学校信息化设施、音体美设施设备和教学仪器、图书配备，并积极改善生活卫生条件，美化校舍环境，设置符合时代要求的功能性教室。在保障寄宿制学校基本教育教学条件基础上，为开展文体活动提供所必需的场地与设施条件，确保床铺、食堂、饮用水、厕所、浴室等基本生活条件达到国家标准。推动农村学校信息化建设，拓宽乡村教师、学生网络学习空间，让更多优质的教育资源与服务扩大覆盖面。

四是农村学前教育资源普惠性，系统性优化资源配置，将新增学前教育资源重点向城市主城区、城镇、城郊接合部等人口集聚地区和农村地区特别是集中连片贫困地区倾斜，大力发展普惠性幼儿园，新增学前教育资源以举办公办幼儿园和普惠性民办幼儿园为主，进一步提高公办幼儿园提供普惠性学前教育的能力，引导和扶持民办幼儿园提供普惠性服务，推动建立乡村全覆盖、质量有保证、以公办园为主的农村学前教育公共服务体系。加强幼儿园保教队伍建设，推动农村公办幼儿园专任教师纳入编制统一管理，妥善解决现有农村公办幼儿园非在编教师的岗位与待遇问题。

五是完善乡村教师补充机制，加大对农村学校校长和小规模学校教师的培训力度，加强乡村学校音体美、外语、信息技术等师资紧缺学科教师的培养，推进义务教育学校教师"县管校聘"改革，建立统筹规划、统一选拔的乡村教师补充机制，健全师范生公费教育制度，用好"特岗计划"政策，为乡村学校输送优秀高校毕业生。深入推进县管校聘管理改革，推行县域内校长教师交流轮岗，建立完善城乡义务教育学校教职工编制统筹配置机制和跨区域调整机制，推动教师资源向乡村倾斜。

### 四　深化医疗卫生体制改革

医疗卫生服务是城乡公共资源配置的重要组成部分，深化医疗卫生体制改革是推进城乡一体化发展进程的重要环节，必须坚持以人民健康为中心，坚持保基本、强基层、建机制，紧紧围绕把以治病为中心转变为以人民健康为中心，落实预防为主，加强疾病预防和健康促进，紧紧围绕解决看病难、看病贵问题，深化医疗、医保、医药联动改革。从城乡资源配置看，应调整优化医疗资源布局，新设立和搬迁职业院校原则上优先布局在中心城市，将更多三级医院布局在中心城市。此外，要加快补齐农村医疗卫生短板，推动农村医疗卫生资源整合、优化、提升，推进农村医疗卫生服务标准化、规范化、均等化建设，提升农村医疗卫生服务现代化水平，统筹协调城乡医疗卫生事业发展。具体要做到以下几个方面。

一是深化县乡医疗卫生机构一体化改革，不断完善县级医疗集团运行机制，实现县乡医疗卫生机构行政、人员、业务、药品、财务、绩效统一管理，加强县域综合医改立法，推动县级医疗集团实现规范化、标准化、法治化。加快完善区域一体、上下联动、信息互通的新型基层医疗卫生服务体系，建立基层首诊、双向转诊、急慢分治、上下联动的分级诊疗新模式，力争使老百姓在家门口获得均等化、同质化、一体化的卫生健康服务。

二是推进乡村医疗卫生机构标准化建设，重点对规划设置内的乡镇卫生院基础设施、设备提档升级，加强乡镇卫生院基层中医馆建设。大力推进农村健康医疗服务与互联网、大数据、人工智能等先进信息技术融合，拓展预约诊疗、在线支付、智能导医及检查检验信息推送等智慧医疗服务在乡村医疗卫生机构的应用。

三是强化农村医疗卫生防治工作，做好家庭医生签约服务，逐步提高乡村居民健康生活水平。加强慢性病综合防控，大力推进农村地区精神卫生、职业病和重大传染病防治。加强妇幼、老人、残疾人等重点人群健康服务。深化出生缺陷综合防治工作，提高人口素质。加快农村生活饮用水、农村环境卫生监测体系和监测点建设，推进省级健康村试点，建立完善的医疗废弃物收集转运体系。

四是加强基层医生队伍建设，建立符合基层医疗卫生行业特点的人事薪酬制度，健全家庭医生签约服务收付费政策，明确乡村两级的公共卫生任务分工，赋予与乡村医生服务能力相适应的收入水平，改善基层卫生人员职业环境。加强基层卫生人员队伍建设，加大农村乡镇卫生人员定向培养力度，实施基层卫生人员能力提升项目，鼓励大中专医学毕业生到乡村工作，多渠道解决农村医务人员不足问题。

**五　完善农村社会保障制度**

在推进城乡融合发展进程中，完善社会保障制度的重点在于解决社会保障资源总体不足和社会保障资源配置不合理的问题，理清社会保障领域当中的权责关系，明确社会保障领域中政府与市场的关系，从就业保障政策、养老保险制度、医疗保险制度、社会救助体系四个方面整合与优化社会保障体系，全面建成覆盖全民、城乡统筹、权责清晰、保障适度、可持续的多层次社会保障体系，实现社会保障制度在城乡之间、地区之间的无缝衔接，促进跨地区、跨城乡的社会保障均等化，为城乡之间劳动力自由流动以及农业转移人口市民化奠定基础，具体包括以下四个方面。

一是完善就业保障政策。明确政策执行主体，按照就业工作属地管理原则，明确以常住人口为就业保障政策实施基点和根本依据，避免行政政策体系下劳动力输出地与流入地之间权责不分的现象，确保劳动人员能够在常住地获得必要的公共就业服务。强化就业培训，将"阳光工程""雨露计划""星火计划""农村科技培训""新型农民科技培训工程"等种类繁多的就业培训项目整合为农村劳动力培训计划,在一个统一的框架下设置课程、统计数据,满足不同人员的就业培训需求,同时注重以企业为依托,强化分行业、分工种的定向培训,提升就业培训的质量和效果。加强财政就业专项资金和失业保障基金之间的统筹协调,优先使用财政就业专项基金来满足促进就业支出的需要,避免失业保险基金对财政专项资金支出造成冲抵,强化失业保险基金保障失业人员基本生活的政策目标。

二是完善养老保险制度。进一步完善城乡居民基本养老保险制度,加快建立城乡居民基本养老保险待遇确定和基础养老金标准正常调整机制。实行基本养老保险基金中央统收统支,通过编制全国基本养老保险基金收支预算,对整个基本养老保险基金实行全国统筹,统一单位缴费比例、统一缴费基数核定办法、统一养老金计发和调整办法。整合基本养老保险经办机构,负责具体经办参保信息管理、缴费记账、待遇发放等事务。推进社会保险信息化建设,通过强化社会保险信息系统建设,打造社会保险公共服务平台,在中央与地方、部门与部门之间形成信息数据互联互通,实时掌握养老保险基金收支情况,防范基金收支风险。科学合理调整职工养老保险费率,适度降低参保门槛,减轻企业负担,提升企业综合竞争力,从而为解决农民工社会保障缺位问题、促进城乡社会保障统筹发展创造条件。推动农村医养结合发展,提高乡村卫生服务机构为老年人提供医疗保健服务的能力,支持主要面向失能、半失能老年人的养老院、医养结合设施、农村幸福院等养老服务设施建设运营,增加护理型床位和设施设备,提升供养服务机构托底保障能力和服务水平。

三是推进医疗保险制度改革。坚持应保尽保、保障基本,促进公平、筑牢底线,增强对贫困群众基础性、兜底性保障。坚持和完善覆盖全民、依法参加的基本医疗制度和政策体系,职工和城乡居民分类保障,待遇与缴费挂钩,基金分别建账,分账核算。统一基本医疗保险统筹层次、医保目录和规范医保支付政策确定办法。逐步将门诊医疗费用纳入基本医疗保险统筹基金支付范围,改革职工基本医疗保险个人账户,建立健全门诊共济保障机制。按照制度政策统一、基金统收统支、管理服务一体的标准,全面做实基本医疗保险地级市统筹。探索推进地级市以下医疗保障部门垂直管理。鼓励有条件的地区按照分级管理、责任共担、统筹调剂、预算考核的思路，推进省级统筹。加强医疗救助基金管理，促进医疗救助统筹层次与基本医疗保险统筹层次相协调，提高救助资金使用效率，最大限度惠及贫困群众。推进医疗保障公共服务标准化与规范化，实现医疗保障一站式服务、一窗口办理、一单制结算，主动适应人口流动需要，做好各类人群参保和医保关系跨地区转移接续，加快完善异地就医直接结算服务。

四是统筹城乡社会救助体系，推进低保制度城乡统筹发展，健全低保标准动态调整机制。全面实施特困人员救助供养制度，提升托底保障能力和服务质量。建立健全农村留守儿童、妇女、老人"三留守"人员基础信息台账，组织开展摸底工作，实行动态管理。加快建立"三留守"关爱服务体系，完善支持政策措施，建立以维护合法权益为主的社会服务组织，提供生活保障、教育就业、医疗康复、精神慰藉、紧急救援、法律援助等专业化服务。健全基层组织关爱服务制度机制，扩大"童伴计划"实施覆盖面，鼓励村妇女主任、心理咨询专职教师、社会志愿者等群体为留守人员提供专兼职服务。加强和改善农村残疾人服务，将残疾人普遍纳入社会保障体系予以保障和扶持。

### 六　促进城乡社会治理创新发展

未来劳动力城乡之间跨区域流动仍然是我国人口迁移的主要形式，由于城市群较为集中的东部地区在教育、医疗、养老、社保等公共服务方面更加完善和优越，人口依然会继续由中西部城镇、乡村向东部沿海地区流动，人力资本影响下的公共服务差异过大将成为大量人口单向流动的主要原因，因而，要加快推进城乡之间公共服务建设的均等化，这就需要优化公共财政支出结构，促进社会治理创新发展。具体要做到以下五个方面。

一是加强社会治理顶层设计，确立矛盾预防导向的社会治理思路，着重处理好经济发展与社会治理、市场改革与社会保障、社会治理与社会事业、社会秩序与社会活力、政法系统管控与民生系统服务的关系，加强组织协调与统筹部署。引导从保障与改善民生方面化解社会矛盾，在着力回应民生关切、化解民生风险、引导民生预期过程中维护社会稳定。

二是引导多元主体完善多层次的社会保障体系，高度关注和重视社会保障体系自身存在的社会风险，定期检测各地养老、医疗保险基金的收支平衡状况，不断根据人口老龄化、高龄化、城镇化、少子化等新形势，预测其对社会保障和财政支出体系可能造成的冲击，提前做好预案；此外，要鼓励社会力量发展商业保险、志愿服务、互助保险与服务，引导城乡居民合理规划。

三是通过财政杠杆充分激发社会活力，重点加大社区治理能力建设与社区服务方面的财政支出，从单纯政府投入转向多元共建共享，大力发展和引导合理使用社区基金会、社区公益基金、物业维修基金，推广公益创投等多元共建创新模式。

四是分领域分事项合理划分中央与地方的社会治理事权以及财权，充分调动中央与地方的积极性，对于网络安全、食品安全、药品安全等外部性较强的领域与事项，加大中央的支出与事权责任，更好地统筹推动，充分避免过度分权导致的治理低效甚至无效。

五是强化社会治理的成本意识及产出意识，加强社会治理领域财政支出预算管理，增加社会治理各类别、各部门财政资金使用的透明度，在合理监管下提升资金使用效率；注重城乡社会治理在人力、财力、物力等方面的数据库建设，借助移动互联网、大数据、区块链等技术，提升城乡社会治理的统计、管理、分析与预测能力，加快推进城乡社会治理体系、社会治理能力的一体化、现代化。

# 第九章　乡村振兴的国际经验与启示

中国在改革开放后的快速发展进程中，城乡生存与发展产生巨大落差与不平衡。不少国家在工业化、城镇化加速推进中，也都经历了从城乡二元对立到城乡一体、乡村由衰弱走向复兴的演变过程。科学总结和借鉴其他国家乡村发展振兴的有益经验，对于探寻我国乡村振兴的可持续发展道路具有重要的启发价值。其中，美国、法国、德国都是工业化、城镇化和农业现代化先行国家，目前已经实现农业经营专业化，对我国创新农业发展模式、优化农业组织形式、完善农业法律法规制度、推动农业产业结构调整具有重要意义。而日本和韩国在资源禀赋、发展条件、农业特征、历史文化等方面与中国有一定的相似性，走出了一条鲜明的特色乡村振兴之路，其经验对我国推动乡村实现"农业强、农村美、农民富"具有一定借鉴意义。

## 第一节　日本：特色发展的经验与启示

日本乡村振兴走出了一条特色发展的道路，在发展特色农业、三次产业融合和新农村建设方面制定了一系列行之有效的政策并取得了显著成效，用30多年时间实现了农业与农村现代化，日本农村振兴运动的经验与教训对我国具有重要启示。

### 一　因地制宜发展特色农业

因地制宜型模式是指在乡村治理中，以挖掘本地资源、尊重地方特色为典型特征，通过因地制宜地利用乡村资源来发展和推动农村建设，实现乡村的可持续发展。随着日本工业化、城镇化发展加速，城乡之间差距不断扩大，多种模式的乡村振兴随之展开。日本因地制宜的发展模式，主要以"立足本地、放眼世界，独立自主、锐意创新，培养人才、面向未来"为基本理念，通过开发特色产品、拓展产业链、产业链技术培训、打造知名度，综合推进整个产业发展，形成"一村一品"的发展模式。各地打造出水产品产业基地、香菇产业基地、牛产业基地等专业化生产和深加工基地，比较知名的案例有大分县的畜牧综合产业基地和马路村的柚子综合产业基地等。

### （一）大分县：休闲需求带动的畜牧综合产业

20 世纪 70 年代末，日本正处在迅速工业化、城镇化的过程中，位于日本东南的大分县，林地和山地占全县总面积的 70%，经济发展相对缓慢，农村一度陷入萎缩凋敝状态。为扭转大分县农村人才短缺、资本外流、产业萎缩的局面，振兴经济、提高农村地区活力，1979 年日本大分县前知事平松守彦率先在全国发起了立足乡土、自立自主、面向未来的造村运动，形成了"一村一品"的发展计划。

大分县以"肉牛认养""品牛喊叫大赛"为主要抓手开启了优质畜牧产品"丰后牛"的发展计划，在畜牧业和畜牧加工的基础上，借助体验将畜牧业转化为休闲旅游产业。为了有效利用原先饲养耕牛留下来的大片草地，当地人自发开展了"肉牛认养"运动，以 20 万日元为一个认养单位，吸引居住在大都市的居民认养肉牛，并将当地的特色产品作为利息每年寄给认养肉牛的主人。此后，这种认养活动逐渐壮大，并发展为一年一度的"品尝肥牛大喊大叫大会"。每年秋天，饲养肉牛的农家邀请认养肉牛的主人（可以带小孩和朋友参加，实行人数限定收费制）到牧场来欢聚，现场烧烤品尝牛肉。酒足饭饱之后，再根据抽签选出 100 人依次向着蓝天在噪音测定器跟前大喊大叫，把自己平常不敢、不愿说的一些心愿、牢骚、不满等喊出来。根据噪音大小、喊叫的内容是否独特有趣等评选优胜者，发给奖品。凡聚会参与者都可以通过抽奖获得奖品，奖品是当地产的葡萄酒、调味品、大米、烧酒以及当地的酒店住宿打折券等实用的东西。活动通常持续一周左右。由此当地的畜牧业得到发展，闲置的草地得到了再利用，旅游业的发展得到了促进，当地农产品也打开了销路。目前，大分县已培育出具有当地特色的产品 300 多种，总产值达到十多亿美元。

在大分县产业培育过程中，政府并不对特色产品的创造进行干预，但是会提供技术、研发的支持，为县内产品的销售拓宽渠道，培训相关人才等。大分县的乡村振兴不是纯粹依靠政府补助和行政主导，而是充分依靠当地居民的力量，居民要有自立自主的意识。大分县在"一村一品"发展模式中采取的具体措施如下：一是设立大分县农业技术中心、大分县畜产试验场、大分县农水产物加工综合指导中心、大分县海洋水产研究中心、大分县产业科学技术中心等设施，为县民提供生产、技术、研发等方面的支持；二是在日本各地举办大分物产展，在国外设立柜台，开拓销路；三是成立"建设丰饶的家乡"塾，分为商业、文化创造、IT、林业经营、牛肉生产、菌菇培育、渔业、经济、环保、国际交流、志愿者、女性自立等各个分支；四是每年对8个案例（或团体）进行表彰。①

**（二）马路村：打造农产品加工业竞争力和乡土情结深度体验**

日本高知县马路村是日本最美村落之一，地理位置偏远，海拔1000米以上，山地峡谷地貌，森林覆盖率高达96%。原先由于地理位置不佳，产业比较缺乏。后来生态立法的限制，让以伐木为生的马路村没了经济来源，大多数村民外出谋生。采用"一村一品"发展模式后，在特色农业发展模式助力下，实现了年入2亿元产值，马路村也成为日本鼎鼎有名的富裕村。

马路村以"柚子"为切入点，一方面发展柚子的二次加工，另一方面紧抓"乡恋"情结发展文化产业。马路村山高、林深、雨多、人烟稀少，水源无污染，所产柚子的营养成分要比市场上其他柚子高很多，但是由于外观不好一直无法作为水果投放市场。从1975年开始，马路村通过加工柚子果汁、果酱走上了快速发展的道路。如今，为不断提高柚子产业的附加值，加工产品种类仍在拓展。除食品外，马路村还建立了一座完全以柚子加工废弃物为原料的化妆品工厂，通过与科研机构合作，已开发出柚子香皂、化妆水等护肤产品。马路村将单品做到极致，形成有核心竞争力的农特产品，已实现柚子的生产、加工、销售一条龙作业，并以柚子为核心，打造了一个产品生态圈。除了产品的生产外，马路村在营销上有着明确的品牌意识，广告、照片、海报甚至销售用的小册子，都有着统一的文字和

---

① 黄吉：《国外文化精准扶贫案例之日本大分县"一村一品"运动》，http://www. istis. sh. cn/list/list. aspx? id = 10625，2017 - 5 - 23/2021 - 06 - 15。

宣传口号。

马路村用"土气"勾起日本人的乡恋。前往马路村的游客除了购买柚子产品,还可以做柚子料理,洗柚子浴,将乡村情怀体验到极致。马路村设立了"特别村民制度",面向全球粉丝在线申请。回到马路村只要出示居民证,随时可以去村长办公室和村长聊天喝柚子汁,听听村庄最近发生的事情。通过持续的互动,铁杆粉丝深刻地感受到自己就是马路村的一员,产生了马路村的故乡情结。截至2016年底,马路村已经登记一万多名来自全球的"特别村民"。另外,马路村大力宣传深山居住之乐,充分享受大自然恩惠的山村生活模式,并把它提升到文化高度来对待,吸引了一批志愿者前来体验山村生活,参与山村振兴活动。马路村如今每年要接待大量参观者,有许多来自城市的年轻人选择到马路村村办企业就职,给小山村发展注入极大活力。

## 二 乡村一二三产业融合发展

日本人口老龄化和贸易自由化对农业农村的冲击巨大,为缓解这种矛盾冲突,在新的健康理念和消费观念的指引下,日本农村逐渐实施以增加农业附加值为目标的一二三产业融合发展的路径。

### (一)基本概况

日本人口稠密、耕地稀少,二战后经济得到发展、农民收入不断提高,农林牧渔业均衡发展。但此后,城市化进程加剧、少子化老龄化的趋势显现,导致农村劳动力数量和质量降低,农地弃耕和农业后继无人的问题凸显,农村地区日益缺乏活力。同时,日本贸易自由化的深化和农产品进口压力的加大,进一步加剧了日本农业的危机,影响农户农业收入的增长。另外,一种新的农业需求趋势开始显现。随着收入水平的提高,饮食健康、消费安全和消费体验越来越受到重视,农业需求结构的变化为来源可追溯农产品销售和乡村旅游等提供了市场空间,这也为农村一二三产业融合提供了发展空间。

在此背景下,日本在20世纪80年代初提出了"地产地销",依据当地需求组织生产并在当地销售,取得了一定效果;1999年日本将维持自给率水平作为基本方针,实现农业的多功能发展、可持续发展和城乡协调发展。20 世纪 90 年代中期，日本学者今村奈良臣提出了"六次产业化"发展理念，采取产业链整合的方式，解决分散在流通、加工等环节的农产品消费端和生产端巨大的价值差，将农产品加工、农资制造、农产品和农资流通以及农业旅游业纳入农业产业链中，促进基于产业链延伸和产业范围拓展的一二三产业融合发展，增加更多就业岗位，为农村留存更多附加值。2010 年，《六次产业化·地产地消法》的制定，标志着"六次产业化"战略正式实施，促进农产品在生产地的加工、利用和消费。

"六次产业化"的核心内容是促进"地产地消"，强调深入挖掘地域资源、开发核心产业，通过"引入替代"和"输出替代"，即用本地食品和农产品原料代替外地引入，以加工产品输出代替原料产品输出，将农业相关的工商活动内化于乡村地域系统，最大限度将利润保留在本地，从而激发农村经济社会发展活力、提高农民收入。从产业形态来看主要有三类：一是产地直销型，由产地生产组织自行建立直销点销售；二是产地加工型，利用本地农产品发展农副产品加工业；三是旅游消费型，发展乡村文化体验和观光旅游。

**（二）具体举措**

日本六次产业化发展主要从以下几方面入手。

一是促进农工商合作。以《农工商合作促进法》为基础，通过共同的新产品开发、生产或需求拓展、新劳务开发等事业，提高农林渔业开发利用水平，并规定合作中工商业的出资股份不能超过 49%，以此帮助当地经营者成长壮大并保障其利益。

二是促进产业融合和地产地消。支持农业生产者延伸农业产业链和价值链，充分挖掘本地农业资源价值，促进当地农产品更大程度地在当地消费和利用。实行以直销所为核心的流通模式，采取会员制和委托经营的方式，与农户和消费者直接对接。直销所与地域内的学校、幼儿园、保育园、医院、福利院等集中消费机构开展合作，供应当地农产品。

三是培育多元化经营主体。单靠农业生产者自身发展"六次产业化"将非常缓慢，需要多元化主体参与来推进。日本"六次产业化"有五类经营主体，分别为农业生产者主导型、社区主导型、企业主导型、自治体主导型和农工商连带型。其中，社区主导型是以难以从事农业生产的留守妇女和老年人为经营主体，自治体主导型是以农协为主导进行农产品加工、地域品牌培育、拓展市场等，而农工商连带型是由农业生产者联合食品加工及流通企业共同成为经营主体，是推进"六次产业化"最普遍和最有效的形式。农工商共同体助力农业经营者成长，提供相关信息和创新支持，而非工商资本兼并农业。

四是促进农业创新。《六次产业化·地产地消法》明确提出支持以农林水产品为原料开发新产品、新市场以及引进和推广新技术。日本农林水产省制定了"农林水产技术基本研究计划"，明确了对革新性技术的研究开发、技术推广与产业化以及知识产权的保护和使用的支持，并提出发展农村生物能源。

五是加强制度和资金支持。在管理组织方面，自上而下成立"六次产业化"战略推进组织机构，各都道府县吸收农政局、经济产业局、财务局、运输局、农协、工商团体以及推广组织等组建"六次产业化·地产地消推进委员会"，确保战略落实。通过三类举措进行资金支持：第一，加大政策补助力度，对新产品开发和新市场销路开拓等支出的补助提高到费用的 2/3，对新的加工、销售所需要的设施购置与建设支出给予 1/2 的补助；第二，贷款优惠政策，对经过认定的农民和企业关于六次产业的经营改善计划，可提高无息农业改良贷款年限和额度，最高可贷 7.2 亿日元，最长期限达 12 年；第三，设立农林渔业成长产业化基金，通过政策补助金、"劣后"贷款（没有优先还债义务的贷款方式）、股权投资等形式支持农民投资"六次产业化"，最高可将经营资本分别扩大到自有资本的 2 倍、5 倍和 20 倍。

### 三 乡村建设与协调发展

日本的乡村建设大体经历了三个逐步发展的阶段，各阶段乡村建设在推进中注重经济与社会的协调发展，实现了农村美、农业强、农民富的多重目标。

**（一）乡村建设的初始积累阶段（二战结束到 20 世纪 60 年代），以农业产业化、工农协调发展为特色**

1955 年，针对当时日本农民收入低、农村基础设施落后、农民流失严重等问题，日本政府提出"新农村建设构想"，强调发挥农民自主性和创造性，完善农业基础设施，推进农民合作，提高经营水平：政府相继颁布《农业基本法》《农业协同组合法》《土地改良法》《农地法》等专门法律，确立了农业协同组合制度。"农协"组织使得农民有了"发言人"，农产品有组织、有计划地销售，利润得以提升。农民通过扩大土地经营规模、合并村镇、集中生产发展，劳动生产率大幅提高。在政策法规引导、政府投资、免息或低息贷款和直接补贴等多种形式支持下，农村地区的金融、教育等资源得到整合，农业农村发展、基础设施建设加速，农民增收显著。

20世纪60年代，日本农村面临内外部两种困境：内部，工业经济迅猛发展，农村青壮年劳动力大量流入城市，工农收入和城乡差距逐渐拉大，农村设施和发展条件落后；外部，面临被迫向欧美国家开放农产品市场的竞争压力。1967年，日本政府提出"经济社会发展计划"，聚焦新农村建设实行综合农业政策，注重农村造血功能培育与人居品质提升，推动农业农村现代化，目的是推进产业均衡发展、缩小城乡差距以及适应国际化经济发展趋势、消除环境污染等。为此，日本成立专门机构规划农村水利建设等工作促进农业经营现代化，加大对农村教育、医疗、社会保障、人居环境等方面的投资以提高人居生活质量，颁布了《农村工业引进法》等法律，鼓励工业向农村产业园转移，推动农村劳动力就地就业，一系列举措大大加快了日本农业农村现代化进程。

**（二）乡村建设快速发展阶段（20世纪70年代末至20世纪末），以自下而上的乡村治理和三次产业融合发展为特色**

工业化城镇化的快速推进，带来农村人口锐减、农业不振、农村文化传统衰退，重振农村成为重要议题。此外，受石油危机影响，各级财政吃紧，选择"自下而上"的造村运动，可以在不消耗大量能源和财政资金的前提下实现乡村的自我完善和发展。日本《地方自治法》赋予了地方更高的自由度，各地根据自身条件开展了各式各样的乡村振兴运动，即以强化农村磁场为理念的"造村运动"，其中以1979年始于大分县的"一村一品"运动最为著名。这一时期的新农村建设重点围绕产业基地建设和地理品牌培育开发地域农特产品，并发展以农林牧渔产品及其加工品为原料的大规模、专业化工业生产。此外，日本还重视发挥农协经营指导职能，加大农业政策性金融支持，注重人才培养，以便实现系统化可持续的生产经营。此后，随着乡村经济发展和居民收入水平的提高，农业需求结构发生了变化，城乡融合加速。日本在巩固农业生产基础上，强化基础设施建设，加大乡村旅游开发力度。城乡差距不断缩小，乡村旅游规模逐渐增大。乡村建设使得农用地分布规则，土地流转方式宽松和自由化，农业、农村、农民有了集体组织，增强了话语权，地方自治灵活化，农业生产开始转向规模化，一二三产业实现融合发展，乡村振兴初见成效。

**（三）乡村建设的可持续发展阶段（21世纪以来），以发展农业循环经济、提高农业竞争力为特色**

这一阶段强调提高农业发展质量，注重绿色化、品牌化和产业链升级，提高农民养老福利，扩充农业经营队伍。日本发布《循环型社会形成推进基本法》《日本生物资源综合战略》，建立了发展农业循环经济的基本思路；发布《家畜排泄物法》《可持续水产养殖法》《农林水产省的生物多样性策略》，保护乡村地区生物多样性；实施《肥料管理法》《农业环境规范》《有机农业促进法》，推动有机农业发展；逐步降低了农业生产活动的准入门槛，推动更多公司法人进入农业生产部门；提高农民的养老福利，壮大农业经营者队伍；出台《地理标志法》，保护地区农产品品牌，提高农产品附加值；出台《农业竞争力强化支援法》，促进了农业产业链条的升级优化，向乡村进一步引进第二、三产业。通过一系列举措，实现了农业平稳增长和乡村地区可持续发展。

在日本的乡村建设中，政府主动介入且积极参与。第一阶段属于政府主导型，第二阶段政府也发挥了重要引导作用，第三阶段实现了政府、社会力量和农民主体的良性互动。日本政府身兼推动者、引导者和服务者三重角色，持续颁布和完善相关法律与政策，建立了农民充分参与规划制度、农业现代化补助资金制度、城乡互助和城乡交流制度、农业农村防灾救灾保险制度等若干法律制度依据。在基础设施建设、农技推广等方面提供强有力的财政支持，为乡村发展设立专门机构、提供专业规划，构建层次分明的培训体系，充分发挥农合基层组织作用，充分调动农民生产积极性，增强了农民自主意识和自我发展能力。日本的乡村建设为农业生产和农村发展提供了组织优势、文化优势、环境优势和制度优势，为乡村振兴和农业现代化的发展奠定了坚实基础。

### 四　日本乡村振兴的启示

我国与日本农业经营结构相近，文化背景相似，日本在推进乡村振兴方面积累的经验对于我国乡村振兴具有重要意义，其启示如下。

一是政府主导与农民主体相结合推进乡村振兴。日本政府在乡村建设的不同阶段发挥着重要的引导服务作用，在政策制定、实施、监管各个环节充分重视农民主体地位。在"造村运动"和"六次产业化"的过程中，尊重农民首创精神和主人翁意识，充分发挥农民自主性和积极性，实现了政府、社会力量和农民主体的良性互动。比如日本建立了农村公共服务资金投入长效机制，将政府财政补贴和奖励资金与村民自筹资金配套，并提供低息贷款和价格补贴等支持引导农民增加对农村公路、桥梁、电网、农田水利、垃圾处理等基础设施建设和生态环境治理投入。我们应积极借鉴日本的经验，明确乡村振兴中政府扮演推动者、引导者和服务者三重角色，在土地资源整合、基础设施建设、涉农投资建设、培训教育等方面发挥主要推动作用，通过政策法规制定、机构设立、专业规划、发展模式等做出方向性引导，为广大农民、涉农组织提供相应服务，不断完善以农民为主体的政策实施机制，促进乡村自治水平和自我发展能力的提高。

二是以特色农业和三次产业融合构建乡村产业振兴路径。日本因地制宜的特色农业发展中，由当地农民主导、当地农民参与、当地农民获益，选择符合本地特色和市场化需求的主导产业和主要产品，明确用户、市场和营销手段，打造鲜明的地域标识。我国发展特色农业应借鉴日本经验，明确主要发展方向，注重高质量、标准化、品牌化，重视人才创意、激发农民主动性，强化商业思维，以农民及农业综合经营体系为主体打造核心产品及产业链延伸，建立产业间联系紧密的核心产业体系。

日本在三次产业融合发展中，以"地产地消"为核心，通过"引入替代"和"输出替代"，强化农工商活动合作，最大化将利润留存于本地。我国农业资源禀赋与日本有很多类似之处，但在市场流通和发展空间、城镇化路径方面也有诸多区别，我国应摒弃农业粗放式发展的方式，支持推进农村一二三产业融合，促进农业完善产业链、打造供应链、提升价值链，增强农产品竞争力。重视城乡产业分工，将县城和重点镇、中心村等作为引导农村人口集聚和三次产业融合发展的主要载体，鼓励农村发展农产品初加工、特色加工和旅游消费。政府应从提升市场效应、完善公共设施服务两方面着手制定具体措施，包括加强产业组织协调、加强农业产业化基础设施建设、保障农民权益、加强投融资支持、培养农业经营人才等方面。

三是构建协调发展的全方位乡村振兴。日本的"一村一品""六次产业化"等模式都是以产业振兴为内核，注重加强生产与生活、生态和文化的综合振兴。日本分阶段推进的乡村建设，为农业生产和农村发展提供了组织优势、文化优势、环境优势和制度优势，成为乡村振兴的根基。中国乡村发展应充分发挥农业休闲旅游、文化教育、生态环境保护等多种功能，统筹构建以生活功能为主导、生产功能为驱动、生态功能为保障的"三生"空间，吸引资本、人才向乡村有序流动，实现全方位的乡村振兴。

## 第二节　韩国：自主协同发展的经验与启示

韩国在乡村振兴方面取得举世瞩目的成就，尤其是始于20世纪六七十年代的"新村运动"，受到世界的广泛关注，对韩国乡村振兴的成功因素探究应从国家和乡村两股力量的协同作用入手。乡村内生主体力量的培育和激发是阶段性逐步推进的过程，如何实现一步步深度合作，离不开背后推动机制、产业支撑和完善的政策体系的共同作用。

### 一　农民自主发展的机制构建

韩国自主协同型模式是以创造低成本推动农村跨越式发展的典型模式，以农民自主发展机制为重要推动力。韩国新村运动中，对农民自主发展的机制构建是逐步推进的。

**（一）初期——内生主体力量的激发阶段：国家的试探性动员与社会的有效回应**

20世纪70年代初期，韩国政府发起一场"勤勉、自助、协同"的国民运动，并强调地方官员奉献精神和农民的自助精神同等重要，致力于提高农民生活条件、促进农村现代化建设。为了培养官民之间的协作意识，在新村教育中，基层官员和专家学者与农民同吃、同住、同劳动，不分身份、地位地一起参与讨论培训，倾听群众心声。从 1970 年开始，政府为村民提供免费水泥、钢筋等重要物资，用于公共事业建设，并列出多项建设清单，将项目开展的自主权交给了社区居民，虽然道路建设造成的个人损失都是由村民自愿承担，并以村民集资的方式给予适当补偿，但这项计划还是创造了远远超过政府投入的价值，试探性的动员取得了良好的效果。究其原因，这项计划有良好的官民协作基础，提供了重要稀缺物资补给，能满足村民对改善村庄道路的急迫需求，得到了村民的有力回应。

**（二）中期——内生主体力量的扩展阶段：国家的动员体系成型和社会自主性的扩展**

1974～1976 年，新村运动扩展为全国性的建设活动。政府对新村指导员、国家各级公务员等群体进行了新村教育，动员大学和科研院所科教人员到农村传授文化知识和技术，实行了有差别的农村信贷政策，卓有成效的村庄获得更优惠的政策和贷款利率。这一时期，粮食增产、农民增收显著。1977～1980 年，随着城乡差距缩小、社区经济繁荣发展，畜牧业、农产品加工业、特色农业和农村保险业得到发展，一批农村的文化住宅和农工开发区建设得到支持。

从国家动员体系上来看，则包括引入竞争机制、完善组织体系、强化培训教育、优化组织动员力量。一是实行有差别的资助计划。通过竞争激励、分类推动的方式实行资助计划。为了营造良性的竞争关系，政府根据参与新村运动积极程度将全国的村庄按照一定的标准分为三类——基础村、自助村和自立村，根据村庄第一年的表现决定第二年的资助情况，对表现良好的资助更多，对表现不好的取消资助，这种差异化的资助激励更多村庄成为自立村。二是建立自上而下的组织系统，包括总统的直接激励以及从中央到地方的各级新村运动推进会。中央新村运动推进会由内务部部长担任主席并由相关部门的副部长组成，负责制订年度计划以及中长期计划，阐释和评估新村运动的成效，并解决运动过程中遇到的各种难题。三是建设新村培训中心。围绕着农业技术、农协组织的活动、新农村运动的内容和方法、精神和理念教育、成功案例等对农民和新村领导人开展不同形式的教育培训。

从社会自主性来看,以共同决策、农民参与和所做贡献来激发社会投入热情。一是村级领导体系的形成。在新村运动推行中,政府鼓励村庄组建发展委员会,该委员会承接来自政府的资助并有权决定将资助用于何处。村庄发展委员会一般由 10 名左右的成员组成,由新村领导人、村主任、村庄年长者、优秀的农民组成,此外,还组建了一些新的组织,如青年协会、妇女协会、监察会、村庄信用社等,尽可能将村内的居民都纳入新村运动的组织框架中。二是新村项目开展中的农民参与。新村项目是根据村民的意愿选择的,新村项目的实施是在新村领导人带领下的群策群力。在整个项目的开展中,村庄居民都是积极的行动者,不仅贡献自己的想法,也为项目的开展尽可能提供便利。三是新村项目开展中的农民贡献。包括劳动力付出、土地付出、货币支出等,正是农民的这种积极参与和付出精神推动了新村运动的成功。

**(三) 末期——内生主体力量自主性发展阶段:农村社区的自主性发展和国家动员的相对退位**

经历了将近十年的新村运动,社区居民的自主性得到极大提高,农民的生产生活水平得到很大提高,农民思维观念得到极大转变。随着 1980 年新村运动组织培育法案的通过,政府对于新村运动的动员参与逐步让位于社会民间的自我组织管理,政府制定总体规划、提供资源支持,民间负责新村运动的宣传、培训与信息工作。此后,各种民间文化教育、技术推广机构与农业协会应运而生并繁荣发展,运动理念从农村扩大到城市,内容也变得多样化,农村居民的生活水平逐渐接近城市水平。新村运动开始发展为一种以创建"共同和谐生活"为理念的国民自律,带有文明建设和经济开发的双重特征。

## 二 乡村一二三产业融合发展

韩国作为世界上人均耕地面积最少的国家之一,农民人均年收入已达约 1 万美元,其乡村振兴离不开产业的繁荣。韩国积极借鉴日本"六次产业化"的发展经验,高度重视第一、二、三产业在农村的整合。韩国农村一二三产业融合在政府主导下,通过设立和培育具有各地特色的"农村融复合产业区",一方面以智能农业、共同体农业等巩固农业生产基础;另一方面将农业生产与农产品加工、流通、旅游等产业相融合,构建具有吸引力的现代农村产业体系,引导农户和法人参与,有效提高附加值。在推进中,政府提供基本方向和政策支持,培育了"六次产业化"示范区,包括种植养殖、食品加工、农事体验、主题观光等;负责搭建合作体系和投资公共设施,以具体项目为依托,逐步推进地区内到地区间的合作,促进城乡合作。韩国一二三产业融合发展强调农村地区区域力量和创新能力的增强,注重资源、生态、历史文化、基础设施等产业发展条件,因地制宜创新产业融合发展模式。其产业发展模式可分为产业链延伸型融合、产业交叉型融合、产业技术渗透型融合等。

**(一)柿子村:加工导向的产业链延伸型融合**

产业链延伸型融合模式是指以农业为中心,以农产品的生产加工环节为起点,沿着农业产业链不断向前后延伸的纵向一体化模式。

韩国清道郡以"涩柿子"为研发对象,成立了柿子研究所,形成了从研发、生产、加工到生态旅游的产业间的深度联结和深度融合,创造了"小柿子大价值"。该郡相继生产了柿子醋、柿子茶、柿子功能饮料、柿子冰淇淋、柿子染料等一系列的柿子加工品,形成了特色附加值——每只柿子的利润比中国的生鲜柿子零售价高出一二十倍。柿子供应的大量有机肥料有效改善当地稻田土质,从柿子叶中提取的单宁酸,具有降血脂、降血压、降血糖等功效,柿子叶中还富含维生素 C 及 17 种氨基酸,被制作为茶、功能饮料、药品、洗浴用品及护肤品等。用柿子皮提炼的天然颜料所制作的衣服,也带来了非常可观的收益。此外,当地还打造了全球首个"柿子发酵酒"主题浪漫酒窖。充分利用当地日据时代的废弃隧道,开发集试饮、展销、聚会、文创为一体的柿子酒主题旅游景点,每年吸引大量游客到访。

**(二)芝士村:创意休闲的产业交叉型融合**

产业交叉型融合模式是指农业跨越传统产业边界,与其他产业交叉融合,具备生产、生活、休闲和生态功能的横向一体化模式。

芝士村克服资源匮乏的环境劣势,通过芝士加工和城乡交流实现了产业融合。立足农村产业的加工、流通、销售,开发了一系列与城市交流项目，以拓展销路的方式提高农产品收益，在减少建设、不破坏生态的同时促进了经济的发展。芝士村在大米杂粮种植和乳牛养殖基础上，发展了形式多样的体验活动，如芝士体验馆、芝士工坊及乳产品加工工厂、芝士学习班、比萨体验馆、农特产品卖场、拖拉机体验、喂养山羊体验、磨坊体验等，配套有住宿、饭店基础设施，还定期举办玩偶剧演出、芝士料理大赛、芝士比萨制作大赛等。

芝士村的可持续发展，关键在于运营模式及其培训推广。一是开展了自主自助自立的协同运营模式。芝士村的体验项目分为共同运营和个别经营的项目，形成了自主、自助、自立的协同互助组织。二是将全部营业收入以村发展基金形式投入村庄建设。村发展基金除投入再生产，还用于村内福利事业和其他村庄建设。此外，还开展领导能力、乳产品加工、体验活动组织等方面的专业培训活动。

**（三）高科技农场：ICT 技术导向的产业技术渗透型融合**

产业技术渗透型融合模式是指通过先进技术对农业的渗透、扩散和融合，逐渐模糊和消除各产业之间的边界，催生各种农业新业态的产业融合模式。产业技术包含多种技术，其中，ICT（信息通信技术）农业技术的快速发展，既模糊了一二三产业的边界，又极大地缩短了农业供需双方的距离，由此衍生出精准农业、信息农业等形态。

例如 Bongdong 农场，致力于发展三无（无恶臭、无放流、无污染）绿色农产，建设了智能畜舍及农场。农场设备每天可以分解 40 吨的粪尿，分解结果为液体和固态物，经过净化的液体用于猪圈的清洁，固态物经过处理形成颗粒状有机肥。此外，Bongdong 农场对饲育数据进行分析处理，按季节及各种情况提供最佳养猪环境，大大提高了生产效率。又如从事彩椒种植的 TAMJIN 公司，利用 ICT 技术建立了尖端科技温室，建设了大型、系统的营农设施和发货系统，利用园艺设施环境控制项目，建立了满足顾客要求品质和价格的智能农产。

**三 支农政策法规体系建设与引导**

韩国在乡村振兴中，通过新村运动政策、六次产业化政策、归农归村政策及相关的各项配套支持政策形成共振效应，对人口回流农村、城乡互动、乡村振兴有积极作用，并加强相关领域立法，形成了乡村振兴的持久性、制度性保障。

**（一）政策支农**

韩国政府在新村运动、乡村一二三产业融合和归农归村运动过程中配套了一系列政策，为乡村振兴提供了强大的引导和支持力量。在新村运动中，政府将新村运动的开展成效列为地方政府工作的评价指标，从投融资、基础设施建设、生产性服务和人力资本培育等方面支持乡村振兴，成效不断提升，政策投入也从乡村基础设施等低层次公共产品逐渐向乡村经营模式、流通市场等高层次公共产品演进。在乡村一二三产业融合发展中，政府出台了 86 个金融、建设、教育、外贸、设施、市场、观光、地域开发、研究开发、评价支持等方面的六次产业化支援政策，支持项目包括农食品投资信托模式、马产业专门人才培育项目、视频技能型评价支持及品质技术开发项目、成农交流协力项目等；培育了六次产业化示范区，涉及种植养殖、食品加工、农事体验、主题观光等一二三产业。此后，归农归村政策重在培育乡村人力资本。在城镇化加速、农村劳动人口下降、经济危机等多重因素影响下，韩国出现了较为明显的归农归村潮。政府顺应潮流，出台一系列促进城市人口归农的政策：增列专项经费，对归农归村者定居和创业予以直接和间接的支持；成立专门的一条龙服务机构，负责宣传、信息、培训和适农化服务等；实施差别化的教育培训，内容包括归农政策、土地交易、农作物品种选择和栽培、动物养殖、农机维修、农产品价格等；实施启动引导，为归农归村人员免费配备一名农林渔业专家等，为乡村振兴积累了重要的人力资本。

从具体支持方向来看，在投融资政策方面，韩国政府在乡村振兴方面投入大量资金。1970～1978 年，从中央到地方的投入总额增长了 82 倍，政府筹措资金占乡村总投资额比重最高接近 60%，除个别年份外，其他年份占比均超过 20%。

在基础设施建设方面，韩国政府通过提供基建物资、直接投资等各种方式予以推进。优先发展农村道路和桥梁建设，大力推进河岸整治、水库建设、动力机器推广、农村住房饮水和电气化设施建设等，大幅度提高了农村生产效率和生活质量。比如运用政策性低息贷款支持农民购买拖拉机、联合收割机、插秧机以及谷物烘干机等设备，以及无偿提供水泥、钢筋等基本设施建设物资。支持村会堂、村民会馆、农村医疗诊所建设，用于开展技术培训、本村事务探讨、休闲娱乐、基本医疗服务和健康保健咨询等。

在生产性服务和支持方面，韩国政府通过改进农协服务、实施收入补贴等支持农业发展。农协经过多次调整，形成了相对完善的农民组织体系，通过金融服务功能帮助农民疏通农产品销售渠道、为农民提供信用保证等。大力推广新村金库建设，以相互信任为基础的共同出资制度，在乡村文化教育、技术推广、卫生和社会福利事业等方面发挥着巨大作用。为了促进农民增收，韩国政府实施了一系列的收入补贴政策。比如水稻双重价格政策，通过提高粮食价格和政府高价收购大米、低价卖给城市居民的方式，保障了农民增收。此后，还将双重价格政策扩展到麦类、大豆、玉米等作物，并低价出售化肥以降低农作物生产成本。创设农地抵押制度，由国家农协为经济贫困的农民提供信誉担保和农地抵押。

在人力资本培育方面，通过教育培训政策、妇女政策等充分调动和培育新村建设的力量。一是农村教育政策。颁布了《岛屿、偏僻地区教育振兴法》，教育政策向农村倾斜；修改了《产业教育振兴法》，强制企业参与职业教育；专门设立了新村领导研修院，用于开展新村领导人和社会各界负责人的培训。二是妇女政策。通过制定一系列妇女政策，保障妇女地位、发挥妇女作用；成立妇女协会，遏制农村不良风气、推动妇女参与社会经济活动，如农村必需品销售、新村信用贷款办理等。

**（二）法律保障**

韩国政府坚持"先立法、后改革"的原则，加强相关立法，让农业发展和乡村建设所涉及的各个领域均有法可依，为新村运动顺利开展提供有力的法制保障。韩国针对促进农业农村发展的法律有100多部，包括振兴和开发农村、增加农民收入的《农村振兴法》，允许农民以土地做担保物的《农地担保法》，组织实施农渔民后继者培养计划的《农渔民后继者育成基金法》，促进农地改良、农业振兴公社和包括各类事业实施在内的《农村现代化促进法》，培育农业互助组织的《农业协同组合法》和《农协法》等，为提升农民整体素质、促进乡村可持续发展发挥了重要作用。

### 四　韩国乡村振兴的启示

乡村振兴是我国新时代解决"三农"问题的根本出路，韩国同我国类似，都曾面临城乡发展不协调、农业发展和农村建设滞后等问题。从上述三个方面的经验可以看出，韩国围绕如何振兴乡村提出了一系列解决方案，其取得的丰富经验对我国具有一定启示作用。

一是充分激发农民内生力量是乡村振兴的关键环节。韩国新村运动建立了紧密的官民协作，群众诉求得到充分响应，建立了科学的培训教育体系，组织体系得到完善。在竞争机制激励作用下，村民共同决策、参与项目并做出贡献，各类民间教育、技术推广组织逐步繁荣，韩国乡村振兴的内生主体力量得到充分激发。我们在乡村振兴中应充分重视"人"的作用，将农民利益放在重要地位，优化培训教育，以社会主义核心价值观为引领，尊重农民意愿，充分保障农民的"参与权"，积极打造具有技术和职业技能的职业农民大军、懂经营善管理的创业创新青年人才队伍和懂农业爱农村爱农民的党的"三农"工作干部队伍，充分发挥农村基层党组织的作用，发挥村民自治组织在农村经济、文化教育、民主管理等方面的自我管理和自我服务功能，调动起广大农民的积极性、主动性、创造性，激发乡村振兴的内生动力。

二是选择适合的三产融合模式是解决"三农"问题的重要途径。韩国"柿子村"的特色农产品柿子，具有易腐烂、加工度较高特点，为最大限度地提高柿子加工的附加值，参照微笑曲线增值空间，在深度加工品研发和旅游方面下功夫，大大提高了产品附加值。韩国"芝士村"资源贫乏，可拓展的农业资源有限，采取"追热点"的办法，选取了大众广泛追捧的芝士食品，以芝士食品制作为起点，将乡村体验、旅游休闲与厨艺的玩中学紧密联结起来，形成了特色鲜明的乡村振兴之路。韩国 Bongdong 农场是某著名食品公司旗下的养猪农场，拥有系统管理、先进技术优势，在智能农场、循环利用的理念指导下，大大提高了产品竞争力。我们介绍了韩国乡村一二三产业融合的多种模式，从分析中我们可以看出，不同地区需求不同、特色不同、主体不同，业态选择也不同：有的对原料质量要求高，有的对产前产后服务要求高，有的需要不同主体分享利益，有的则需要合作平台整合资源,等等。在实际借鉴中,对于不同地区、不同主体、不同产业业态有着适合自己特点的模式,需要做详细分析和精准定位。

三是健全顶层设计是乡村振兴的重要保障。韩国"新村运动""归农归村"和一二三产业融合等乡村振兴实践的成功一定程度上得益于科学的顶层设计,制定了完善健全的农业农村法律制度体系、政策体系和规划体系。中国应加强顶层设计,提高政策的协调性、针对性、有效性,促进政策扶持的项目化、法治化。目前,《乡村振兴促进法》(2021年6月施行)的制定为全面实施乡村振兴战略提供重要的法治保障,各级乡村振兴局成为推进乡村振兴的有力抓手,各地乡村振兴研究院的设立将为乡村振兴提供了地方方案,但乡村振兴任重道远,还需要不断完善和细化相关举措办法,要强化乡村振兴顶层设计,建立健全职能明确、运转高效的政府管理长效机制。乡村振兴是产业、人才、文化、生态、组织全方位的振兴,应加快补齐补强短板弱项,发挥好中央和地方、政府和农民的配合作用,在城乡融合发展中振兴乡村,从基础条件改善、主导力量培育等方面给农民提供更多组织性、兜底性、合作性服务,建立技术应用、产业开发、产品营销等方面的帮扶机制,做好脱贫攻坚和乡村振兴的有效衔接,持续促进农民增收。

## 第三节　美国:城乡一体化发展的经验与启示

美国是世界公认的乡村振兴的典范,在乡村发展过程中,其遵循城乡互惠共生原则,以高效农业为基础,以城乡一体化为纽带,以适时调整的政策制度为支撑,通过政府扶持、社会参与和技术援助的手段,实现工业与农业、城市与农村的双赢局面,提高了乡村居民生活质量和经济福祉。

### 一　农业保险与科技助推现代农业发展

美国地域辽阔,拥有土地、草原、气候等发展农业得天独厚的优势条件,是现代化农业发展水平最高的国家,农业的生产方式和生产力水平都处于世界最发达之列。美国农业的高度发达与政府推行的覆盖面广泛的农业保险和先进的农业科技密不可分。

**（一）覆盖面广的农业保险**

农业是自然风险和市场风险交织的高风险产业，农业灾害损失具有面积广、数额巨大的特点，美国很早就认识到发展农业保险的重要性。早在1922 年，美国就着手研究农业保险的政策工具作用，1938 年的《联邦农作物保险法》开启了联邦农业保险，此后历经了起步（1938～1980 年）、缓慢发展（1980～1993 年）和快速发展（1994 年至今）三阶段。起初，农作物保险费率较高，农户参保意愿不强烈。1980 年美国提高了保费补贴，并将私营保险公司纳入农业保险经营体系。此后，1994 年的《克林顿农作物保险改革法》对农业保险做出重大调整，以巨灾保险、附加保险、集体保险和非保险作物保障计划等取代政府救济计划，实施了强制性保险要求，并采取了提高保费补贴、建立多层次保险产品体系、完善保险操作等手段促进农业保险的发展，农户投保的积极性大大提高。

至此，美国逐步建立了"政府主导、商业运营、服务配套"的农业保险"三位一体"模式。美国政府农业保险管理机构是联邦风险管理局和联邦农作物保险公司，负责管理和提供再保险保障。商业运营则来自 19 家实力强、信誉好的商业保险公司，政府通过直接财政补贴、税收优惠、再保险等方式激发保险公司的积极性。服务配套则来自一些与农作物保险密切关联的机构，这些机构由保险从事者（如全国农作物保险服务中心）和代表投保农户利益的组织（如全国农场局联合会）组成，对农作物保险制度的建立或农作物保险运作发挥着积极作用。

目前，美国建立了覆盖农业品种多、覆盖面积大、风险保障水平高的保险体系，涉及大宗农作物、区域性作物、养殖业等各个方面，已有 150 多种农作物被纳入农业保险范畴，可供选择的保险品种超过 300 个。农作物覆盖面积逐年增多，2012 年，玉米、棉花、大豆和小麦四大农作物保险覆盖面积占比超过 85%。风险保障的覆盖范围从自然风险扩展到市场风险，从基于产量转向基于收入，很大程度上降低了农户的经营风险。收入型农业保险通过期货市场的价格发现功能来实现保障，价格变化会对收入造成不确定性影响，以低于一定收入标准作为赔付条件，受到人们普遍认可，逐渐占据主导地位。在保险品种的多样化方面，针对不同区域、不同作物及产业特征、不同投保单位等都设计了满足农场主多层次、多样化需求的保险产品,如畜牧业有植被健康状况保险、降水指数保险等。各个险种功能、价格有所区别,共同帮助农民承担抵御自然及社会风险。比如,美国的巨灾保险属于强制性的,能提供平均产量 50% 的保障力;附加保险最高可获得市场价格 100% 的赔付;区域风险保险则以投保地区的平均产量作为基准进行赔付。据测算,即使出现极端自然灾害,美国农民玉米收入也能获得预期收入的 85%。此外,政府不断完善相关制度和机制,鼓励私营保险公司自主拓展业务,促进激励机制充分发挥,支持农场自主决策,避免发生道德风险。

**(二)科技助推农业现代化**

依靠先进的农业科技,美国农业保持全球竞争优势地位。粮食作物的单产水平显著高于其他国家,主要归功于优良品种、信息智能以及机械、化学方法的作用。在美国农业逐渐走向现代化的一百多年来,农业科技先后经历机械化、化学化、良种化、电脑化和生物工程化发展时期,走向高效、节水、精确的发展道路。美国注重农业科技研发推广,建立了由政府科研机构、州立大学、生物技术公司、农化企业和非营利私立技术机构组成的创新研发体系,技术涵盖了产前、产中和产后全流程,具有更强的针对性和更广的推广范围,通过联合研发、专利授权或转让等方式极大缩短了从基础研究、成果转化到产品上市的周期,减少了研发成本的投入。美国强化技术推广,建立了由联邦、州、县多层次和院校、企业、协会等多主体构成的农业技术推广网络,由推广机构提供完善的网站服务,不同农业领域都能充分享受到公益无偿的信息服务。

美国高效农业发展成就可以概括为几个方面,一是机械化水平不断提高。作为世界上农业机械化和劳动生产率最高的国家,美国早在 20 世纪六七十年代就在粮食生产、经济作物生产的全过程实现机械化,并在设施农业、农产品加工业、农机装备制造业等方面保持全球领先。美国以大规模农场经营为主,75% 的土地集中在少数大型农场主和特大型农场主手中,大农场经营规模一般在 600 公顷以上,农作物生产和收获已实现全面机械化,农机产品实行企业化经营和一条龙服务。农业生产过程中的深松机械、整地机械、播种机械、植保机械、联合作业机械配套齐全,畜产品生产过程中的饲料粉碎机、挤奶机、牛奶保鲜加工成套设备已广泛应用,节水农业中的沟灌、喷灌、滴灌也已普遍应用。二是化学化逐渐规范。美国大量使用化肥、农药（除草剂、杀虫剂）与土壤改良剂等农业化学化的方法，大幅提高产量，是世界上农药使用量最大的国家之一。化学化大大提高美国农业工业化水平的同时，也造成了土壤、水源、大气污染，破坏生态，危害人们的健康。近年来，随着健康环保理念的增强，美国主要通过降低农产品中农药残留限量标准、对农药品种开展再评价等手段来减少或限制农药使用。三是良种化不断发展。20 世纪 70 年代前后，美国开始培育杂交品种以适应不同地区气候和土质的要求，结合核辐射技术和航天工程技术改造，优化种子的遗传基因，使农产品产量与品质大幅度提高，杂交玉米、杂交高粱、杂交棉花、杂交小麦等单位面积产量得到成倍提高，还培育出了许多畜禽良种。同时，农业机械化作业对种子的可靠性要求较高。美国通过加强立法、加强管理监督、鼓励私营公司进入，不断提高良种化水平。四是电脑化智能化逐渐普及。随着计算机技术发展，20 世纪 90 年代，农民开始用土壤采样定位送由专业机构通过计算机分析的专业计算方法，判断出适宜种植作物、化学农药数量，经期后修订与市场修订，计算种植、收获相关参数，不仅能预测未来走势，还能助力政府农业补助决策。美国拥有发达的农业装备制造业，质量好，标准化和通用化程度高，有先进的农机控制预警系统和设备故障预警系统。现代化的卫星通信、遥感技术、激光、计算机、声控等高新技术大量使用，已实现拖拉机等农机的无人驾驶、自动操作、自动监控，自动化和智能化水平不断提高。五是开启了生物工程化新时代。随着基因技术研发的加强，以转基因技术为主的生物工程方法改善了农作物性状。研制出如不易腐烂的转基因西红柿，长肉快、体型大的带牛基因的猪，转基因的抗虫棉花，含淀粉高的土豆和玉米等。尽管关于转基因作物风险持续被关注，但是具有优良性状的转基因食品仍然成为美国人餐桌上的主要食物。

此外，美国还发展了节水农业、精确农业等农业类型。美国的灌溉面积占总耕地的 12.5%，灌溉面积中 43% 采用地面灌溉、50% 采用喷灌、6% 采用滴灌。美国中部灌溉大多采用大面积中轴式移动喷灌方式，机械化程度较高，西南部缺水地区园艺作物主要采用膜下滴灌。另外，利用立体种植模式防止水土流失，运用水肥药一体化技术等保护生态环境和高效灌溉。

精确农业是根据作物生长性状，根据每一操作单元的具体条件，精准地管理土壤和各项数据，管理作物生产和投入，最大限度地优化肥药水种等农业投入，获取最高产量和经济效益，以达到减少浪费、提高效益（效率）、保护环境的目的。它由全球定位系统（GPS）、遥感监测系统（RS）、农田信息采集与环境监测系统、地理信息系统（GIS）、决策支持系统和智能化农机具系统六大系统组成。运用 GPS 定位采集田间信息、准确定位田间操作，运用 RS 系统和农田信息采集与环境监测系统能够及时获得大量多时段相关的信息，通过把地形地貌、土壤类型、土壤测试结果、化肥农药使用情况以及产量等数据输入 GIS 系统并制图输出给决策支持系统，形成施肥、灌水、喷药等田间操作决策，并结合智能化农机的定位和传感器技术实施相应操作。美国精确农业技术，主要应用于大农场，应用的主要作物是大豆、小麦、玉米和部分经济作物。美国的一些公司提供了精确农业的多种设备和整套服务，美国农业部在技术研究、教育和培训方面给予了很多支持。

## 二 小城镇带动城乡一体化发展

美国是世界上城市化水平最高的国家，随着经济发展水平提高、产业结构优化、交通运输通信设施不断完善，以城乡互惠共生为原则，走出了一条以小城镇为基础、以农业发展为保障，实现城乡人口、土地等生产要素自由流动的城乡工农协调互动的城乡一体化发展道路。

美国交通和通信的变革为城市辐射郊区和农村人口转移提供了便利。早在 19 世纪，美国就致力于全国交通设施建设。联邦政府拨付巨量资金修建了大量铁路、公路和运河航路，基本建成了城乡一体化的交通运输网络，有轨电车和高架铁路使得美国城镇半径大大拓展、城镇化进程加速。20 世纪 20 年代，美国城市中心已经过度拥挤，《联邦资助公路法案》带动了高速公路网的建设，遍布全国的高速公路网与汽车的广泛普及，使得人口郊区化态势迅猛，引发了工业、商业以及居住的郊区化，为农村人口向城镇转移提供了便利。随着第三次科技革命的兴起，交通、通信技术全新变革，美国人口进一步分散化布局。

美国先轻后重的工业化路径推动农业现代化和城乡、工农协调发展。美国实行先轻工业后重工业的工业化路径，与支持农业和乡村发展的政策举措相配合，实现了农业现代化、工业化与城镇化"三化"协调发展。美国的工业化始于棉纺织业，到1860年，棉毛纺织、面粉、肉食罐头、制鞋等轻工业占支配地位，到20世纪初，石油、汽车、电气、化学、炼铝、机器制造、木材加工、钢铁等重工业得到迅速发展。这种工业化特点不仅促使农业快速发展，而且迫使制造业、采矿业等重工业及时起步，提高了农业劳动生产率，减轻了农民劳动强度，解放了农村剩余劳动力，既为工业化发展提供了劳动力资源，又为城镇化提供了丰富的粮食原料、市场空间和大量资金积累，加速了城镇化进程，促使城乡协调、工农协调发展。农业现代化是实现工业化和城镇化的基础，工业化是实现农业现代化和城镇化的助力，城镇化是实现农业现代化和工业化的巨大引擎，"三化"协调互动是实现城乡一体化的重要着眼点。

具有完善功能、运行高效的大量小城镇是美国城乡一体化的重要支撑。顺应人口郊区化的趋势，美国构建起以"大都市"为依托、以大量中小城镇为基础的完善的城镇体系，体系间通过阶梯式的协调互动，带动城乡一体化发展。美国于1966年正式启动"示范城市"计划，结合各地区位优势和特色，大力发展具有特色的小城镇，使其成为带动乡村发展的中心。其本质是分流拥挤的大城市人口，大力发展富有个性化功能的小城镇。该计划在全国范围内选取一定数量不同规模等级的示范城市，通过实验性质的改革为其他城市发展提供借鉴。美国在扩充住房、增加收入机会、建立良好的通勤、提高教育设施质量、减少刑事犯罪等方面努力，以提高居民生活质量为最终目标。将物质更新同经济、社会问题相结合，将城市更新同贫困、就业、教育相结合，公众参与，加强合作，综合治理。小城镇政府机构是根据当地财政和事务自行管理运行的，独立性很强，有比较完善的管理体制与规章制度，机构精简、办事透明高效；有良好的基础设施，环境优美，社区服务周到，以服务业为主，重视城镇规划，可以对城镇的经济社会进行统筹监管，有效带动乡村的发展。目前，80%以上的美国城市人口分布在中小城市，近些年发展起来的都市圈和城市带则由若干小城镇组成。

宜居宜业的乡村环境为美国城乡要素合理流动提供了便利。美国为农村构建了完善的基础设施和提高了生产生活条件，吸引越来越多的企业与人口流向周边农村，城乡差距日渐消失，城乡一体化格局逐渐形成。美国对乡村规划整体布局要求严格，一是建设便捷的交通设施和完善的生活设施。比如高速公路贯穿其中，在整体建设中保证"七通一平"（给水通、排水通、电力通、电信通、热力通、道路通、煤气通和场地平整），联邦政府投资乡村间公路建设，地方政府筹建垃圾处理厂、污水处理厂、供水厂等，开发商负责乡镇社区内的交通、水电、通信等配套生活设施的建设。二是注重保护绿色环境。推行"生态村"建设，制定保护生态环境政策，构建了具有新鲜空气和原始风貌的大山、丰富的野生动物以及广袤自然景观的乡村发展的天然环境。乡村旅游的发展得益于魅力乡村的自然生态景观，得益于特色民俗风情、生活方式和生产方式。在充分展现农村的特色和风情基础上，美国发展了农业旅游、森林旅游、民俗旅游、牧场旅游、渔村旅游和水乡旅游等各色旅游产品，将各类参观体验活动融入优美的自然环境中。此外，美国非常重视乡村产业发展。政府在科研技术、产业链、教育培训等方面给予大力支持，加大对农民的财政补贴、发展农业规模经营、加强农村基础设施建设等，逐步形成以大型家庭农场为主的农业生产经营模式，乡村高效农业得到快速发展。乡村自我发展能力不断提高，奠定了乡村农民生活富裕的根基。

### 三 适时调整的制度政策体系

美国推进乡村发展历经了80多年实践，在乡村不同发展阶段，政策工具和目标也在不断调整优化。政策的推进紧跟农村发展现实，从改善农业生产到加强基础设施建设、解决乡村贫困问题，再到培育乡村内生发展路径，以立法为导向、明确财政政策、健全管理制度，通过权限下放、借助社会资本等方式，以多元化顶层设计实现多重乡村发展目标，切实增强乡村自我发展能力。美国通过实施加强科研教育、促进对外贸易、发展高产农业、增大农产品增值空间、强化农业保险保障等一系列的农业发展政策，逐步发展成为世界第一大农业国。

### （一）美国乡村政策的发展历程

美国乡村政策演变主要经过三个阶段，顺应发展形势对农业政策制度适时调整。

一是 20 世纪 30~70 年代的农业发展阶段。受经济大萧条影响，政策重点放在农场发展和农产品生产上。《1933 年农业调整法案》以削减种植面积、提供高额补贴和贷款等来维持农场主生活水平，解决当时的农业过剩问题。1936 年出台《农村电气化法》，加快农村地区电气化进程。二战后，围绕加大农产品供给，各级政府为农民提供各类补贴，并建立了各类保险及信贷体系。

二是 20 世纪 70~90 年代多元化农村发展阶段。随着二战后经济恢复，城镇化快速推进，乡村衰落，城乡结构失衡，联邦政府不再将乡村问题视为单一的农业问题，而是注重乡村的全面发展着力改善农业农村基础设施和发展条件，关注贫困问题、提供技术援助、引入新兴产业，促进农业农村经济快速发展。1972 年以来，美国相继出台《农村发展法》《农业与消费者保护法》《食品与农业法》《乡村发展政策法》《农业与食品法》《住房与社区开发法》《灾害救济法》，从基础设施、公共服务、住房、就业、教育培训等多方面明确了多元化的乡村发展目标，里根政府提出教育、乡村商业、环境保护等六项乡村再生倡议，农业部也增加了乡村发展的相应拨款，开启了乡村发展的制度化进程，乡村地区制造业、服务业等新兴产业得到快速发展。

三是 20 世纪 90 年代以来农村发展政策成熟阶段。全球化发展让以效率、出口和农业为支撑的美国大农业受到巨大冲击，同时，农业农村在食品安全、环境保护、资源利用、应对气候变化等方面的作用逐渐凸显。通盘考虑农业与农村发展问题，联邦政府以市场化、多元化作为新的政策导向，弱化政府管理，主要围绕社区建设、培育乡村经济增长点、环境保护等方面，进行农业支持手段市场化改革，增加乡村发展计划投入，促进资金来源多元化。1993 年克林顿政府将农村管理权限下放，发放 777 亿美元贷款支持农村商业合作、住房、社区公共服务、通信、贫困社区可持续发展等项目；2002 年颁布《农业安全与农村投资法案》，大力保障 10 年内乡村地区发展；2008 年颁布《粮食、保育和能源法案》，支持中小企业发展，鼓励农村居民积极发挥主体作用；《2014 年食物、农场及就业法案》大力发展农村信贷系统，加强对中小农场的支持。逐步修订的《农场法》成立了农村发展局和"农村商业孵化基金",把农村发展的财政支持措施从"相机投入"转变为"经常投入",整合了分散的发展计划、援助项目和其他政策类平台,形成了美国当前农业农村政策框架的基础。

**(二) 美国乡村政策制度体系的主要特点**

美国乡村政策特点体现在立法、财政和制度保障三个维度上,形成相互配合、相互支持的政策制度体系。

一是完善农业立法。完善的法律法规成为推动乡村振兴的根本制度保障。1933 年以来,美国先后出台了 17 部农业法案和 100 多部专项法,涵盖乡村基础设施建设、农村住房与公共事业、就业与社区发展、环境保护等方面,已形成完整的农业法律支持的乡村振兴基本框架。1936 年出台的《农村电气化法》开启了财政支农政策体系;1972 年的《农村发展法》,财政支农走向制度化;1973 年的《农场和消费者保护法案》建立了灾害补贴制度;1980 年出台的《乡村发展政策法》开启了对乡村发展计划的支持;《水土保持法》《自然资源保护法》《水土资源保护法》对乡村污染源治理和环境保护做了详细规定;《农业与食物法案》《联邦农业改进和改革法案》推动了出口补贴和生产合同补贴;2014 年美国农业法案《食物、农场及就业法案》设立食物与农业研究基金,支持公共研究机构与私人研究机构合作,对收入补贴进行改革,设立价格损失保障补贴和农业风险保障补贴。此外,1980 年通过的《拜杜法案》极大地推动了大学、研究机构技术发明人的农业科技成果转化。

二是强化资金支持。美国政府在宏观上不断加强财政政策与金融政策的紧密配合,在微观上不断强化财政支农资金的精细管理。聚焦商业与产业类、专门类、合作类、乡村能源类四大领域,建立起以财政资金投入、农业贷款、农业保险相配合的资金支持体系,优化农业补贴,加强主体支持力度,发展农村多元经济,注重资源保护,并针对最贫困和偏远的乡村区域发起了"锋线力量"额外援助倡议计划,支持贫困和偏远乡村的住房、社区设施、公用事业和商业等发展。

财政金融配合方面,通过低息、贴息、免息等方式为农场主提供信贷和财政补助。由财政资金引导积极发展农业保险项目,由政策性金融机构为农业生产、风险防范和农村发展等提供长期低息贷款。同时,积极推进财政支农资金的规范管理、结构优化、绩效改革和资源整合。

优化农业补贴方面，从价格补贴转向收入综合补贴，逐步削减市场价格支持，逐步增强与市场价格和当期生产脱钩的非生产支持和一般服务支持，更加强调农民收入、风险管理、环境外部性和创新问题，以价格损失补偿和农业风险补偿替代各类直接补贴项目。

在主体支持、农村多元经济、资源环境保护等方面的财政支持具体包括：支持发展合作组织，资助各类农村合作组织开展技术援助、研究规划、领导力培训等服务；提出"美国乡村制造"倡议，将中小农场和小企业作为优先扶持对象，在小额贷款、营养食品采购、创业培训等方面予以支持；加强农产品本地消费支持力度，如设立增值农产品市场开发补助、本地农产品促销、农村商业发展资助、儿童营养项目等方面的项目；加强对替代能源技术、可再生能源生产和其他可再生生化产品、生物产品制造与生产的投资；通过提供激励性投资等方式联合土地所有者进行资源环境保护，推出各种环境保护方案将农牧民的保护方案、土地管理活动、植树活动转换为收入。

三是优化制度保障。建立起管理部门、统计部门和研究部门紧密配合的制度体系。

美国农业部设立乡村发展署，下设商业与合作发展局、公共事业服务局和住宅服务局，通过三个职能清晰的乡村发展部门，强化乡村发展目标和管理实效。商业与合作发展局具有完善的风险控制体系和多元化多层次的资金来源，能更广泛更高效地实现乡村商业服务。公共事业服务局围绕农村电力、通信、供水及废弃物处理等基础设施提供投资和信贷项目。住宅服务局提供全方位的住房服务，建立了以政府为主、市场为辅的住房贷款制度，设立了多样化的贷款种类，确保农村社区居民获得负担得起的住宅环境。在立法的支持下，美国政府在基础设施建设、支持农业增值及农村商业活动、支持住房修建、扶持贫困地区等方面实行了一系列举措。美国农业部还通过"奋斗力量倡议"项目集中资源推动 700 个持续贫困县经济发展，并为严重滞后地区提供融资工具。

美国设立农业统计局，加强农情信息监测。每年进行上百项农业生产、农业经济、耕地、水资源、能源和环境管理，以及农户人口特征方面的调查活动，每 5 年进行一次农业普查工作，为农业生产提供及时、准确和有用的农业统计数据。通过遥感实时监测、农民报告与调查员现场调查相结合的农业统计体系，实时监测农作物布局、作物长势及土壤水分等农情信息，对农作物生长做到及时监测和预测，为农业生产统筹管理提供及时有效的信息，并为防灾减灾提供依据。

美国设立相应的农业管理机构和研究中心，促进机械化、商品化，改善区域布局，推进可持续发展。1957 年设立加强农业产品工业化利用委员会。1977 年国会通过国家农业研究、推广和技术政策法。1990 年设立了变换农业研究和商品化中心，促进农业原料在非食品非饲料工业中的应用，开发新技术，进行商业化试生产，增值利用迈上新台阶。美国按照自然条件差异进行农业化布局，形成了玉米带、棉花带、畜牧带等各具特色的农业带，最大限度发挥各自比较优势，有利于实现机械化信息化专业化生产。美国通过粮食补贴、灾害补贴、休耕补贴等方式，保持农业的可持续发展和农民的积极性。比如设立休耕补贴计划，鼓励农民短期或长期休耕，能够合理控制产量、保持水土。此外，美国对乡村规划实行严格的功能分区制度，明确划分土地使用类别，通常用道路、景观区和绿化带分隔农业生产区、乡村居住区、商业功能区等不同功能区，保障乡村建设有序。

### 四 美国乡村振兴的启示

美国基于国情构建了乡村的可持续发展体系，以科技进步为引领、以现代农业为支撑，充分发挥政策支持作用以及农业保险等金融工具的作用，实现良好的城乡工农协调和乡村振兴，对我国的启示如下。

一是充分认识乡村振兴的长期性，加强相关领域立法。美国乡村政策支持体系是在 80 多年内不断更新完善的，乡村振兴是一项长期工程，要站在长远和全局角度，将阶段性目标和长期目标相结合，坚持规划先行，突出科学性、指导性、衔接性和约束性，谋定而后动。现阶段，我国应把乡村振兴与脱贫攻坚、美丽乡村建设、农村人居环境整治相结合，优先推进基础设施和公共服务向乡村延伸，弥补乡村发展短板。同时，美国经验启示我们，立法是乡村振兴战略的根本保障，把对乡村发展的支持内化为制度，应优先在乡村产业发展、生态保护、民生保障等方面制定法律，加强政策的监管执行。

二是充分激活乡村各类要素，增强乡村自我发展能力。建立政府、市场和社会的良性互动，提高乡村社会治理水平，是实现乡村振兴的重要保障。在乡村发展资金方面，美国从财政直接支持向撬动社会资本市场化运作转变，我国除了加大财政投入外，也应积极借助社会资本和市场力量，加强改革创新和统筹兼顾，充分发挥财政资金杠杆作用，建立多元化投资渠道，提高支农资金配置效率，破解资金约束问题。在乡村人才培育方面，美国制定了一套科学的农村教育体系，为农业现代化和乡村振兴做出了巨大贡献，我国应树立农村新型人才观，构建目标多层次、功能多元化的教育培训体系。产业经营方面，应借鉴美国规模化大农业经营的经验，按照政府引导方向、群众参与生产、企业投资管理的模式，加强村庄整治、农村空闲宅基地整理，有效盘活乡村闲置资源，焕发乡村发展活力。此外，还要加强生态环境保护，建设美丽乡村，发挥乡村发展的环境优势。

三是充分重视地域的多样性，提高管理治理水平。美国根据不同区域气候、土壤、地势等客观自然条件，结合农业作物自然生长规律，在全国范围内划分了 10 个主要的农业区，提高生产经营的专业化。中国地域辽阔、各地气候土壤人文存在差异，在借鉴中也应从各地区实际情况出发，乡村振兴不能搞一刀切，要根据地方特色因地制宜推进产业振兴，宜粮则粮、宜林则林、宜牧则牧、宜渔则渔。在追求粮食安全、产业效益、生态环境保护、农村环境整治、新型市场主体培育、乡村治理创新等方面进行理性选择。对于条件较好的乡村要率先振兴，对于条件一般的乡村要积极创造条件振兴，对于条件较差的乡村要采取帮扶等措施打牢振兴基础。

## 第四节　法国：专业化、生态化发展的经验与启示

法国的乡村振兴道路经历了农业振兴和乡村多元化发展两个阶段。法国农业从二战后的艰难起步到快速发展，落后的农业有了完全的蜕变，农业发展实现了从粮食不能自给到向全球大量出口的奇迹。这种转变是逐步

推进的，以"一体化农业"和"领土整治"为核心的法国农村改革，推动形成了农工商一体化农业，在政府与市场的共同作用下，实现专业化发展，产量大幅提升并出口全球，品牌形象得以树立，推动了农业现代化进程。在农业专业化发展的基础上，乡村多元化、生态化发展逐渐受到重视，生态农业和乡村旅游等生态化发展趋势在改善环境的同时，也让乡村重新焕发了生机。

## 一 农村改革：一体化农业与领土整治

法国之所以能在极短的时间内实现农业现代化，一方面是工业推动，另一方面是源于适时推动了以"一体化农业"和"领土整治"为核心的农村改革，通过改革调整工农关系、推进现代农业、扶持落后地区发展。

### （一）一体化农业

"一体化农业"是指在生产专业化和协调化的基础上，工商业资本家与农场主通过控股或合同方式，利用现代科学技术和现代企业管理方法，紧密联合农业及其相关的工业、商业、运输、信贷等部门组成利益共同体，从而实现工商业对农业的支持和反哺。法国一体化农业始于 20 世纪 50 年代中期。二战后，法国民生凋敝、粮食短缺，为提高产量，法国大举借债发展农业机械化，相继实行了价格补贴、鼓励农业机械合作社发展等一系列政策，农业机械化率得到逐步提高，经济得到迅速发展，城市人口猛增，工业和服务业空前繁荣。在此背景下，为了满足工业扩大销路和对农业原料的大规模需求、解决银行过剩资本，法国政府采取了补贴、投资、减税、贷款等政策，支持农业前后向产业链与农业一体化发展，加快工商业对农业的反哺支持，推进农业工业化。在欧盟共同农业政策的保护和法国政府政策的扶持下，法国农业产业结构得到调整、农民自发经济组织得以壮大，自给自足农业逐步向高度专业化、集约化的现代产业转变，在全球化推动欧洲开放市场的压力下，法国农业逐步衍生出农产品加工等跨界发展形式。法国一体化农业的成功是政府力量与市场作用高度配合的结果，与高效的市场机制、组织体系和运行机制密不可分。

法国一体化农业高效的市场机制可概括为三类表现形式。一是互相控股，是指由工业、商业、金融和农业企业互相控制股份组成企业，合理分工、利益共享。二是垂直合同，是指通过合同把与农业有关的行业组织起来形成综合体。将生产、交换和分配过程连成一体，提高了社会劳动生产率，推进了农业专业化和现代化进程。专业化大农场基本上签订合同或参与上述控股公司。三是各类合作社支持。法国合作社数量众多、形式多样，形成了一体化服务网络，有生产性、流通性、农业信贷和技术指导服务四种类型，如购销合作社、农产品加工合作社、服务合作社、农业生产合作社、农用机械合作社以及制造生产资料的农业合作企业等，90% 以上的农场主加入农业生产合作社。

法国一体化农业的组织体系和运行机制可以概括为以下几方面。一是政策管理体系方面。主管部门和协调部门的设置有助于农业一体化发展。主管部门是农业食品渔业部，是贸工农一体化的管理机构，体制上适应完整产业链的发展，能更好促进一体化发展。协调部门有总理和部长的私人办公室以及最高农业发展指导委员会，后者由各涉农行业代表组成，负责协调关系和协商农业重要政策。二是公共管理方面。行业管理局负责肉类、粮食作物、奶制品等 7 类行业，由政府和生产、加工、销售各环节的企业、协会、农民组织、消费者代表组成，与政府职能不交叉，负责补贴管理、标准制定、创新支持等。三是农业经营者组织，包括各类行业协会和经济组织。法国很多农业制度和政策都是在行业协会的推动下产生的，行业协会包括全国农业经营者联盟、全国农业经营者相互信贷联盟和农业合作社等。此外，还有大量涉农中介组织，如"法国农业理事会""法国农业发展协会"等，是农民与政府的沟通桥梁，在农民教育培训方面也发挥很大作用。四是私营加工企业与合作社的良性竞争互补关系。私营加工企业以市场为导向，信息灵通，经营决策调整快捷，在国内及国际市场都有自己的销售网络。合作社的经营决策是以维护社员利益为核心的，不管市场需求和价格如何变化，合作社都必须保证社员产品的销售。二者相互配合，发挥出市场和政府的双重推进作用。

**（二）领土整治**

法国的"领土整治"始于 20 世纪 50 年代中期，通过制定法律法规支持经济欠发达地区的乡村发展，实现农村社会资源的优化配置，以此解决区域发展不平衡、环境综合治理和保护等问题。

法国发展不均衡主要体现在两个方面。一是巴黎与外省的不均衡。巴黎对周围地区形成了强大的虹吸效应。二是富裕的东部工业区和贫困的西部农业区的不均衡。东部第二、第三产业发达，集中了95%的大型企业；西部以传统农业为主、基础设施落后。为缩小日益扩大的贫富差距，合理开发国土资源，法国于1955年正式颁布《国土整治令》，开展有利于乡村地区经济发展的均衡化领土整治，相继推出了一系列举措，实施"工业分散化""平衡大都市"等政策、成立"领土整治与地区行动代表处"作为专门的领导机构、划分"领土整治区"等，先后推进了产业均衡、城市均衡、城乡均衡、振兴老工业基地、分权改革、人与自然均衡发展等。法国的"领土整治"重视发挥协商干预作用、注重系统化管理，经过三十多年的发展，取得了明显成效，落后地区工业化城镇化进程加速，城乡居民生活水平差距逐步缩小，城乡融合快速发展。

在对落后乡村地区具体扶持政策方面，政府通过建立地区"平衡基金"改善乡村基础服务设施，扶持农村工商业、手工业、畜牧业良性互动；限制大城市的盲目扩张，加大公路、地铁等基础设施建设，促进巴黎、新城、农村的良好融合；鼓励建设中小城市，以工业的分散化、合理化布局带动小城镇健康发展；制定统一的城市总体规划和土地利用计划，并制定《领土整治与发展指导法》和配套性法律指导城乡土地利用，优先保障各类绿地、农牧场、村庄建设、绿色边界等，促进可持续发展。发挥乡村高品质生态优势、文化特色，大量建立各类自然保护区、文化村落，划定红线，保持乡村形态和自然景观，促进城乡融合。

## 二  农业产业专业化：政府与市场共振

法国气候条件好，雨水充沛，阳光充足，温度适宜，人均耕地相当于世界平均水平，是仅次于美国的农业出口第二大国。农业发达的原因除自然条件适宜外，更重要的是其农业专业化与现代化程度处于世界领先水平。

法国的农业专业化可概括为六个方面：区域专业化、农场专业化、作业专业化、土地规模化、机械化、信息服务专业化。第一，在区域专业化方面，按照自然条件、历史习惯和技术水平划分，将不同的农作物和畜牧生产合理布局，全国分为22个农业大区，470个农业小区，形成专业化的商品产区，发展农业产业集群和产业融合。第二，在农场专业化方面，按照经营内容大体可分为畜牧农场、谷物农场、葡萄农场、水果农场、蔬菜农场等，专业农场一般经营一种产品。第三，在作业专业化方面，过去由一个农场完成的全部工作，如耕作、田间管理、收获运输、储藏、营销等环节均由相关企业承担，将自给自足转化为商品化生产。第四，在土地规模化方面，法国出台了多项措施促使土地适度集中，形成以中等规模为主的家庭农场经营，大大地提高了农业生产率。例如设立"调整农业结构行动基金"和"非退休金的补助金"，鼓励到退休年纪的农场主退出土地、鼓励青年农民外出投资就业，规定农场继承权只能由一个继承对象来继承。组建"土地整治与农村安置公司"负责将分散土地整理成片，为符合土地适度集中条件的农场主提供购买土地优惠贷款，大力推动土地租赁经营。第五，在机械化方面，法国政府通过发放农机补贴、鼓励集体购买或使用合作社共享农机设备、成立农机研发中心、发挥各类农业协会宣传推广作用、把好农机企业的质量标准服务关等方式，短时间内大大提高了农机使用率。第六，在信息服务专业化方面，由政府、专业协会、私人企业共同打造三位一体的信息服务体系。政府居主导地位，建立了涵盖种植、渔业、畜牧、农产品加工等方面由各级农业部门建设的完备的农业信息数据库，正在打造一个涵盖高新技术研发、商业市场咨询、法律政策保障以及互联网应用等的"大农业"数据体系，可定期公布农业生产信息，管控农业生产销售环节的秩序，根据国际大宗商品及主要农产品的价格变动为本国农民提供最新的生产建议等。市场化的农业协会也提供详细农业信息资讯的付费服务，并与农民建立了形式灵活的交流方式。私人企业在法国的农业信息化服务体系中作为一个重要的补充力量，提供"定制化"的服务模式，免除了不少农民的后顾之忧。

六类专业化的发展使得分散的小农户的家庭生产被纳入规模化、科学化、集约化、组织化、社会化、市场化生产之中，既发挥有效市场的交易机制作用，比如工商企业广泛参与农业经济活动，又彰显了有为政府的宏观引领与规制作用，比如对土地规模化、农机装备的政策推动。法国农业产业链得到充分的发展和优化，专业化优势显著提高了农业产出率。

### 三 生态农业与乡村旅游

由于过分强调专业化发展，法国乡村环境受到破坏，在石油危机、二噁英等环境污染事件的影响下，法国政府开始重视可持续发展理念，乡村发展向多元化、生态化、融合化转变。历经几十年的发展，乡村振兴成果显著，尤其21世纪以来，法国乡村以其人口分布低密度的特点反而变得富有吸引力，呈现出人口回流、功能产业多样、生态环境优越、乡村文化凸显的特点，生态农业和乡村旅游焕发蓬勃生机，走在世界前列，实现了乡村复兴。

#### （一）生态农业

法国生态农业始于1931年，1985年被写入法律，在2010年后得到了快速发展。1931年，一些农民用有机肥料提高土壤肥力，种植出优质的小麦，生态农业的雏形开始出现。此后，法国加强了同周边国家生态农业的沟通交流，成立了法国生态农业组织和生态农业协会，在回归自然运动的影响下，较好推动了生态农业的发展。相继举办生态农业博览会，设立生态农业标识，创建国家生态农业生产协会、企业协会等；按照欧盟共同农业政策框架下生态农业发展的要求，启动政策改革，将生态农业理念贯穿在现代农业生产全过程；综合运用现代科技、管理手段，促进农产品增产，提高了农产品竞争力，实现农业绿色发展。经过多年的发展，法国生态农业生产经营者数量不断增加、生态种植面积不断扩大、农民收入水平显著提高、有机产品销售渠道不断拓宽，科技创新在推动生态农业发展中发挥了显著作用，生态和经济实现了良性循环。

法国是欧洲的生态农业发展强国，综合运用法律、政策、技术研发、培训和组织协同等手段不断推动生态农业发展。法国生态农业的具体做法体现在以下几方面。一是完善法律制度体系、制定长期规划。1985年法国将生态农业正式写入法律，相继出台《农业发展指导法》《生态农业发展规划》，为推动生态农业发展设定了基础和方向，引导社会资源向生态农业聚集。2001年组建了生态农业发展和促进署，该机构与公共组织、行业协会、研究机构、销售公司、环保组织、消费者保护机构等建立快捷的信息沟通渠道。2009年遵循欧盟生态农业对生产、加工、标识、验证、有机产品进口等方面的严格规定，并对原产地、监管等方面严格要求。2014 年法国将"生态农业"写入《未来农业法》。二是加强财政资金支持。生态农业投入成本相当高，为平衡经济效益和社会效益，法国相继建立生态农业未来基金、生态农业专项补贴和生态农业专项计划拨款，提高生态农业转换农户的税收抵免额度，设立防治污染扩散专项资金，对生态农场提供资金和技术援助、轮作休耕补贴和公共服务支撑。政策的引导和基金的大力投入，使生态种植面积实现了翻三番，良好实施效果也引发了农业资金支持力度的提高，形成了良性循环。三是建立高标准、前瞻性的技术标准体系。先后制定了 20 多个生态农业标签的技术指标，明确了生产中可以使用的物质、农业产品的保存和加工等基本原则。规定了在农产品的生产、仓储、保鲜中不能使用合成化学产品，不能采用转基因技术；经过农业部门严格审批方可施用药水；建立生态农产品可追溯系统，并配合信用惩戒；建立原产地证明、受保护的地域标识、有机农产品等一系列质量标准体系；所有餐厅菜谱中必须有 20% 的生态农产品；以农业标准化建设推动品牌发展。四是注重研发创新和技术培训。确立了服务和技术同等重要的原则，设立生态农业优先研究计划，并为从业人员提供开放式的在线课程。五是加强宣传推广。由于生态农产品价格高昂，需要加大宣传力度，不断培育品牌，拓宽销售渠道，运用互联网加强生产者和消费者互动，增强了消费者购买意愿。

**（二）乡村旅游**

乡村旅游是农业旅游、生态旅游、文化旅游的共同体，游客可以住在农场，体验乡村生活，购买乡村土特产，游览乡村自然环境，参加乡村特有的文化活动等。法国旅游资源极为丰富，是世界第一旅游入境国。法国乡村旅游从 20 世纪 50 年代开始起步，经过几十年的发展，现已进入高度发达的成熟阶段。

第二次世界大战结束后，随着工业化、城镇化快速发展，法国出现乡村人口外流、老龄化、"空心化"等问题。为繁荣乡村、缓解乡村经济日益萧条的状况，政府实施了一系列乡村发展支持政策，包括出台农业指导法、成立土地发展和乡村规划协会、倡导到乡村工作生活、推动乡村基础设施建设等，并提出了乡村旅游的构想，从宏观政策层面以各种形式扶持乡村旅游发展。20世纪70年代,在农业产业化经营的大背景下,尤其是城镇化的放缓,人们受到高收入、带薪休假和完善的社会保障鼓励,更加喜爱自然休闲。大片整齐的农业景观,完善的基础设施,使得绿色、原真的乡村旅游获得迅猛发展,逐渐形成了涵盖美食、休闲和住宿三大类,包括农场客栈、农产品农场、点心农场、骑马农场、探索农场、狩猎农场、暂住农场、露营农场以及教学农村等九大乡村旅游项目。

法国乡村旅游在政府主导下发展,随着行业自律作用的增强,政府管理职能弱化、监管职能增强,以乡村居民及农业开发者为经营主体,企业是旅游服务的中介,行业协会负责质量标准制订和教育帮助农民,四者共同推动了乡村旅游的可持续发展,形成了"农户+协会+企业+政府"四位一体的发展模式。具体来看,第一,政府为主导,支持乡村房屋修缮、公路建设,设立了农业旅游的各级管理机构及营销服务网络,资助农户经营乡村旅游等。第二,协会协调,建立起政府和农户沟通的桥梁。各类协会协助政府制订标准,为农户提供咨询培训、信息和营销服务,推动行业自律和质量标准规范。第三,企业做供给,通过明确市场定位、设定营销方式、建立预订中心和客户信息数据库等方式实现旅游中介服务。第四,农户为主体,农户充分利用本地资源,在政府和协会帮助下深入开发旅游产品。

在政府支持下,法国制定了一系列有利于乡村旅游发展的政策,具体包括:推行了每年30天的带薪休假制度;启动了"农村家庭式接待服务微型企业"资助计划,资助小型酒店、家庭旅馆、旅游农场的建设;发布了保护有历史价值的区域的《马尔罗法》,颁布了《质量宪章》,对乡居的规模、经营方式、硬件设施和服务等制定统一标准;启动了农舍等级分类,根据农舍的环境、硬件、服务、房间舒适度进行五等划分;根据乡村旅游小、散、弱的特征,鼓励创建行业协会,充分集中资源发展;通过垃圾分类中心、设定合理接待上限等设施建设和管理方式,推进乡村旅游可持续发展;注重自然遗产和文化遗产保护,设立区域自然公园制度;出台"旅游服务业与现代化行动"法案,设立由96项条款组成的"旅游质量"标准;支持休闲娱乐设施建设和活动举办,规划了徒步路线,修建自行车、骑马、航行专道,建立马术、皮划艇、攀爬基地以及水上休闲中心,举办节庆活动，办博物馆等。

法国乡村旅游具有自身特色。一是具有原真性、本土性、多元化。强调与游客的积极沟通，注重旅游乐趣，开发相应产品体系。美食体验多样化、本土性，以农产品采摘、烹饪培训、美食品尝为主，食材和加工必须来自农场内部，并使用本地的烹饪方法和代表性餐具；住宿多样化，有乡村别墅、露营和乡村酒店等；农场包括骑马农场、狩猎农场、露营农场、教育农场等多种类别；文化体验多样化，如参观葡萄园、参与酿制葡萄酒、了解酿酒工艺和文化等，观光游览农庄必须符合当地整体建筑风格。二是具有较强的行业自律。法国的行业协会农会常设委员会下设的农业及旅游服务接待处，研发了"欢迎莅临农场"组织网络，根据不同的条件和属性区分了九种农场，并进行了严格条例规定，要求不得贩卖其他地方农产品，实行完善的品质认证制度，确保旅游要素规范化管理；民间协会组织者由经历丰富的人来担任，一定程度上弥补官方的不足；注重文物遗产、古老村社、名人轶事、人文精神等要素对乡村旅游的支撑作用，开发具有当地人文特色的活动，以家庭农场为载体的经营模式，要求经营者具备农业经营和管理的知识、熟悉当地的文化、乐于同游客分享人生经验，充满人文情怀。三是具有完善的营销体系。法国乡村休闲旅游具有明确的市场和顾客定位，将目标市场分为周边省、国内大城市、周边国家大城市三类，通过网络营销、展会营销、专门网站营销等多种销售渠道，注重对客人管理和沟通，争取游客再次光临。宣传和营销由政府旅游部门、行业协会、媒体等多主体参与，利用广播、电视、节庆活动、会展活动等多渠道进行。同时，推动了平台网络化营销，形成以质量为核心的品牌营销活动，加强媒体合作，建立了客户数据库。

### 四　法国乡村振兴的启示

二战后，法国乡村农业从不能自给自足到大量出口，法国成为世界第二大农产品出口国和第一大农产品加工出口国，是名副其实的农业强国，也是生态农业和乡村旅游强国，农业农村发展成就举世瞩目。这既得益于法国良好的自然条件和重视农业的文化传统，又得益于现代化农业生产与生态功能的充分开发。在遵循城乡发展规律的基础上，法国通过实施农村改革、促进专业化农业生产、发展生态农业和乡村旅游等循序渐进的推进举措，构建了一种内生、长效的乡村复兴机制，值得充分借鉴，对我国启示如下。

一是以产业链整合和区域协调为主要内容的农村改革奠定了农业竞争力的动力基础。农业竞争力的培育不仅体现在农业生产本身，也有赖于农工商一体化发展带来的紧密的产业链、供应链关系，同时，城乡互促、工农互促的区域经济协调关系能够激发更加强大的农业生产能力。法国"一体化农业"引导大型工商企业进入农业，突破了农业体系内的工商结合的界限，形成真正工农互促的良性大循环。我们要实现农业振兴，就必须大力发展农业关联产业并进行深度融合，形成农工商一条龙、产供销一体化经营网络。同时，我国在"新农村"建设和乡村振兴中，必须把解决"三农"问题与协调区域经济发展结合起来，基于不同地区的经济基础和自然条件设定不同的区域农村发展目标，优化农业主体功能和空间布局，推动形成农业发展新格局。

二是农业产业专业化和品牌化是农业现代化发展的重要支撑。在政府、农业合作组织以及私人企业的相互配合、发挥各自优势的作用下，法国建立了区域专业化、农场专业化、作业专业化、土地规模化、机械化、信息服务专业化六类专业化模式，将分散的小农经济纳入社会化大市场的生产体系中，是法国发展现代农业的重要保证。此外，法国非常重视农业品牌化，专注于开发差异化产品，开展了大量的国际推广活动，使得法国酒和食品在世界上享有极高声誉，是推动农业现代化转型升级、提高农业产业链整体竞争力的有效手段。在我国农业现代化发展过程中，应着力通过技术创新和制度创新来提高农业劳动生产率和全要素生产率，通过农民组织化来降低农户的市场风险和交易成本，扩大农业经营规模，加强小农户与现代农业有机衔接，壮大新型农业经营主体，健全标准体系，以特色、高品质为基础大力培育农产品品牌，通过改造传统农业、转变农业发展的方式来提高农业生产效率和农业现代化水平。

三是生态农业和乡村旅游是发挥农业多功能性、拓展乡村产业新空间的关键举措。法国生态农业在法律法规的制定、管理体制的健全、技术指标的高标准、专项资金的到位和大力宣传推介等方面建立了标杆，提高了农产品竞争力，实现了经济和生态的可持续发展。我国发展生态农业应建立和完善生态农业发展的长期规划和管理体制，注重立法先行，强化推广宣传，建立健全高标准的技术和服务体系，以专项配套资金为杠杆，引导社会资金流向高品质生态农业。法国作为旅游大国，其乡村旅游具有原真性、本土性、多元化的特色，注重服务的质量标准，有较强的行业自律，形成了"农户＋协会＋企业＋政府"四位一体的可持续发展的模式。我国应借鉴法国经验，注重规划、加强管理、特色开发、完善设施，强化政策支撑，加强行业自律，推进多元化的供给，增强乡村旅游的原真性、提高质量和吸引力，实现乡村旅游的健康持续发展。

# 第五节　德国：乡村内生发展的经验与启示

德国城镇化起步早，在不同城镇化发展阶段，乡村发展也面临不同的挑战。德国选择了适合自身的内生发展路径，循序渐进推动乡村更新与治理，以乡村发展的竞赛机制激发乡村内生发展动力，通过生物质资源利用实现循环经济、产业融合，促进了农民增收，这种内生发展路径对我国乡村振兴有重要的借鉴意义。

## 一　循序渐进推动乡村更新与治理

随着城镇化的发展，德国乡村地区面临的问题和挑战变化较大，乡村发展理念变更，德国不断调整完善应对举措，循序渐进开展乡村更新和治理，其发展经验对大多数国家解决城镇化进程中乡村发展危机具有重要借鉴意义。

### （一）发展历程

德国乡村的更新和治理是逐步推进的，从大拆大建到等值化发展，从社会经济文化统筹发展到乡村全方位整合发展，发展理念不断变更。

20世纪60年代是乡村等值化发展阶段，以等值化的理念塑造相似的城乡生活条件。在此之前，乡村地区的整治主要围绕农业生产优化土地结构和设施建设展开的，大拆大建导致传统村落的历史肌理和遗产丧失。由此，现代主义规划系统提出了城乡发展的等值化理念，倡导居民无论在城市还是在农村居住，都应当享有同等的生活条件、交通条件、就业机会和公共服务水平，承担保护自然、保护环境的同等责任，缩小城乡社会经济发展差距。

20世纪70～90年代是乡村初步性的统筹发展阶段，将乡村地区的更新建设同社会文化工作和区域整体发展统筹结合起来。20世纪70年代初，德国工业化给城市带来严重的环境问题，城市居民开始迁往乡村生活。这一时期推倒重建的乡村建设方式使得乡村地区建筑密度增大、交通杂乱拥挤、土地开发过度，乡村失去原有的特色和魅力。1976年，德国政府重新修改《土地整理法》，重点保护和塑造乡村特色形象。20世纪80年代，世界可持续发展理念提出，乡村地区的生态保护价值、文化传统价值、旅游风貌价值受到重视。德国开始从乡村地区整体发展的角度考虑乡村更新和开发工作，开始积极推动乡村居民参与。20世纪90年代之后，面对全球化等问题挑战，德国政府综合考虑乡村更新规划与欧洲农业和区域整体发展，开始构建乡村地区在区域内部的新角色和新意义。

2000年至今是乡村整合发展阶段。整合性乡村更新策略将乡村更新、田地重划和农业结构发展规划等内容整合在一起：一方面提高各类设施的利用效率，对因功能变化而荒废的建筑与设施进行改造，进行再利用；另一方面重视乡村更新规划过程的形式和程序，重视居民对乡村更新规划的参与，以解决乡村地区在生产和生活方面所面临的各类问题。制定整体发展规划，通过跟进区域管理和投资措施等推动整个计划具体实施，构建相互沟通协调的平台，处理区域、地方社区政府、其他利益相关者的利益关切，并与欧盟、国家、联邦州各区域各个层面的政策相协调。

**（二）具体举措**

德国在不同城镇化发展阶段，乡村地区面临不同的问题和挑战，实行了一系列相应的乡村更新举措，取得了比较好的成效。

在城镇化率30%～50%的时期，德国城镇化快速发展，农村人口大量流入城市，大片乡村土地荒废，乡村景观和生态环境遭受工业化城镇化的破坏。在此背景下，德国主要通过建立移民委员会，建设农村居民生活点，增加中小农户的数量；通过发起"家乡保护"运动，保护乡村自然生态景观。在城镇化率超过 50% 后，德国进入以城市为中心的发展阶段，人口和就业向城市集中，乡村"空心化"和村庄衰落趋势更加明显，此时也正值两次世界大战前后，德国通过开展移民垦殖、定居点建设、项目建设、农业支持政策等方式安置难民，创造就业机会，增加农民收入。在城镇化率接近或超过 70% 以后，德国推动乡村更新的做法更加全面系统。重新制定了《土地整理法》《农业法》《空间规划法》等一系列法律，为土地治理提供了充分有力的法律保障，制订"乡村更新"计划等一系列政府主导的乡村振兴促进政策，并在财政、技术、教育等方面全方位支持。

在财政支持方面，促进城乡人口的自由双向流动。以财政资金作保障，城乡居民在土地交易和居住制度上没有区别，城乡融合程度较高；建立了个人收入所得税由居住地征收和使用的制度，调动了全体居民对乡村建设的积极性。

在教育培训方面，以乡村人才培养为根本。德国职业教育经费由企业与政府共担，对培训者免费。德国法律规定，只有先接受正规的职业教育并且持有"专业资格证书""农民师傅证书"的农民，方能取得经营管理农场及招收学徒的资格。在不断完善的系统教育下，德国农民呈现数量少、素质高的特征。

在土地利用方面，以法律和规划约束规范土地利用。在核心法规《建设法典》和《田地重划法》的指引下，德国对规划范围内建设用地和农业用地上各种建设活动进行约束，并按照规划要求，对产权关系进行必要调整。

在管理制度方面，实行规划体制和行政体制的平行管理制度。在规划体制方面，乡村地区的建设问题不受城市地区建设的管制。在行政体制方面，德国不存在类似于中国上级市（县）管辖乡（村）的行政管理层级，乡村政府与城市政府之间是平行关系，从而可以效率更高地处理行政事务。

在规划引领方面，实施了"自上而下"和"自下而上"两种规划模式。在"自上而下"的规划过程中，由联邦政府、州政府制定规划法规体系，各州地方政府在实施村庄更新的过程中，依照联邦政府颁布的相关法律体系，制定不与联邦政府和州政府的规划规范相违背的详细法规和有利于乡村发展的地方乡村规划。"自下而上"的规划过程强调地方自身需求优先，主要体现在乡村更新过程中作为村庄主体的村民可以全过程参与，乡村政府通过举办议会投票、设计讲座、公众集会、媒体宣传、建立网站等方式，将有关信息及时传递给村民，村民在乡村规划实践过程中，深刻理解村庄建设的目标并提出自己的建议和利益要求，通过协商达成公众一致满意的结果。

### 二 乡村发展的竞赛机制

德国的乡村竞赛机制强化了乡村自我改善动机，增强了农民的主人翁意识，帮助乡村向现代化和生态化转变，是实现乡村振兴的重要内生机制，为乡村振兴营造了良好的社会氛围。

二战后，德国百废待兴，基础设施和交通规划不合理，乡村破败凋零，农民大量外迁。在此背景下，为增强农村地区吸引力，保持乡村原有的文化社会经济生态结构，完善基础设施建设，建设美丽乡村，德国于1961年发起了以乡村美化为主要内容的全国性的乡村竞赛计划。20世纪70年代"逆城镇化"的发展，破坏了乡村传统的自然风貌和聚落形态，在欧洲文化遗产保护运动的影响下，乡村开始重视农村传统风貌和生态环境的保护，农村结构性改革加速发展，乡村发展内容开始列入竞赛标准。于是，这项计划从乡村美化竞赛逐渐转化为乡村发展的工具，竞赛口号从"我们的乡村应更美"（1961~2006年）转向"我们的乡村有未来"（2007年至今），竞赛目标也从乡村美化和基础设施建设转向了乡村可持续发展和乡村综合治理。农村地区的文化传统、景观特色、生态保护、社会活力等方面的价值和经济发展等同起来，绿色生态融入乡村的生活环境中，使乡村具有更长久的吸引力，能够保障未来发展。乡村竞赛计划是在法律法规的保障下运作的，《联邦建筑法典》《国土规划法》《林业法》《土地保护法》《景观保护法》对乡村规划和乡村竞赛都有相关条款支持，政府于1975年还制订了专门的乡村竞赛计划。

在竞赛方式上，德国乡村竞赛每三年举办一次，采取县区级（初赛）、州级（复赛）与联邦级（决赛）的分级制度，胜出的村庄有资格参加更高等级的竞赛。此外，初赛是自愿报名的，晋级赛则对参赛乡村的数目进行限制，曾经获奖的乡村要放弃未来两次晋级联邦决赛的机会，连续两年进入决赛的乡村要放弃第二年晋级决赛的机会。这样的晋级竞争和名额限定模式，不仅增强了乡村竞争意识，也为所有乡村晋级提供了机会。

在竞赛评估上，评估内容主要包括经济与基础设施、社会文化活动、建筑及街道广场设计开发、绿色设计开发和农业景观与生态保护五个方面，强调乡村和村民共同努力下的改变，"进步多少"的方式也鼓舞了后进者的信心和勇气。决赛评审由联邦农业部、环境部、交通部专家和包括技术协会、高校在内的若干专业机构共同负责，涉及植被绿化、乡村风貌、建筑观赏性、生态保护、经济发展、社会文化、创新发展、竞赛策划八个分工领域，通过多元化、多角度和专业化的评审保障公平竞争。

在竞赛过程和结果上，采取为期一个月的评审员实地评审的方式，评价主要内容分为五大块，分别为发展创新、社会文化、建筑意象、绿化发展、乡村景观，占比分别为25%、20%、20%、20%和15%，评审内容中发展创新占比最高，可进一步激励乡村明确发展目标，有效推动发展理念的更新，增强可持续发展实效。经过评审团全面客观评估，获奖村庄将获得证书、奖牌和奖金，并在全国范围内大力宣传，引起社会各界的重视。

### 三 以生物质能源利用促进产业融合

德国乡村生物质能源利用，一方面，扩大了农村的收入来源，减少了温室气体的排放，促进乡村生态和经济的共赢；另一方面，促进了农业产业链整合和城乡融合，是优化乡村环境和保持自然生态的重要手段。

德国生物质能源利用得到了政府的大力支持，政府相继颁布《国家生物质能行动计划》《国家生物经济政策战略》《可再生能源法》等，支持加强生物能源、生物原料开发利用和生物废弃物利用，帮助乡村创造就业、提高附加值和保护生态环境。德国对生物发电厂给予装机设备和上网电价补贴，规定以接近正常并网发电五倍的价格对生物质发电并网收购，将生物质能纳入可再生能源竞标系统，极大鼓励了生物发电应用。

德国乡村生物质能利用有两种方式，一种是能源小镇，另一种是种养结合。能源小镇是指在小镇的规划建设阶段，针对当地资源条件，以自给自足为目标，建立合理的多种能源互补的能源规划。以 Fdildheim 小镇为例，该小镇有常住居民 130 人，主要从事农业生产，海风资源丰富。因此，小镇建设有 55 套风力发电机，年发电量 2.5 亿度，并建立了自己的电力储存设施用于储存风电。该小镇还利用种植业畜牧业中的猪粪、牛粪、青贮玉米和粮食加工废弃物，建设了沼气发电工程。该小镇有 200 公顷林地，林业废弃物也可作为补充能源。该小镇电能除了满足自身需要外，还满足了东部地区 50% 人口的用电需求，体现了乡村振兴循环经济的特色。

另一种是种养结合的生物质能利用方式，主要是在养殖场内，利用现有的作物秸秆、牲畜粪便等发展沼气，比如 Bauerngesellschaft 公司的沼气工程。该公司是由 30 余家合作社组成，主要从事种植业、养殖业和可再生能源产业，有玉米、油菜、母猪、奶牛、肉牛等动植物品种，建设的沼气工程每年发电量可实现销售额 340.85 万欧元，发电余热的 10% 还可用于维持发酵温度、沼渣烘干，沼渣可用于有机肥自用或出售。农村生物发电厂绝大多数是农场入股成立的，有分红的利益联结关系，农场主运送作物秸秆原料的积极性很高，产生的沼液再由农民拉回做有机肥，形成互促互利的合作机制。

## 四　德国乡村振兴的启示

和中国一样，德国乡村也面临城镇化过程中的乡村衰败、环境污染和"空心化"的问题，它因时而变，实施了不断推进的综合性的解决方案。首先，我们要借鉴德国乡村更新治理的经验，将乡村更新、土地整治和农业产业结构调整结合起来，注重乡村生态价值和传统文化风貌，调动自上而下和自下而上两种力量，建立乡村合理规划，加强农村人才培养，加快城乡要素自由流动，建立高效的乡村自治体系。其次，乡村发展也离不开良好的社会氛围。德国营造出的乡村竞赛氛围，激发了村民的主人翁意识、增强了凝聚力，调动了乡村内生发展的积极性，提高了农民生活质量，增强了乡村吸引力，助力乡村可持续发展。我国可借鉴德国经验，通过乡村竞赛机制推动乡村建设、增强乡村之间的交流，奖励先进者、带动落后者，多措并举激发乡村内生发展动力。最后，我们应借鉴德国生物质能利用的经验，加大政府扶持力度，建设一批能源小镇和种养结合生物质能源项目，围绕多元化原料保障，结合农村产业和人居分布特征，因地制宜发展农村分布式光伏、太阳能、地热、风电、沼气等可再生能源和生态循环农业、养殖业，加强生物质能利用，减少废弃物污染、保护生态环境，自给自足集中供电，出售多余电量，促进三次产业融合发展和农民增收，也为"碳中和"经济做出贡献。

# 第十章　美丽乡村建设的中国实践

我国幅员辽阔，各地自然条件不一，资源禀赋不同，如何挖掘乡村的资源潜力，充分释放乡村后发优势，让乡村的资源成为产品，让乡村的美丽成为财富，是乡村振兴的题中应有之义，考验地方党委、政府的智慧和魄力。近年来，一些地方立足自身优势，深度挖掘发展潜力，走出了独具特色的美丽乡村发展之路，可供借鉴和推广。

## 第一节　构建"融合精美"的产业发展新矩阵

产业兴旺是发展农村生产力的根本要求，是促进农民增收的关键所在，是实现农民富裕、生态优美、社会和谐的可靠保证。近年来，不少地区因地制宜、因时制宜、突出特色探索乡村产业发展，思路越来越活、办法越来越多，特色种植业、农产品精深加工、电商助力农产品销售、民宿产业等正在如火如荼地发展，有力助推了乡村振兴。

### 一　山西大同：因地制宜打造特色种植业基地

大同市位于山西省北部，云州区隶属于大同市，曾是国家燕山—太行山集中连片特困地区，有贫困村 80 个。近年来，大同市通过党和政府的大力支持，号召农民走合作化道路，以大规模、大合作的模式来打造云州区黄花产业化基地。目前云州区黄花种植面积已达到 26 万亩，年产值达 9 亿元，是地方经济发展、农民增收致富的支柱产业。其主要做法如下：

一是确定以黄花为主导的"一区一业"。云州区素有"中国黄花之乡"的美誉，种植黄花已有 600 多年历史，当地黄花角长肉厚，先后 12 次荣获农产品博览会金奖。全区经过反复论证，将黄花作为全区特色产业发展的主要抓手，集中力量解决一村一户解决不了、解决不好的加工销售难题，为黄花产业提供了良好的发展环境，保障了黄花产业的健康发展。

二是扩大种植规模，提升产业化水平。成立种植合作社，采取"合作社 + 农户"的形式，通过土地流转集中当地土地资源，发展规模种植。同时，设立种植补贴，种植黄花可享受每亩每年 500 元的补贴，当地农民可到合作社参加黄花田间管理打工挣钱，解决农民种黄花前三年没有收成的难题，提高组织化程度。累计投资 2.6 亿元改善水利设施，新增和恢复水浇地面积 22.68 万亩，铺设地下管道、修复配套机井、实施节水喷灌，解决旱天没有淋头雨、黄花减产等问题。统一以合作社名义参加自然灾害险和目标价格险，且财政给予农户补贴，消除种植户的后顾之忧。到采摘季节，合作社联系本地加工企业，深入地头，现摘现称现结算。村民采摘下的鲜黄花，及时进入地头冷藏库，提升了产品品质和收益。

三是注重品牌打造与宣传。"大同黄花"商标已通过原国家工商总局原产地保护认证。云州区无公害黄花菜认证 8 万亩，有机认证 1 万亩，云州区已成为国家黄花种植和加工标准化示范区、国家级和省级出口食品农产品质量安全示范区、全国绿色食品原材料（黄花）标准化生产示范基地、全国农副产品百强区域品牌。为确保黄花品质，云州区加强市场监管，教育引导农民注重农业安全。为扩大品牌影响力，创建大同黄花网及相关微信公众号，拍摄电影《黄花女人》，在全市各大饭店推广黄花菜宴，组织黄花龙头企业参加国内外大型农产品展销会。

四是延长产业链条，促进产业融合发展。云州区依托黄花产业、40 天花期、近郊区位、乡土文化等资源，推进农业与生态旅游、文化康养等深度融合，建成了火山天路、忘忧大道、忘忧农场等一批黄花采摘观光、健康养生等景点，与大同火山群国家地质公园、西坪国家沙漠公园、峰峪国家湿地公园连成一线，形成山水田林湖的美丽景观，围绕黄花形成乡村旅游景点 23 个，拓宽了产品类别和市场空间，带动了农民就业增收。

## 二 河南漯河："三链同构"聚焦农产品精深加工业

漯河市，河南省地级市，下辖 3 市辖区、2 县，面积 2617 平方公里，常住人口为 236.75 万，是中国食品名城。近年来，河南省漯河市紧紧抓住

"粮头食尾、农头工尾",围绕"产业链、价值链、供应链",探索出农产品精深加工的高质量发展模式。2020年,全市食品产业营业收入2000亿元,带动农户25万,户均增收3000多元。其主要做法如下:

一是延伸产业链,发展产业集群。围绕食品产业,绘制产业链树状图,通过产业链招商,完善招商引资。扶持五级订单生产,按照专种专收、专储专用、优种优收、优加优销要求,组织种子企业、收储企业、面粉生产企业、食品加工企业与种植大户、家庭农场和小农户签订"五级订单"。培育产业化联合体,对优质专用、订单品种所需良种给予每亩20元补贴,组织相关金融机构洽谈合作,开发"专项贷""订单贷""种子贷"等金融产品。制定土地、资金、人才扶持政策,支持组建龙头企业牵头、农民合作社和家庭农场跟进、小农户广泛参与的农业产业化联合体。打造优势产业集群,加快农业示范园区建设,积极推进高效农业发展项目的实施,整合优质产业资源,提高现代农业科技应用水平。实施"小升规"培育、"小升高"培育、"十百千"亿级产业集群培育三大工程,对重点企业"一企一策"制定培育方案。大力支持企业开展技术改造,提高生产自动化程度,加快推进企业智能化、绿色化和技术改造。

二是提升价值链,注重研发创新。围绕价值链,打造食品研发平台、质量标准平台、食品云平台,提升科技价值、品牌价值、渠道价值。搭建国家级、省级研发平台,同时,企业自主建设省级以上工程技术中心、博士后工作站、院士工作站,确保食品企业持续研发新产品。设立市长标准奖,对主导或参与国家和行业标准制定的企业和组织实施奖补。以标准引领品种培优、品质提升、品牌创建,鼓励企业注册无公害农产品、绿色食品、有机农产品品牌及商标。创新"互联网+"电商营销模式,成立食品行业工业互联网标识应用创新中心、江南大学技术转移中心漯河分中心,形成大宗粮食电商服务平台,联结各类批发市场、农村连锁超市、中介组织。

三是打造供应链,加快产业转型升级。围绕供应链,打通食品和装备制造业、造纸产业、宠物饲料行业、物流产业联系点,发展食品机械产业、食品包装产业、宠物食品和以冷链物流为重点的食品物流产业。发行检验检测专业园区建设专项债券,规划建成智能食品装备产业园、智能装备产业园，吸引国家级高新技术企业入驻。着眼食品包装高端化、多样化、个性化的需要，建设食品饮料包装专业园区。建成宠物食品科技产业园，引进外资项目，利用农副产品加工宠物饲料母料。发挥漯河四方通衢的交通区位优势，大力发展冷链物流产业。

### 三　浙江德清：莫干山打造"文旅体＋民宿"产业

莫干山位于浙江省湖州市德清县境内，以竹、泉、云和清、绿、凉、静的环境著称，素有"清凉世界"之美誉，是我国四大避暑胜地之一，距离杭州市70公里，自驾1小时车程。莫干山特色小镇以民宿为基础产业，构建多层次产业体系，通过政策扶持、外资引进、人才利用，依托大城市的巨大人流和消费力，作为爆点树立莫干山乡村旅游的品牌从而取得成功，民宿已经成为带动乡村振兴发展的特色先导产业。其做法如下：

一是导入多元主题化的民宿产业，形成民宿产业高地。依托并充分挖掘当地旅游资源，引入具有先进的管理理念和特色建筑风格的民宿品牌，为莫干山民宿构建国际化、高端设计、融入自然的综合理念，提高当地民宿产业管理水平，符合高消费人群回归大自然、体验大自然的心理需求。同时，民宿管理者多是由设计师、媒体人以及企业家组成，他们通过专业优势和人际网络，引入更多资金、技术、资源和网络，形成集群内良性学习和创新的环境氛围。

二是加强政府对民宿行业的规范和引导。莫干山经历外来人群投资、本地居民投资，民宿行业发展迅速，随之而来出现一些问题，如从业人员素质参差不齐，同类型民宿之间竞争无序，经营管理缺乏有效监督。为规范引导民宿产业发展，当地政府出台了民宿等级划分标准，将民宿划分为精品民宿、优品民宿和标准民宿三类。在民宿管理上，实施政府与民间机构共同管理，出台了民宿管理办法，通过对消防、污染、安全防护、接待设施等方面进行规定，加强对民宿的规范和引导，并成立民宿发展协调领导小组，对民宿经营等方面进行监督检查。在土地政策上，对民宿项目通过"点状供地"，减轻企业负担，降低土地浪费。

三是突出旅游资源，创新发展理念，构建全域旅游产业。依托莫干山风景名胜区，打造户外生态运动基地，修建莫干山国家登山健身步道；打造"环莫干山"游,串联莫干山周边旅游资源,山上山下联动发展;出资对镇区街道进行民国风格改造,植入老式照相馆、布鞋、老酒、咖啡馆等怀旧风格的业态,建造小型博物馆、VR体验馆、复古钟楼等建筑。举办音乐节、国际自行车赛事、山地越野竞赛等节庆活动,提升莫干山品牌知名度。

四是挖掘人文历史底蕴,引导文化创意产业发展。建设莫干山庾村1932创意产业园,改造1936蚕种场文化集镇,引入艺文展览馆、设计工作室、主题餐饮酒店等文创业态,打造兼具文化内涵和复古气质的设计创业项目,展售当地特色竹、蚕丝等手工作品,带动文化创意产业发展。规划建设影视文创小镇,挖掘民国风情文化资源,打造青年电影人的创客基地,举办电影节,打造国际性电影大赛颁奖基地;莫干山引入全球首个Discovery Adventures Moganshan Park落地运营,大力发展体育运动、极限拓展等业态,成为全国知名的户外运动目的地。

五是推进生态农业发展,构建有机循环农业生产系统。挑选高品质有机农产品,一部分向外输出进行有机蔬菜宅配服务,另一部分进行售卖和二次加工,实现在地营销。开辟部分景观农田,开发农业体验,通过承包农场种植养殖,构建自给自足的生态平衡,多余的产品向外输出,形成了可持续发展的生态农业模式。

### 四 安徽巢湖:打造"互联网+三农"的乡村旅游模式

"三瓜公社"特色农旅小镇,位于安徽省巢湖市半汤街道。半汤街道原属乡镇建制(半汤镇),2004年5月整建制划转为半汤街道,随后委托巢湖经济开发区统一管理,总面积677.34平方公里,下辖6个村委会、3个社区居委会,总人口4.26万。三瓜公社按照"冬瓜民俗村"、"西瓜美食村"和"南瓜电商村"三大主题定位,对民居进行重新定位设计,构建起"线下实地体验、线上平台销售,企业示范引领、农户全面参与,基地种植、景点示范"的产业发展模式,围绕民俗、文化、旅游、餐饮、休闲等多个领域,综合现代农特产品的生产、开发、线上线下交易、物流等环节,探索出一条信息化时代的"互联网+三农"之路。其具体做法如下:

一是采用"企业+政府"的开发建设模式,着力打造"三瓜"品牌。

2015 年，围绕"农旅、商旅、文旅"融合，安徽合肥巢湖经济开发区与安徽淮商集团联手，整合优质资源，保留当地古朴村落的原始格局和优美生态，打造特色旅游品牌——"三瓜公社"，开始探索三次产业融合发展的新模式。重点打造南瓜电商村、冬瓜民俗村和西瓜美食村三个特色村，形成"农旅、商旅、文旅"三旅结合的休闲农业。南瓜电商村，定位为电商村、农特产品大村、互联网示范村，吸引电商企业入驻，开发特色商品和旅游纪念品，通过线上线下融合的销售方式使农村产品销售渠道多元化。冬瓜民俗村，定位为农耕民俗文化村，建设传统手工艺坊，打造以体验半汤地方传统农耕民俗文化为特色的村庄发展模式。西瓜美食村，与旅游公司合作，通过村集体入股和持股，共同开发温泉康养民宿，拓展村集体经济发展路径。

二是善用"互联网＋"助力乡村产业发展。确定"互联网＋三农"发展路径，以"政府引领、农户参股、企业经营"为发展模式，集民俗文化、休闲旅游、农业种植、电子商务及新农村建设于一体，秉持"把农村建设得更像农村"的发展理念，对民居进行重新定位设计。采取"互联网＋特色农产品"的运营模式，大力发展现代农业，通过电子商务打开当地农特产品大市场，吸引年轻人返乡创业，新农人入乡创业，成立农民专业合作社，进行优质特色农产品生产，带动加工，让村民足不出户就能把产品卖向全国，激活乡村市场，盘活乡村资源，为农业注入新的生命力。以电子商务为抓手，依托南瓜电商村，建设线上线下店铺，建立创客中心，吸引年轻人入乡加入电子商务就业创业平台，通过电子商务，驱动农产品加工、生产，通过农特产品的加工生产吸引和保障更多本地村民就业和创业。

三是发挥龙头企业的示范与引领作用。以合作社为纽带，将农户种养、生产加工和电商销售有机整合，带动周边村民大力开展订单式农业。围绕农民专业合作社、农产品种植标准化、农产品加工销售等，打造农产品生产标准化基地。依托已经成立的专业合作社，负责规模化的特色产品种植、养殖和加工。引导农民和农产品加工企业按照标准对农产品进行初级加工。

四是注重全产业链协同发展。通过统筹协调各类资源使第一、二、三产业在总体规划中有序发展，良性互促。成立花生、养殖、食用菌、瓜果等多个农民专业合作社，打造绿色生态的农产品种植养殖区。由合作社进行原材料种植、加工、销售，并为参与的村民提供技术指导、服务及产品销售等。

## 第二节　打造"生态富美"的美丽乡村升级版

良好的生态环境，是农村最大的优势和宝贵财富。乡村振兴的质量和成色，要靠美丽乡村打底色，要以良好生态为支撑。改善农村人居环境，建设美丽宜居乡村，事关农业农村发展的绿色变革，事关广大农民根本福祉，事关农村社会文明和谐。实施乡村振兴战略，一个重要任务就是推行绿色发展和绿色生活方式，让生态美起来、环境亮起来，再现山清水秀、天蓝地绿、村美人和的美丽画卷。

### 一　浙江安吉：坚持生态优先，打造"中国最美县域"

安吉县，位于长三角腹地，隶属浙江省湖州市，下辖 187 个村庄，县域面积 1886 平方公里，常住人口为 58.64 万人。安吉在全国率先提出建设美丽乡村，深入践行绿水青山就是金山银山的理念，开启了在保护中发展、在发展中保护的全新路径，实现了生态良好、生产发展、生活富裕的目标，成为绿色发展的生动实践。其主要做法如下：

一是开展生态建设，实行长效管理。首先开展环境整治，实行农村污水处理、清洁能源利用、生活垃圾无害化处理等 13 项治理措施。同时，以标准化为要求，编制了涵盖农村卫生保洁、园林绿化等 36 项长效管理标准；专门成立风貌管控办，保护农村的一山一水、一草一木。此外，引入物业公司进行长效管理，物业管理公司按照村里污水设施养护、绿化和道路、工程管理精细化等要求，进行违法建筑监督、公共设施管理等。

二是加强宣传教育，培养生态自觉。构建爱护生态仪式感，即每年"生态日"所有的村庄开设生态讲座、普及生态知识；青少年用废弃物制成环保服装，走上生态广场进行表演；数万名群众巡查河道、美化环境，鼓励人们积极投身生态文明建设，从倡导节水节电节材、垃圾分类投放等日常行为入手，形成绿色生活方式。逐步构建起生活方式绿色化宣传联动机制，设立县、乡、村三级"两山"讲习所，相继开展绿色出行、绿色消费等环保公益行动，深入推进绿色家庭、健康家庭等创建活动，积极倡导绿色生活。取消早晚两次的物业保洁，不设公共垃圾桶，代之以定点投放、定时收集、资源化处理的操作方式，让村里的垃圾不落地。

三是生态红利催生美丽经济。首先，按照宜工则工、宜农则农、宜游则游、宜居则居、宜文则文的原则，安吉充分挖掘生态、区位、资源等优势，为 187 个村庄设计了"一村一品，一村一业"的发展方案，着力培育特色经济。比如溪龙乡黄杜村的主要收入来源是茶产业，由于大力保护生态，村里产出的白茶品质极高。其次，通过科技创新、产业融合，着力发展一二三产业融合的生态经济形态。比如安吉的竹产品种类从毛竹、竹笋、凉席发展到地板、家具、饮料等七大系列 3000 多个品种，带动全县农民平均增收 7800 元。与此同时，乡村旅游、养生养老、运动健康、文化创意等各类业态不断涌现，吸引大量外地人到安吉创业就业，曾经外出工作或求学的安吉人也纷纷返乡，其中还包括一些"国千""省千"人才。通过不断探索乡村经营发展模式，推动乡村旅游、电子商务等特色产业向规模化方向发展，培育出乡村共享经济、创意农业、特色文化等新业态，促进三产深度融合。

## 二　云南安石：退耕还林，实现生态立村惠民

安石村隶属临沧市凤庆县凤山镇，位于凤庆县城西北部，距县城 6 公里，全村面积 9.65 平方公里，是闻名的"中国滇红第一村"。近年来，安石村实施农村"七改三清"工程，大力发展生态产业，变生态优势为发展优势，走出了一条环境、产业、经济协同发展、绿色发展的乡村振兴惠民之路。其主要做法如下：

一是实施农村"七改三清"工程，切实提升村容村貌。"七改三清"，即改路、改房、改水、改电、改圈、改厕、改灶，清洁水源、清洁田园、清洁家园。省、市交通运输部门要求"乡级公路通油（水泥）路"；实施四类重点对象农村危房改造；全面推行"河长制"工作，积极推进最严格水资源管理试点县项目，推进水资源循环利用（再生水）提水工程；扎实推进农村电网改造，积极实施农村宽带提速建设，在确保乡镇 100% 通宽

带、行政村 100% 能上网的基础上，扩大宽带对行政村的覆盖，实现 85% 的行政村通宽带通网络；以标准化规模养殖科技推广为重点，实施改圈补助、良种补助、草种补助、对科技含量较高且有明显示范带动作用的规模养殖场（户）采用以奖代补的方式给予适当奖励等优惠政策，扶持养殖业发展；完成乡镇（街道）建制村所在地公厕建设工作；推动燃气下乡，对城区及周边乡镇进行燃气配套设施改造；清洁农村水源，定期对饮用水源地保护区范围排查污染源，对供排水公司和水库管理所的管理巡查记录进行查看，对在饮用水源地保护区范围内的不符合要求的建设项目不予审批，及时制止违规建设项目；减少农田面源污染，开展农药使用情况专项联合整治工作，推广精准科学施肥技术，推行农田的清洁生产技术，开展农业面源污染宣传，设立宣传栏，并建立种植企业农业面源污染示范点；有序开展清洁家园工作，以乡镇"两污"处理项目建设为重点，实施环境提升工程。

二是退耕还林促生态，产业调整助效益。安石村原先产业结构单一，主要种植土豆、玉米等传统农作物。国家实施退耕还林的政策给安石村带来了重大机遇，通过实施退耕还林，安石村耕地、水田全部种上经济林果，荒山坡地变为连片的茶园以及树林，逐渐构建起"道路林荫化、村庄林果化"的良好生态格局。借助退耕还林工程，安石村进行产业结构大调整，加快发展高原生态特色农业，将茶叶、核桃作为主导产业，依托花卉、水果等补充发展庭院经济，推动产业发展与生态治理良性互动。

三是深入挖掘生态旅游元素，集中力量推进乡村旅游。安石村依托生态资源优势，将打造"滇红第一村"品牌作为着力点，以突出滇红茶文化为主，并结合安石村人文、资源、环境、社会等诸多元素，以万亩茶园、千亩果林、滇红茶传统制作技艺、滇红茶文化历史展示以及倡导绿色生态健康行为核心，打造自然生态观光旅游、滇红茶体验旅游、绿色生态健康旅游等一系列旅游产品，推动乡村旅游提质增效，促进乡村旅游可持续发展。此外，依托茶花专业合作社，采取"龙头企业＋合作社＋基地＋农户"的经营模式，发展农户种植茶花，并纳入合作社进行统一管理、销售，打造集观赏、销售于一体的茶花精品园，将生态优势转变为经济发展优势，加快形成农业农村发展新动能。

### 三　福建新厝镇：做好"六个一"提升工程，整治农村人居环境

新厝镇位于福建省福清市西南部，常住人口为 2.23 万人，从污水四溢到水清岸绿的变化正是该镇实施村庄清洁行动的成果。近年来，新厝镇为深入实施农村人居环境整治行动，加快提升农村生产生活条件和生态质量，着重做好农村人居环境整治"六个一"提升工程，着力建设美丽宜居乡村，切实增强农民群众的获得感和幸福感。其主要做法如下：

一是实施"一行动六专项"，集中整治人居环境"脏、乱、差"问题。以开展"清沟、扫地、摆整齐"行动为抓手，组织各村对房前屋后的卫生死角、公共绿地、水沟、公园进行全面清扫，做到环境卫生整洁、道路平整、无卫生死角、无乱堆乱放、无乱贴乱画、无污水外溢；积极开展辖区内国道沿线专项整治，从加大卫生保洁力度、清除行道树及杂草、落实"门前三包"、清理违规占道等四个方面抓好"门面"整治工作；开展废品收购站专项整治，重点排查整治无资质废品收购站，联合执法队坚决拆除非法的临建搭挂及非法悬挂的回收牌匾、标语、灯箱等，严禁废品收购站私自焚烧废品、垃圾；开展散乱污企业专项整治，对村辖区内的"散乱污"企业（作坊）进行全面摸排，摸清数量、类型、位置、违法违规情形等，建立整治清单，按照"关停取缔一批、治理规范一批"原则，实施分类整治；开展镇村生活污水专项整治，组织各村摸排排污口，聘请第三方公司了解污水走向，为铺设污水管道、做好截污纳管工作奠定基础；开展生态修复专项整治，动员各村开展生态修复工作，大力开展生命公园建设工作；开展"两违"建筑及畜禽养殖场专项整治，组织镇村两级干部对"两违"建筑及造成环境污染的畜禽养殖场进行摸底排查，并借助城管中队力量依法拆除"两违"建筑，同时，加强巡查监管，形成长效机制，遏制"两违"发展苗头。

二是完善工作机制，落实管理清单。推行"一线工作法"，即"一线查找问题、一线指导推进、一线跟踪督促"，从上到下按照"领导包片、机关干部包村、村干部包街包户"原则，将任务细化分解，责任落实到人。采取"一周一推进，每周一协商"选定本周重点整治的区域或事项，在微信群里统一发布。各村负责具体实施，负责人跟进指导，有问题及时

沟通反馈，整改情况实时上传微信群。宣传推广先进村的做法，如江兜村定点设置垃圾集中池引导村民定点放置，漆林村实行"1 名村干部 + 2 名党员 + 若干名村民代表"的卫生责任区包干模式。

三是线上线下共同营造全民参与的氛围。在微信公众号开设专栏，挖掘优秀先进人物，展示行动成效，形成比学赶帮超的良好氛围。充分利用绘制文化墙、悬挂宣传条幅、发放宣传册、制作门前三包牌等方式引导群众共同营造环境整洁、秩序井然、美丽宜居的乡村新面貌。广泛开展各类文明先进评选活动，形成人人爱护环境、家家崇尚洁净、户户参与农村环境综合整治的良好氛围。坚持"一村一特色"，深度挖掘村庄各自历史典故、文化底蕴、风土民情，并与时代精神和文化结合，让每个村都有自己的"身份标识"，既展现了人居环境整治成果，又增添了浓厚的文化气息。

### 四　重庆荣昌区：改善农村人居环境，打造美丽宜居乡村

荣昌区位于重庆西部，常住人口为 66.89 万人，总面积 1077 平方公里，辖 15 个镇，6 个街道。近些年，荣昌区全力推动改善农村人居环境工作，通过农村厕所革命、生活垃圾治理、生活污水治理、村容村貌提升、农业生产废弃物资源化利用、村庄规划编制等一系列措施，使农村人居环境得到极大改善。其具体做法如下：

一是狠治脏乱差，垃圾一体化处理。重点治理城乡生活垃圾，推广"户集—村收—镇运—区转运处理"模式，实现生活垃圾无害化处理全覆盖。完善垃圾收运设施设备、收运队伍建设，配备垃圾收集箱、收运车、垃圾转运和处理的设施设备，确保村村有收集点和清扫保洁队伍，形成农村生活垃圾"农户分类、上门收集、定时清扫、及时转运、合理处理"的环保格局，建立农村生活垃圾一体化处理体系，使农村生活垃圾保洁、清运覆盖率达到 100%。同步开展农村脏乱差治理、清洁能源建设、污水处理、畜禽养殖污染防治、改厕等多项工作，加大环境综合整治力度。

二是完善基础设施建设，提升人居环境质量。完善农村路、房、水、电、通信、污水处理等基础设施，实施全镇饮用水及天然气管网铺设全覆盖工程，升级改造农村泥结石公路，新建农村污水处理设施，推动村庄亮

化工程，推进农村危房改造、抗震改造，加强农房建设管理，健全农房功能，完成院落整治。选取有一定基础的示范点和重点村，按照打造亮点、点面结合、分步实施的工作思路，开展乡村绿化，在主干道、坑塘沟渠、房前屋后等地栽植各类树木，新建公厕及人行便道、柏油路便道、亲水步道，建设污水处理设施及石桥修复工程，加强环境整治，推进生态田园建设。

三是建立长效工作机制，营造全民参与的良好氛围。建立"区负总责、镇街抓落实、村社组织实施"的长效工作机制，在镇街成立改善农村人居环境领导小组，并将工作成果纳入年终实绩考核，落实目标责任。建立农村人居环境治理自下而上的民主决策机制，引导村民全过程参与项目规划、建设、管理和监督，推行项目公开、合同公开、投资额公开，接受村民监督和评议。通过互联网、微信、广播电视、报纸、走村入户等多种形式宣传引导，定期举办评优活动，营造全民参与、齐抓共管的良好氛围，促使村民主动参与改善农村人居环境。

## 第三节　推行"廉孝善美"的乡风文明新模式

乡风文明建设既是乡村振兴的重要内容，也是乡村振兴的重要推动力量和软件基础。加强乡风文明建设，既要传承优秀传统文化，又要发挥好先进文化的引领作用，同时，充分尊重乡村本位和农民主体地位，围绕农民需要提供文化服务，组织农民开展文化活动，提升农民素质和乡风文明程度。

### 一　山东武家村：传承弘扬儒家文化，助推乡风文明

武家村位于山东省曲阜市，地处孔子故里，有着 640 年建村史，民风淳朴、村风和谐。武家村深入挖掘传统文化，通过开展文明实践，传承优秀文化，树立社会新风尚，探索文旅融合，走出了一条独具地方特色的发展之路。其主要做法如下：

一是推进社会主义核心价值观进村入户。以济宁市首个新时代文明实践中心成立为契机，设立"儒家讲堂"授课点，邀请儒学讲师和农林牧技

术人员、卫生文化人员、法律工作者用通俗易懂的语言为村里老百姓讲授儒学知识、家风文化及科技常识,讲法治、讲道德、讲技能、讲理论、讲政策、讲文化。

二是开展帮扶活动,重构健康文化价值理念。组织"文明家庭""好媳妇""好婆婆"等常态化评选活动,促进形成人人孝顺、诚信、有荣誉感的良好村风,传播正能量。通过家风墙梳理总结该村 17 个姓氏家族的家风家训,提醒村民时刻牢记祖训,弘扬优秀的家风文化。通过文化墙上的四德工程、好人榜等内容,向村民展示文明、健康、积极向上的文化气息、文明风尚,引导村民向贤者看齐。村里先后改造提升农家书屋、家风家训展室、文化活动室等服务场所,村民定期开展文化活动。加大宣传,推进移风易俗,成立红白理事会,理事会成员划片分区落实包保责任,红白喜事有明确具体的规定,遏制了攀比浪费之风,减轻了群众负担。

三是组织文化活动,丰富精神生活。组建腰鼓、太极拳、广场舞等文明实践队伍,创新开展"点单"式活动,让村民从活动的观众成为主角,累计开展各式活动上百场。与济宁学院文化传播中心结对共建,为大学生志愿者搭建实践平台,引导一批大学生到村里授课;邀请中国交响乐团到村演出,把高端文化资源送到老百姓家门口,极大地丰富了当地百姓的精神文化生活。

四是文旅结合,助力乡风文明建设。武家村以乡村儒学讲堂建设为契机,通过儒家文化与娱乐、休闲、旅游融合,形成了"一条观光线带动、两大项目支撑、三大民俗文化体验区"的文化旅游新框架。"一条观光线"是指九龙山、汉墓群、摩崖石刻、万亩樱花园贯通的一条旅游线;"两大项目"是万亩樱花园、孟母文化体验园;"三大民俗文化体验区"即武家村民俗文化体验区、农家乐体验区和文化体育广场休闲区。武家村将深厚的文化底蕴和儒学传承作为品牌,充分挖掘当地传说故事,吸引了大批游客前来参观,取得了良好的经济效益。

五是加强基础设施建设,解决养老难题。武家村建设了占地面积为1000 平方米的老年人日间照料中心,内设棋牌室、健身活动室、医疗保健室、书画室及休息床位,安排专人管理。日间照料中心设有餐厅,村里的妇女志愿者每天轮流买菜、做饭、保洁,解决独居和空巢老人的吃饭难题。

## 二　山西雷家坡村：德孝立村助推成风化人，乡风建设融入乡村治理

雷家坡村位于山西省运城市盐湖区，是闻名全国的"德孝村"。14 年前，雷家坡村经济结构单一、人多地少，村民收入不高，党组织软弱涣散。十多年来，雷家坡村用德孝文化推动村干部立德、群众行孝，走出了一条社会主义核心价值观与农村治理相结合的区域性特色之路。其主要做法如下：

一是立足乡村实情，促进妇女参与治理。雷家坡村男性劳动力大多外出务工，妇女成为留守农村照顾生产生活的主体力量。村"两委"班子以妇女参与为突破，以德孝文化为载体，通过村风培育、民风改善和家风建设，促进妇女积极参与乡村治理，化解村庄矛盾和纠纷，在实现妇女自身价值的同时，形成了自治、法治、德治相结合的乡村治理体系。

二是树立先进典型，培育德孝村风民风。雷家坡村选树典型，让群众最大限度地参与进来，在评选典型的过程中教育人、感化人。对选出来的典型，为她们在德政孝行榜"树榜立传"，并在子女上学、个人就医等方面制定优惠政策，让她们政治上有荣誉、经济上有实惠、社会上有地位。建设村文化长廊，展示历届"德孝"楷模，弘扬德孝，改变村风，滋养家风。通过评选好媳妇、好儿子、好婆婆等活动，把村子建成"家里没人吵架""邻里没人打架""治安案件零发生"的"全国文明村"。

三是开展家风家训活动，弘扬传统文化。开展悬挂家风家训活动，每年在全村范围征集家风家训，并悬挂在家中醒目位置，强调传承以保持德行不坠。家风家训内容，涵盖德、孝、仁、义、善等方面，如"孝敬老人，严教子孙；传承美德，从我做起""以德立身，用心做人""德为先，勤为本，善作魂，和为贵"等，展现着一个家庭的精神面貌和人文风采。文化墙上展示优秀家训选粹，每家大门口的墙上挂着家风家训，上面写着户主名字，这些家风家训督促与激励村民积极向上。

四是组织志愿服务队，建设德孝文化阵地。由盐湖区政府补贴，在村两委、村民、社会捐赠下，雷家坡村将原来的小学校改造成为日间照料中心。该日间照料中心设备设施齐全，每天为村里的老人提供一日三餐、看护、休息、娱乐等服务，消除了村里外出务工人员的后顾之忧。村里组织

了多支敬老志愿者服务队，老年日间照料中心作为服务平台，为老人梳头、洗脚、打扫卫生、表演节目，使老年人的晚年幸福指数大大提高。由党员干部组成的"一帮一"志愿服务队，经常到每个困难户家庭走访慰问，帮助料理家务，解决生产生活方面的困难，真正起到了党员带头作用。在老年日间照料中心，谁家媳妇来看望老人，顺便把其他老人一同看望，照料老人成了集体行为。这些做法温暖了老人的心，群众没有抵触情绪，村里矛盾慢慢减少，现在村干部只要一发动，村里工作很快就能完成。

### 三 福建斜溪社区村：开展特色主题教育，共建文明乡村

斜溪社区村是库区淹没重点村，位于闽江南岸，距市区 26 公里。斜溪社区村寻求转型发展之路，不仅改善村庄基础设施，打造村容整洁、人居环境优美的新农村图景，同时激发群众自治积极性，汇聚力量共建集体事业，营造人人参与的文明新风尚。其主要做法如下：

一是打造特色主题公园，营造乡村文明新风。斜溪社区村将现有六个公园分别打造成党建、李侗文化、乡风文明、社会主义核心价值观、孝文化等特色主题公园，形成"一公园一主题"，配有社会主义核心价值观、移风易俗、二十四孝宣传栏、李侗祖训长廊、家风家训长廊等内容丰富的宣传载体，公共外墙统一粉刷手绘墙体画，以移风易俗、文明家风为主要内容，展示出文明和谐的乡村新风貌。同时，斜溪社区村建有生态司法教育实践基地和生态司法主题公园，通过组织村民参观实践基地和主题公园，让村民在教育实践活动中提高环保意识。

二是规范村民日常行为，打造良好家风民风。斜溪社区村制定了"红九条""黑五条"，设置了"黑名单"，以此规范和引导斜溪村民日常行为，推动全体村民严格执行规约。此外，斜溪社区村还开展了"星级文明户""最美家庭""优秀妇女代表"评选等活动，抓榜样典型，宣传正能量，推动形成示范带动的良好氛围，在全村形成"学先进、争先进"的热潮，打造良好的"家风""民风"。

三是发挥地方特色资源优势，共建文明乡村。斜溪社区村依靠便利的交通以及丰富的文化、自然资源，大力发展乡村产业，全村有多家企业涉

足休闲旅游、康养项目等。在美丽乡村建设基础上，企业投入资本参与斜溪社区村工作，吸引大量游客和产业链团队，发挥地方特色资源优势，共同建设文明乡村。一些度假村项目，不仅配备休闲娱乐中心、乡食特色餐厅、民宿等设施，还有团体休闲、主题活动，通过党建培训、理学文化、茶洋窑产业等特色文化服务，促进产业与文化交融发展，实现一二三产业融合发展。

四是保留乡土元素，传承特色文化。斜溪社区村拥有近千年的渔文化，沿袭水乡传统，依托民间资本，建设游泳池、亲水木栈道、游艇码头，购置快艇、游轮等游乐设备，营造新时代的水上生活。其中，斜溪社区村最大限度保留乡土元素，传承龙舟竞技文化，保留龙舟队伍，除了每年在本村闽江河边举行龙舟赛外，还积极推荐龙舟队参加各级龙舟赛，学习经验的同时也展现斜溪龙舟队团结奋进的精神风貌。

### 四 湖北二官寨村：传承古村文化，培育淳朴民风

二官寨村位于湖北省恩施州盛家坝乡，全村面积37.6平方公里。二官寨村不断加强乡风文明建设，大力弘扬优秀传统文化、广泛开展移风易俗，引导群众转变思想观念、摒弃陈规陋习、树立积极向上的价值观，为乡村振兴注入"文明力量"。其主要做法如下：

一是典范与警示相结合，加强引导作用。坚持党建统领，采取自治、法治、德治深度融合的"一统三治"基层治理模式，以典型示范与警示教育相结合，大力开展移风易俗专项治理。评选"好婆媳""好妯娌""好心人""最美脱贫标兵""最美市场主体""最美院落"等并进行表彰，传播文明乡风。签订《二官寨村全面禁鞭的承诺书》《二官寨村生态安葬承诺书》，严厉打击大操大办、乱葬乱埋等行为，对反面典型进行持续宣传教育，改善村风民风。

二是推行家风家训，培育淳朴民风。二官寨村的村民以康、胡两姓为主，两姓都有超过百年的传承。其中，康氏一族自清朝迁来就有《康氏家训》八十言，家训要求子孙行善积德、积极有为，不违背纲常伦理。而胡氏家庭则更加重视为人正直谦和。二官寨村开展"立家规、传家训"活动，推行家训家风，通过推进家训挂厅堂、进礼堂、立广场等一系列文明

实践活动，培育群众文明乡风、良好家风和淳朴民风。近年来，康氏培育出 19 名教师，他们始终秉持着教书育人理念，使得康家家风影响更多人。

三是保护古建筑群，传承古村文化。盛家坝乡是巴蜀盐道重要的文化沉积带，在这里形成了小流域农耕文明和独特的建筑文化。二官寨实景剧集二官寨民俗风情和农耕文化于一体，由本地村民出演并与游客互动，向大家展示当地百姓生活的真实场景和古朴的民俗文化，是古村落保护的"活态传承"。二官寨村以旧铺为试点，推进"整庭院、建民宿"老屋整改工程，不拆老屋，不建砖房，加强对老屋的修缮保护，保护原生性景观。

四是完善基层文化场所建设，倡导健康文明生活。兴建和完善文化艺术活动基地，开展丰富多样的文化活动，如打球、跳舞、下象棋等，丰富群众的精神生活。加强乡村文化队伍建设，积极发展文艺爱好者、文艺能人、民俗文化传承人，上岗前邀请专业老师、文化传承人统一集中培训，为乡风文明建设提供有力的人才支撑。依托"油菜花节""农耕文化节""插秧节""摄影大赛"等节庆和赛事，丰富和满足村民的精神文化生活。

## 第四节　健全"三治统美"的乡村治理新体系

乡村治理是国家治理体系的重要组成部分，治理有效是乡村振兴的重要保障。走乡村善治之路，只有全面加强农村基层组织建设，发挥农村党支部战斗堡垒作用，实现组织振兴，才能为乡村振兴提供坚强的组织保障。近年来，浙江、湖南、福建等省份因地制宜加强乡村治理体系建设，创新乡村治理方式，其探索实践与经验总结可供各地学习借鉴。

### 一　浙江桐乡：党建引领三治融合，促进乡村有效治理

浙江省桐乡市地处沪杭之间，交通便利、水路通达，全市总面积 727 平方公里，辖 8 个镇、3 个街道，户籍人口约 70 万人、新居民约 55 万人。2018 年，实现地区生产总值 893.5 亿元，财政总收入 129.4 亿元。为解决所面临的社会问题增多、矛盾纠纷多发等困扰，桐乡市坚持党建引领基层社会治理，发挥基层党组织战斗堡垒作用，开展了三治融合的基层社会治理探索实践。其做法如下：

一是发挥多方主体的共治作用。从党委政府、社会组织、群众三个层面合力提高社会治理水平。创立"依法行政指数",建立法律顾问制度,提高依法决策、依法行政水平。利用文化礼堂、红色驿站等阵地,经常性开展"法律十进"、社会主义核心价值观等宣传教育活动,将法治意识、道德观念传递到田间地头。大力推进社区、社会组织、社工"三社联动",推动政府向社会组织和社会力量购买服务。建立城乡社区工作事项准入机制,明确依法履行职责事项和协助政府工作事项。开展清牌子、减评比、去台账等基层组织"去机关化"行动,推动自治职能归位。发挥村干部、党员、三小组长(党小组长、村民小组长、农村妇女小组长)等的"微治理"作用,引导基层群众有序参与基层事务决策、管理和监督。

二是发挥三种方式的协同作用。自治、法治、德治综合运用,形成以"一约两会三团"为重点的三治融合创新载体,协同推动基层社会治理转型,释放出乘数效应。"一约"即村规民约。让村民参与制定和监督,以"村言村语"约定行为规范、传播文明新风,综合运用物质奖惩、道德约束等手段保障落实,在潜移默化中引导农村群众厉行节约,革除陋习,使村规民约发挥更好的治理效果。"两会"指百姓议事会和参事会。由村党组织书记担任百姓议事会的召集人,由村党组织书记或村委会主任兼任参事会的秘书长,通过专题会议、个别访谈等多种形式,解决和协调村里的相关事务,协助村"两委"做好群众工作。"三团"指百事服务团、法律服务团、道德评判团。以志愿服务、法律服务、道德评判为抓手,将定期坐诊、按需出诊、上门问诊相结合,完善志愿者组织体系、公共法律服务体系和道德评判体系,打造市党群服务中心和"一米阳光""法律诊所"等为代表的市、镇、村三级服务组织。选派法律服务团中党员身份的"三官一师"(法官、检察官、警官,律师)到村担任"平安书记",发挥专业优势,加强和规范基层组织建设,结合职能作用和日常工作,促进基层自治活力有效释放。

三是发挥三治融合的全域作用。从治理区域、治理领域、治理经验三个层面深化治理,并在此基础上持续深化三治融合的全领域实践探索。三治融合在桐乡高桥村率先试点,然后扩展到桐乡的所有村,并作为"桐乡经验"推广到全省和其他地区。浙江省开展村规民约、市民公约修订工作，明确要求加入"坚持自治、法治、德治相结合"的条款，使之成为全省 3 万多个行政村、社区共同遵守的约定。在小城镇环境综合整治中，充分发挥自治组织作用，民主制定整治方案、协同开展长效管理，原来老大难的"脏乱差"问题迎刃而解，取得了良好的反响和社会综合效益。在创新实践基础上，与相关领域专家学者保持常态化联系和互动，举办基层治理高峰论坛，推进三治融合理论研究不断深化。

## 二 湖南油溪桥村：积分考核撬动乡村治理变革

油溪桥村位于湖南省新化县吉庆镇东北部，辖 12 个村民小组 228 户 868 人，属石灰岩干旱地区，没有资源优势、区域优势，曾为省级特困村，也是有名的软弱涣散村。通过建设村级事务积分考评管理制度，村里大小事务都以"积分"体现，村民根据积分参与村集体收入分红，党员干部根据积分管理考核，撬动乡村治理改革，带领全村群众自主脱贫，蹚出了一条农业增效、农村增美、农民增收的新路子。其主要做法如下：

一是村民群众参与制定积分考核办法，积分考核覆盖村里的大小事务。村里通过积分制对村干部、党员、群众三个层级的行为人全部进行考核，涉及登记、审核、公示、讲评、奖惩等各个环节。首先，通过老方法、新媒体广而告之，使村民知晓、认可并广泛参与，及时搜集村民群众的好建议。其次，征询各家各户意见，充分凝聚民智，结合村规民约，以民意为基础，因村制宜，依法依规，逐步细化完善积分内容及实施细则，形成可操作性强的积分制草案。最后，召开村民代表大会，投票表决通过积分制草案，实践中及时查漏补缺，予以动态完善。接下来建立积分动态管理台账，总积分由基础分、奖励积分和处罚积分等构成，加扣分上不封顶、下不封底。基础分根据户主承包人口数量、户口迁移等情况确定；奖励分、处罚分根据参与村级事务的情况，以及涉及突发事件、公共安全、社会治安等重要事项的特殊贡献情况或造成严重不良影响情况确定。将村规民约各项内容纳入积分制，如将移风易俗纳入积分管理，禁燃禁炮，禁赌禁毒，不准大操大办红白喜事；践行"两山"理论，将禁伐、禁猎、禁渔、禁塑、禁烟纳入积分管理；将义务筹工筹劳纳入积分管理，切实将"多劳多得、不劳不得"的原则生动体现到村级事务管理中。

　　二是记录并公示积分考核结果，且落实考评奖惩。首先是严格规范操作。村委会建立管理台账与积分手册，对登记、审核、考评、奖惩等每个流程进行全程管控，一事一记录，一月一审核，一季一公示，一年一核算。农户可通过口头、电话等多种方式申报积分，并提供相关依据，经核实后进行加扣分，并计入管理台账。每月 28 日对村民积分进行审核认定，并在积分卡上登记，在案卷记录上统计相应数据。每季度将村民的积分情况进行公示，有异议的可向村支两委反映，经调查核实后做出妥善处理。每年末进行核算，积分以交办事务本、加扣分登记册、会议记录本、管理台账、积分卡等为依据，结果登记进档案，第二年重新开始计算。其次是强化考核考评。积分制与村组干部工资绩效、个人考评挂钩，与村民参与年底村集体收入分配挂钩。对村组干部出勤、公益事业捐献、业务素质、任务完成、群众满意度等情况进行综合考核，先进干部换届时优先提名，最后一名不得提名，如出现负分且是最后一名则淘汰。村集体收入的一定比例用于积分分红，全体村民根据年底总积分参与分红，负分不能分红。

　　三是积分制突出正向激励，激活农村生产力。首先是村组党员干部以身作则带头推行积分制，切实以"一班人"带动"全村人"。积分管理将党员考核转变为量化比较，先进后进一目了然，将党员的言行表现完全展现在群众眼前，接受评议和监督，让每名党员身上有担子、心中有压力、工作有动力，促使其主动联系服务群众，尽最大可能为群众办实事、办好事。形成了党员干部争先创优、你追我赶的良好氛围，村级党组织凝聚力战斗力不断增强。积分制的推行，让村民争相"攒分"，激发了内生原动力。积分管理将村民践行村规民约情况与参与村级发展分红等切身利益挂钩，凝聚了村民力量，激发了干事的内生动力，村民纷纷把村里的事当成"自家事"来办，"抢着干"的村民越来越多，"站着看"的村民越来越少。其次是积分制主要是通过积分考核管理办法，对村里大小事务进行有效管理，村民根据积分参与村级集体收入分红，从而有效地组织引导村民参与村庄建设、产业培育、文明创建等各项事务。积分制的推行与实施，最大限度地激发了村民自我管理、自我生产和参与村级集体经济发展的积极性，形成了村民致富与集体经济发展齐头并进、"大河有水小河满"的生动景象。在村组党员干部的示范带动下，油溪桥村先后形成了乡村旅游、四季水果、小籽花生、田鱼、甲鱼等五大支柱产业，全省第一个整村成功创建国家级 3A 景区。

### 三 福建省罗溪镇：坚持党建引领，实现共建共治共享

罗溪镇位于福建省泉州市洛江区北部，2016 年以来，罗溪镇持续加强和创新基层治理，积极构建党组织统一领导、各类组织积极协同、广大群众广泛参与的基层治理体系，探索形成了"1 个党支部 + 1 个党群圆桌会处事制度 + 社会力量"的"1 + 1 + S"乡村治理模式，不断创新社会管理、加强基层政权建设、拓宽群众诉求渠道，实现党群一体，共建共治共享，走出了一条以新时代党建引领基层治理现代化的新路子。其具体做法如下：

一是推行党群圆桌会，形成乡村治理合力。首先是根据实际村情在村民小组或片区组建党群圆桌会，由党员、小组长、乡贤、族老和年轻人才组成，广泛听取村民意见和建议并向党委和支部反馈，形成了很好的沟通机制。同时，由党群圆桌会的党员成员协助宣讲政策法规和部署精神、执行党的决定、主动参与协商工作，帮村民解读上级发布的指导性政策，对党的决策坚决贯彻、对形成的决议有效落实，解决了政策深入群众的"最后一公里"问题。其次是将党的建设、村级经济社会发展、农村环境综合整治等纳入党群圆桌会协商范围，党员、群众轮流主持，按照"群众提事、征求论事、圆桌议事、会议定事、集中办事、制度监事"的圆桌六步原则处理村民小组事务。再次是以"党建 + 文艺惠民"的形式开展主题宣讲，通过党群圆桌会中的党员影响带动群众，用群众喜闻乐见的传统艺术演绎形式，将古今家国故事和社会主义核心价值观融合起来呈现给村民。最后是通过微信公众号、座谈会、联络群、发展手册等方式经常性向社会各界通报党委决策情况和党群圆桌会工作情况，进一步提升社会各界对试点村发展的支持力度和关注度。

二是整合社会资源，推动乡村治理发展。首先是从村内各党群圆桌会中挑选骨干成立红色参事会，建立智囊团，会同新华网、浙江大学旅游研究所、罗溪外地商会同乡会、互联网企业、新媒体人才之家、大济公益协会等社会力量，捐助村里基础设施，修族谱，修古厝，共同参与家乡建

设。其次是集中各方资源力量，依据"两山"理论，立足历史遗迹和自然生态优势挖掘村域资源，发展村里经济。镇机关和村党员干部深入山林、田间调研，收集整理村域内自然人文资源清单，党群圆桌会的成员线上线下结合建立乡村论坛，把脉论证村庄发展的思路，共同策划特色经济发展项目。最后是不定期地向支持试点村发展的非公有经济人士、侨胞侨眷等，通报并公开党委决策情况、试点村发展现状、财务情况、村务党务情况，接受监督，听取意见和建议，吸纳更广泛的人士参与乡村治理。

三是围绕经济发展，促进乡村治理提升。首先是注册成立村集体经济组织，盘活村集体土地和农村自有土地，实行土地、房屋入股，村里统一规划建设、对外招商，引进合适的投资者，既保障村集体和群众收益，又降低投资方投资成本。其次是鼓励群众依靠生态资源，成立药材、食品、花卉、苗木、养殖等合作社，推进特色产业发展。再次是在试点村建立红色动力网络联合党支部，发展农村电子商务，带领群众通过网络平台推销农特产品。最后是聚焦人才振兴，从党群圆桌会成员中遴选建立"一懂两爱"农村人才库，培养储备懂发展、善管理、能干事、会带队的农村善治型人才，年龄小、高学历的班组成员逐渐增多。依托党群圆桌会，罗溪镇17个村圆满完成村级组织换届选举工作，实现换届零信访。

#### 四　广东省惠州市：一村一顾问，让村民懂法更守法

惠州市位于广东省东南部，属于珠江三角洲东北、东江中下游地区，辖两区三县，设有大亚湾经济技术开发区和仲恺高新技术产业开发区两个国家级开发区。惠州市积极落实法治为民行动，为每个村安排一个专业律师作为法律顾问，协助村委会制定、修改和完善村规民约，把基层民主自治导入法治轨道，引导农民办事依法、遇事找法、解决问题用法、化解矛盾靠法。"一村一法律顾问"，为农村法律服务短缺问题提供了解决思路，是农村法治建设的地方创新实践，补齐了乡村治理中的法治短板。其具体做法如下：

一是统筹法律资源，结对帮扶村庄。首先是统筹法律服务资源，实行律师事务所对口援助制度，确保法律资源的均衡性。其次是建立双向选择制度，公开律师事务所基本信息及业绩，在充分听取群众意见后，由村委

会与律师事务所、律师进行双向选择。最后是开展律师行业倡议，组织律师参加法律援助惠民活动，举办研讨会，开展结对帮扶活动，为村里各种经济、社会活动提供法律服务，防范法律风险，为基层群众处理经济社会事务提供法律援助，维护村民的合法权益，推进乡村法治环境建设。

二是强化工作指导，给予经费补贴。首先是成立工作协调小组，强化对村法律顾问日常工作的指导。建立村法律顾问工作联席会议制度，多部门共同研究解决工作中遇到的问题。村法律顾问协助村委制定、修改和完善村规民约等，把基层民主自治导入法治轨道，对推动农村依法开展自治工作，实现法治、德治有机统一起到良好促进作用。其次是加大经费保障力度，确保服务工作正常运行。将村法律顾问的办公费用、律师工作补贴经费纳入市、县（区）财政预算，省财政下拨专项经费。同时，制定经费使用管理办法，对村法律顾问工作补贴的发放对象、发放标准、办公费用的使用管理和发放程序进行规范，提高经费使用效益。

三是提供法律服务，增强法治意识。明确村法律顾问的职责，为乡村提供法律咨询、法律援助、普法宣讲等法律服务。首先是帮助基层进行普法宣讲，结合实际以案说法，开展法制讲座，进行法制宣传。其次是帮助审查法律文件，免费为乡村基层组织审查合同文件、村规民约，为基层群众起草法律文书。再次是化解矛盾纠纷，协助乡村基层组织处理经济纠纷、调解各类矛盾、提供法律援助，引导群众通过合法途径表达诉求。最后是维护农民集体及村民的合法权益，为乡村建设规划、传统古村落保护、农村集体产权确认和登记、"政经分离"等工作提供法律服务。

四是开设法德讲堂，助力法德共治。首先是开设"法德讲堂"与"道德讲堂"，为村民普法、弘扬道德文化、培养道德观念，提高村民的法治意识和学法用法守法的自觉性。围绕社会主义核心价值观，针对基层法治薄弱环节和群众对法律的需求，法律顾问定期到村开展法治宣传，满足基层法律服务需求。其次是建设各类网上法律服务平台，同时，组织法律顾问、律师进村提供服务，让群众足不出户就能得到方便快捷的公共法律服务。

## 第五节　探索"美丽经济"的共同富裕新路径

共同富裕是社会主义的本质要求，是人民群众的共同期盼。高质量发展是实现共同富裕的必由之路,唯有建立在生产力高度发达的基础上,才能够实现长远富裕、可持续富裕。贵州省六盘水市,浙江省奉化滕头村、余姚横坎头村、乐清下山头村等地,有的用改革盘活资源,有的用生态旅游壮大村集体经济,有的用红色引领绿色发展,有的用村企共建打通发展之道,这些乡村依靠奋斗都走上了共同富裕的康庄大道。

**一　贵州六盘水:"三变"改革催生"三农"新颜**

六盘水市地处贵州西部,是一座资源型城市,素有"江南煤都"之称。它曾是一座脱贫攻坚任务繁重的城市,所辖 4 个县中有 68 个贫困乡镇,615 个贫困村。2014 年,贵州六盘水市以农村产权制度改革为突破口,大力推进"资源变资产、资金变股金、农民变股东"的"三变"改革,以政府为主导,引进企业为龙头,发展特色产业为平台,引导农民以土地入股、以余钱入股,解决了山区农村资源分散、农民分散、资金分散的问题,推进山地农村经济规模化、组织化、市场化发展。"三变"为增强农村发展内生动力、推进精准扶贫、发展壮大村集体经济探索出一条新的路子,得到中央高度肯定并总结推广。2020 年六盘水市完成地区生产总值1339.62 亿元,比 2019 年增长 4.5%。其具体做法如下:

一是培育"三变"经营主体。按照"政经分开"(村支两委与村级经济组织分开)的原则,加大农村股份合作社组建力度。近年来,先后出台了《关于推进村集体经济又好又快发展的实施意见》、《关于运用市场机制发展农村股份合作社的试行办法》和《六盘水市农村资源变股权、资金变股金、农民变股民的指导意见》等文件,加大政策支持力度,推动合作社创立发展和规范运行。农村股份合作社除独立发展外,还充分发挥桥梁纽带作用,通过领办创办村集体企业、参股入股其他企业和与园区合作等方式,促进市场主体多元化发展。全市 100% 的村建立健全了农村股份合作社。

二是抓好"三变"股份量化。其一,存量折股。在清产核资的基础上,将村级集体资源、资产和资金进行评估量化,合理确定村集体股和村民个人股比例,唤醒沉睡的资源进入市场。其二,土地入股。充分尊重农民意愿,把农民的土地承包权转化为股权,入股各类新型农业经营主体,推进土地适度规模经营。在产生效益前,合作社或企业一般按照每亩每年

400～700 元不等支付农民租金，并以 5%～10% 的增幅逐年递增；产生效益后，农民按照股份比例参与分红。其三，增量配股。将财政投入村的项目资金（奖补、贴息、救济资金除外）量化为村集体和群众持有股份，在农民自愿的基础上，实行所有权与经营权分开，由合作社统一经营管理或入股各类经营主体，获利后按股份比例分红。充分发挥财政资金"四两拨千斤"的作用，积极鼓励引导农民闲散资金、自筹资金和社会资金参与农村产业结构调整，放大财政资金使用功效。

三是规范"三变"运行管理。村集体"三资"清产核资、量化折股工作，由村民委员会在乡镇人民政府的指导下，通过公开、透明、规范的程序，由村民代表大会议决。受村民代表大会委托，由合作社对接经营主体，按照"股权平等、风险共担、利益共享"的原则，在确保农民利益的前提下，合理确定村集体、村民和企业股份与分成比例。在合作社成立监督委员会，对经营主体的经营、收益分配进行监督，依法保护股东权益。审计部门定期对农村合作社或企业的生产经营、资金运行情况进行监督和审计，确保村集体和农民资产保值增值。

四是强化"三变"政策支持。坚持示范引领、以点带面、稳步推进的思路，选择村支两委战斗力强、群众积极性高、产业基础较好的村进行重点扶持。对符合条件的村，按照"量入为出，确保本金，按期收回"的原则，对每个村给予 5 万～20 万元的启动资金，限期 3 年，滚动使用，期满只还本金。全面落实农村小额信贷、小额贷款担保和"3 个 15 万"等政策措施，加大支持农业经营主体购买农业保险的力度，破解农村融资难题。

## 二 浙江滕头村：走绿色生态之路，输出共富经验

滕头村，被誉为"生态花园"，是全国首个村域 5A 级景区、全国最早卖门票的村庄之一，全村 358 户 891 人，村域面积 2 平方公里。滕头村大规模改土造田美化环境，发展生态旅游业，后转型升级为以二次消费、功能性消费为主的生态休闲旅游发展新模式，现如今生态农业、园林绿化、新能源、新材料等绿色产业产值占到滕头村经济总量的 80%。滕头村基本福利每人每月 1500 元，退休金最低每月 3500 元，住房、教育、卫生等均有保障。2020 年实现社会生产总值 122.9 亿元，村民人均纯收入达 6.9 万

元。其主要做法如下：

一是科学种植养殖，发展生态农业。早在 20 世纪 80 年代初，滕头村就开启了农业规模化集约经营，将包产到户的土地经营权再流转回村集体名下，实行工业化、规模化、产业化经营。从封山育林、植树绿化和农田基本建设抓起，利用河岸、田塍、房前屋后种植各类水果；利用河道、池塘放养各种高产高效鱼类，实现村庄农田园林化。实行改土和科学施肥相结合，探索出一套以有机肥为主、化肥为辅，以土定肥、以肥补缺，培养地力、改良土壤，依靠科技、平稳推进的科学施肥方法。同时，以生物防治为主、化学防治为辅，科学防治病虫害，有效减少农药使用量。成立农业开发服务公司，通过对国内名、特、优、新、奇品种的引进和培植，建立优质种子种苗基地，发展高品质、高营养、无公害和反季节绿色特色农产品。借助高科技生态大棚、植物组培中心等载体，提高土地效益。建立高科技、智能化的农业生态温室，以先进的种植方式发展观光农业。农业生态温室中栽种珍奇植物品种，拥有自动降温系统、自动遮阳系统、自动遮阴系统、自动灌溉系统和智能化控制等十几项高科技功能。同时，集中周边村土地，建立综合农业示范区，展示科技先进、优质高效、出口创汇的新特优农产品，打造生态、立体、设施、观光、休闲、庄园等多功能农业示范体验基地。滕头综合农业示范区因此成为浙江省首批 12 个现代化农业示范区之一，也是"国家级农业综合开发示范区"。示范区中的蔬菜瓜果种子种苗基地、植物组织培养中心、花卉苗木基地等，都是我国现代农业的样板。

二是发展低碳工业，加快三产融合。要实现产业兴旺，选择好的项目是关键。滕头村创立了全国首个村级环保委员会，对引进的工业项目实施环境影响评价，把重点放在清洁型工业上，如服装厂、电子配件厂、缝纫机台板厂、金刚石厂和有机氟制品厂等。滕头村现有七大支柱产业，分别是服装产业、园林苗圃产业、新材料、滕信公司、高科技产业、旅游产业以及村民自主创业的产业。此外，还聘请专业团队编制空间规划、产业规划和田园综合体规划，吸引更多企业和项目落户。

三是改革企业体制机制，推动集体经济发展。滕头村对企业体制机制进行了改革创新，采取统分结合、分类施策的方式，对规模较大、效益较好的骨干企业，进行股份制或股份合作改造；对小型微利企业进行兼并、租赁；对农业开发公司、旅游业相关的公司，实行集体所有、企业化经营。改制后的滕头集团所属企业既有村集体、股份制企业，也有合资、混合所有制企业。在滕头村企业总资产中，集体、个体和外资分别占有股份为 51%、37%、12%，这些企业因体制机制转变，重新焕发出生机和活力。企业转制后，紧接着对集团资金管理和运作进行改革创新，建立起集团公司财务部统筹运营资金的机制，村集体全资子公司每年利润，除了自留积累资金、投资资金外，其余上缴集团财务部。投资资金按年度预算安排，预算资金计划由董事会研究决定；村集体控股、参股企业分红同样交由集团财务部统筹。集团收益按一定比例上缴村委会，由村经济合作社用于村民福利、村庄公共建设、农业补贴等项目。

四是提升农民素质，输出共富实践经验。实行小学到高中全学段免费教育，设立育才奖励基金，奖励村中优秀学子，通过教育切实提高农民素质。目前不足 900 人的滕头村，已先后培养出大学生 108 名，博士研究生 2 名，硕士研究生 16 名。筹建滕头乡村振兴学院，挖掘、分析和提炼一批具有浙江特色、宁波特质、符合实际、富有成效的乡村振兴鲜活经验，探索开发 20 余门实践特色课程和专题教材，输出奋斗致富、联盟带富、赋能促富三位一体的"滕头模式"，带领更多地方走深走宽共同富裕之路。

### 三 浙江横坎头村：村庄抱团发展，探索共同富裕

横坎头村地处浙江省宁波市余姚梁弄镇南首，全村有农户 871 户 2473 人，其中党员 161 人，村域面积 7.3 平方公里。村内至今保留中共浙东区委、浙东行政公署等旧址，享有"浙东红村"之称。横坎头村按照"红色＋绿色＋特色"的发展思路，大力发展红色旅游、利用绿色资源、壮大特色农业，形成了特色鲜明、产出高效的农村产业体系，同时带动了采摘游、农家乐和民宿的迅速发展。2020 年，横坎头村村集体收入达到 1020 万元，村民人均收入达到 40228 元。其主要做法如下：

一是赓续红色基因，发展精品旅游。横坎头村瞄准浙东抗日根据地旧址群所在地的红色资源优势，把发展红色旅游业作为支撑该村长远发展的支柱性产业。借助余姚市委、市政府对浙东（四明山）抗日根据地旧址群进行修缮、改造提升的机会，对浙东区委旧址、浙东行政公署旧址进行了

重新布展，新建了浙东抗日根据地总序厅、新四军浙东游击纵队军史陈列馆。横坎头村创建了全市首个红色村史馆，组织开展多形式宣扬红色文化的艺术活动，并邀请专人为村民开展道德讲座。依托修缮好的红色旧址建设游客中心、完善周边配套设施，大力发展红色文化旅游产业。同时，为撬动更多资源，吸引更多旅游、会务、培训等过来，横坎头村所在的梁弄镇推出一条精品旅游线路，将梁弄镇汪巷村、甘宣村、白水冲村、贺溪村等散落在四明山腹地的各个景点串联起来，拉长精品旅游线路，留住游客，帮助农家乐和民宿产业变现以及带动土特产销量增加。梁弄镇以横坎头村为核心，成立共富联盟，带动全镇其他行政村，加快形成强村带弱村、富村带穷村、快富村带慢富村、大村带小村的镇域共创共富共享发展格局，村庄抱团发展成为探索共同富裕的全新尝试。

二是融合绿色资源，改善人居环境。加快建设浙东抗日根据地纪念馆、军事教育体验基地等项目，推动浙江四明山新希望绿领学院、浙东延安红色文化学院运营拓展，深化打造红色研学实践线路，推进红色文化和绿色产业的融合发展，促进农旅、文旅、学旅、体旅的多旅融合。依托原生山水进行整改规划，重视维护原有的地形地貌，关停污染企业，保护自然生态环境。投资建设公路，增设公交线路，方便村民出行。进行拓宽道路、美化外墙、电线下地等一系列村庄环境整治。为迁居村民修建安置房，配备标准绿化设施和停车位。建设新农村示范区，全面实施新农村电气化改造，开展"线乱拉"专项整治工作，修建农民公园及超市，铺设下水管道，为道路做绿化，改造商铺店面与街面广告。

三是鼓励村民创业，发展特色产业。依托生态资源优势，结合红色旅游、绿色农业，鼓励引导群众通过经营"农家乐"，实现增收致富。党员带头发展特色产业，种植樱桃、猕猴桃等特色水果。在政府帮助下与宁波农科院开展合作，建立樱桃品种资源圃，提高樱桃品种丰富性，延长樱桃采摘期，打造横坎头村特色水果品牌。同时利用丰富的山地资源，大力建造茶叶和杨梅产业基地，引入保鲜技术将产品销往全国各地。建成横坎头村果乡园生态农场，农旅结合拓展产业链。

## 四　浙江乐清下山头村：村企共建，共同致富

下山头村位于浙江省乐清市大荆镇，其石斛文化园获评国家 3A 级旅

游景区，2018 年获得"中国美丽休闲乡村"称号，村域面积 2.13 平方公里。近年来，该村积极探索"村企共建，以企带村"的发展模式，通过打通铁皮石斛一二三产全产业链、完善共富"利益链"，实现绿色发展、富民惠民，先后获评中国美丽休闲乡村、国家森林乡村、浙江省美丽乡村特色精品村、浙江省善治示范村、浙江省农村引领型社区等。其具体做法如下：

一是三金惠民，创新共富路径。以土地租金、就业薪金、入股股金的"三金"模式带动村民共同致富。由村民出让土地，统一流转到村股份经济合作社，所有资本则由企业出，双方合股成立公司后，具体经营交由企业，合作社不用承担经营风险，待盈利后享受分红即可。土地租金收入水田 1000 元/亩、旱地 240 元/亩；土地承包经营权折价入股"聚优品"公司，村集体和村民共占股 33%，盈利后每人每年获得 1 万元股金；同时，在村企开设就业岗位 500 余个，人均每年可获得 3 万元薪金。2020 年村集体经济收入达 206 万元、比三年前增长 20 倍，村人均年收入达 4.2 万元、比三年前增长 1 倍。

二是三产融合，打通发展通道。通过流转土地经营权，引进省级工程铁定溜溜项目，项目规划包括名贵药材铁皮石斛的种植、加工、研发、采摘，以及山上的百果园和农耕乐园等生态旅游观光，建设集铁皮石斛种植、品赏销售，铁皮石斛文化传播及餐饮民宿、养生休闲旅游为一体的田园综合体，推动石斛产业链从种植到化妆品、观光游一二三产业融合发展，提升全链条价值，产业链产值从三年前的 20 亿元跃升至 50 亿元，观光旅游半年营业收入 3500 余万元，五一假期单日最高游客量达 1.7 万人。此外，铁皮石斛所衍生的产品，有冲剂、口服液、胶囊等保健品，有牙膏、面膜等日用品，还有啤酒等食品，产品附加值增长 150%。

三是共建共享，提高幸福指数。建成总投资 6 亿元的高端非营利民办学校——荆山公学，上线"智慧教育 e 课堂"、推动"数字家庭"建设，实现幼、小、初、高全学段优质教育全覆盖；引入优质医疗资源建设村卫生室 1 处、"健康小屋"3 处，打造总面积 3200 平方米的邻里中心、老年活动中心和居家养老照料中心，全面提供家政陪护、订餐配送等服务。全村 13 名 60 岁以上老年人统一配备健康手环，每 3 名妇女结对联系 1 户留守老年人，精准服务老年人需求。

### 五　陕西咸阳袁家村：村民共治，发展共享

袁家村位于陕西省咸阳市礼泉县烟霞镇北部九嵕山下，毗邻唐太宗李世民昭陵，距离西安市区60公里。袁家村共有62户286人，土地面积660亩。袁家村拥有独特的区位优势，处在西安西线旅游线路中，该线路自然山水风景区和人文历史景区资源众多。同时，位于西安、咸阳及咸阳国际机场的"一小时"范围圈内。袁家村主打的是关中民俗文化，关中民俗美食、在城镇化进程中消失的各类手工作坊，传统特色文化如秦腔、皮影戏等，现已吸引3000人来此经营开发。袁家村先后获得国家4A级旅游景区、中国十大美丽乡村、国家特色景观旅游名村等荣誉，昔日的"空心村"已经成为今日的"关中民俗第一村"。其发展可以归结为"以村集体领导为核心，村集体平台为载体，构建产业共融、产权共有、村民共治、发展共享的村庄集体经济"模式。其主要做法如下：

一是注重品牌塑造，实施三产融合。袁家村的发展打破了传统"由一产向二产和三产拓展"的思路，构建起"由三产带二产促一产"的体系，同时，立足品牌溢价，打造"品牌＋创新团队＋资本＋互联网"模式，实现多维度产业共融发展。其发展路径为：从乡村旅游出发，在市场规模不断扩大和经济效益不断提升的基础上，强大的第三产业对第二产业的带动明显；第二产业逐渐围绕第三产业布局，第二产业内部不断升级，由传统的手工作坊到现代加工工厂再到连锁加工企业；第二产业的强劲发展加大了对优质农副产品的需求，拉动第一产业提质增效，形成三产融合发展的良性循环体系。目前，袁家村共有农副产品加工企业10个，旅游服务企业6个，建成菜籽、玉米、大豆、红薯等优质农产品基地14个，同时，大力推动农副产品线上线下销售，培育发展新动能和后劲。

二是以村集体领导为核心，坚持村民主体地位。袁家村的发展离不开村集体的远见与魄力及其独特的管理模式。组建了以村两委为核心的村集体领导队伍，袁家村所有村干部没有任何特权，干部队伍就是服务队，就是为村民跑腿、为群众服务的，村里发展好了，自己家也会跟着好，有大家才有小家。袁家村在发展之初村领导集体就明确提出自主发展的路径，

坚持村民的主体地位，树立村民的主人翁意识，让村民当家作主，自主发展、自我发展。不管外界的诱惑和压力有多大，袁家村都不拿村民的自主权和控制权做交易，坚持农民主体地位不动摇，确保全体村民的根本利益和长远利益。

三是以村集体平台为载体，组建股份合作制集体经济组织。为了盘活集体和群众闲置资产，把散弱农户个体利益与集体利益紧密结合，实施村集体内部无物不股、无人不股、无事不股。将集体资产进行股份制改造，集体保留38%股份，其余62%股份量化到户，参与村集体经济组织成员都可以持股。对于集体旅游公司、合作社、商铺、农家乐等经营性主体，可以自主选择入股的店铺，互相持有股份，入股的范围不仅是本村居民，还包括袁家村的经营户。在合作社入股过程中，遵循全民参与、入股自愿、照顾小户、限制大户的原则。以产权同享为核心，所有入股农民与集体经济组织共进退、同发展，极大促进了生产要素的自由流动，实现了村集体与农户个体的均衡发展。在管理上，由村委会牵头，组建管理公司和协会，包括农家乐协会、小吃街协会、酒吧街协会，协会成员由商户自己推选，为协会提供义务服务，构建了自我治理的发展模式。

四是推进产权共有，推进三股改革。袁家村股权结构由基本股、交叉股、调节股三部分构成。①基本股，将集体资产进行股份制改造，集体保留38%股份，剩下62%股份分配到户，每户平均20万元，每股年分红4万元，只有本村集体经济组织成员才能持有，缺资金的农户以土地每亩折价4万元入股。②交叉股，集体旅游公司、合作社、商铺、农家乐相互持有股份，交叉持股460家商铺，可自主选择入股店铺。③调节股，全民参与、入股自愿、钱少先入、钱多少入，照顾小户、限制大户。实现了所有权、经营权、收益权的高度统一，你中有我，我中有你，形成了利益共同体。袁家村农民人均纯收入中入股分红、房屋出租等财产性收入占40.1%。通过调节收入分配和再分配，避免两极分化，实现利益均衡。

# 第十一章 乡村的未来发展趋势与展望

随着 2020 年全面建成小康社会和脱贫攻坚目标的实现，中国将进入高水平全面建成小康社会进而向富裕社会迈进的"后小康"时代，国家"三农"工作的重点将逐步由脱贫攻坚转移到全面实施乡村振兴战略上来。党的十九大报告提出了全面建成社会主义现代化强国的"两个阶段"发展目标，即到 2035 年基本实现社会主义现代化，到 21 世纪中叶建成富强民主文明和谐美丽的社会主义现代化强国。立足"两个阶段"发展目标，进一步巩固提高农村全面小康质量、为农业农村基本现代化开好局将成为未来农村发展的核心主题。乡村振兴战略是一项管全局管长远的大战略，在实施乡村振兴战略中，农业农村优先发展的总方针必将长期坚持下去。未来一段时期，乡村产业、人口、社会结构将进一步演变，乡村发展中的重大结构性变化将进一步凸显。

## 第一节 农业生产结构性变化趋势

随着工业化、城镇化的深入推进，我国农业农村发生了一系列结构性变化。这些结构性变化的总体趋势在未来一段时期将会延续，并将呈现新的特征。

### 一 农业增加值增速和占比将进一步下降

我国农业已由高速增长阶段转向中速增长阶段。未来一段时期，随着居民收入水平提高，恩格尔系数将进一步下降；农业领域在没有重大技术突破的情况下，投入的边际报酬将进一步下降；化肥和农药减量力度加大，重金属污染耕地和地下水超采地区治理推进，耕地轮作休耕制度化常态化，畜牧和水产养殖环保标准提高，将促进不可持续的边际产能逐步退出；农产品进口规模扩大，将挤占国内市场空间。预计"十四五"时期第一产业增加值年均增长 3% 左右，期末第一产业增加值占国内生产总值的比重下降至 6% 左右。①

## 二　粮食供求格局将趋向"总量不足、品种分化"

受供需两端因素影响，近年来我国主要粮食品种供求关系正在向"总量不足、品种分化"的新格局转变。未来一段时期，这一格局将进一步凸显：稻谷消费峰值已过，人口总量的增加不足以对冲人均消费量的下降，稻谷消费总量已出现下降；小麦即将迈过消费峰值；玉米产需缺口将逐步扩大；大豆消费量和净进口量将继续增长。产大于需的稻谷和小麦需要"减量提质"，产小于需的玉米和大豆产量难以明显提高、进口总量将继续增加，这将是未来一段时期粮食供求格局的新常态。

## 三　农业比较优势将快速下降

我国人多地少的资源禀赋不利于农业特别是土地密集型农业的发展。随着劳动力成本的上升，国内外农产品成本出现倒挂。当成本倒挂幅度扩大到一定水平后，运费、保费、税收、汇率变动等贸易成本不足以抵消其差额，国内市场价格与进口到岸税后价出现倒挂。未来一段时期，随着农民工工资水平的提高和农业劳动力机会成本的增加，农业生产成本还将持续上升，国内外农产品成本和价格倒挂的幅度将会进一步扩大。

## 四　农户分化程度将进一步加深

实行家庭联产承包责任制以来，农户在逐步分化。农业收入占农民收入的比重不断下降，乡村户籍劳动力已大部分转向非农部门，部分农户已将部分或全部承包地流转给他人经营。未来一段时期，受城镇化深入发展、农业比较效益下降、农民代际更替等因素影响，农户分化程度将进一步加深，部分农户有望扩大经营规模、转型为家庭农场，部分农户有望离

---

① 叶兴庆、程郁、赵俊超、宁夏：《"十四五"时期的乡村振兴：趋势判断、总体思路与保障机制》，《农村经济》2020 年第 9 期。

农退村进城，大部分处于中间状态的农户的兼业化程度将进一步提高。

### 五　农业的多种功能和乡村的多元价值将加速彰显

改革开放之初，农业农村的功能主要是为全社会提供农产品、为工业化提供资金积累。此后几十年，又增加了为工业化、城镇化提供建设用地和富余劳动力等功能。随着社会主要矛盾的变化，未来一段时期农业的多种功能、乡村的多元价值将不断得到发现和彰显。随着人民对美好生活需要的日益增长，信息网络、数字技术、物流体系等支撑手段的日益完善，乡村的生态、居住、文化等功能得到发掘，休闲农业、创意农业、共享经济、特色文化、养老养生等新产业新业态日新月异，休闲观光园区、森林人家、康养基地、特色小镇、田园综合体等新的载体不断涌现，乡村经济将呈现多元化、精细化、高端化、融合化的趋势。

# 第二节　农村人口变化趋势

农村人口是实施乡村振兴战略的主体，是 2035 年基本实现农业农村现代化的主体，未来农村人口及其结构是实施乡村振兴战略的重要影响因素与重点关注对象。应基于农村人口的长远变化趋势，对我国乡村振兴战略与农业农村现代化规划提前谋篇布局。

### 一　农村常住人口呈现大幅减少趋势

国务院发展研究中心农村经济研究部张云华、中国社会科学院张琛进行的研究表明，2035 年我国农村常住人口将下降到 3 亿~3.5 亿，占总人口的比重不超过 25%；16~59 岁农村劳动力在 1.06 亿~1.45 亿之间，60 岁及以上农村常住人口比例在 44.99%~55.12% 之间。[①] 从上述预测结果可以看出，未来农村将出现常住人口大幅减少、农村劳动力快速下降、农村老龄化明显升高等趋势。

对我国农村常住人口大幅减少的这一巨大变化，需要提前预判、提前

---

[①]　张琛、张云华：《根据农村常住人口变化趋势谋划乡村振兴》，《中国发展观察》2021 年第 5 期。

应对，需要超前谋划乡村振兴战略及相关农业农村中长期规划。农业农村现代化的未来愿景，归根到底是人的愿景，必须基于人口及其结构长远变化来构思构想。应根据农村常住人口大幅减少的趋势，对村庄总体布局与微观设计、农村的国土空间规划、农村基础设施与公共服务建设、生产生活生态的协调发展、城市与乡村的融合等各个方面进行超前谋划。超前谋划应放眼基本实现农业农村现代化的未来 15 年。乡村振兴的投资和建设不能囿于现有农村常住人口而应根据大幅减少趋势，科学设计、合理有效利用有限的资金、资源、要素。未雨绸缪避免浪费，千方百计提高乡村振兴战略的实施效果。

## 二 农村老龄化趋势明显升高

进入 21 世纪以来，我国的老龄化程度不断提高，从 2003 年到 2019 年，我国 65 岁及以上人口占比从 7.5% 上升到 12.57%。与城市相比，农村的老龄化程度更加严峻。从 2003 年到 2018 年，我国乡村 65 岁及以上人口占比从 7.86% 提高到 13.84%。根据相关预测，2025 年这个比重将进一步提高到 16.9%，进入深度老龄化社会。

未来农村常住人口老龄化问题将十分突出，将会呈现几个主要特征。一是由于大量青壮年劳动力及其子女进城，农村老龄化程度高，农村约一半人口为老龄人口，农村老龄化程度甚至高于城市。二是农村中的老年人口将多数是留守老人，子女不在身边，无人照顾。三是农村常住人口居住分散，照料、医疗等服务难度大，农村现代化征程上的养老形势将异常严峻，健全农村养老保障体系迫在眉睫。

农村老龄化程度的提高，将为全面推进乡村振兴带来一系列挑战。一方面，会减少农村劳动力的有效供给，降低劳动生产率，不利于现代先进农业机械、农业技术的推广与应用，进而不利于加快农业现代化的进程。另一方面，随着人口老龄化程度的加深，老年人口和残疾人口规模扩大，将导致失能人群增加，不仅会形成新的贫困人口来源，而且会加重医疗、卫生、养老等社会服务方面的负担。

## 三 农村劳动力呈现快速下降趋势

近 20 年，受人口老龄化、城镇化进程、生育意愿下降的交互影响，农村劳动力总量加速减少。农村劳动力老龄化程度加深，2018 年农村老龄化率为 13.84%，相比 2000 年提高了 6.5 个百分点，高出全国老龄化率 1.8 个百分点。我国的城镇化率在过去 10 年里以年均 1 个百分点左右的速度增长。生育率明显低于更替水平，新成长的农村劳动年龄人口不断减少。农村劳动力呈现加速减少的趋势，2000～2010 年农村劳动力共减少 5589.54 万人，"十二五"时期每年减少 1000 万左右，"十三五"时期每年减少 1300 万。"十四五"时期将延续下降趋势。预测到 2035 年，我国农村劳动力将下降至 1 亿多，比目前减少 1.5 亿以上。

"十四五"时期，农村劳动力就业的结构性矛盾将更加突出，对乡村振兴带来深刻影响。充足数量和较高素质的农村劳动力是实现农业现代化和乡村振兴的根本保障。我国乡村农业一线青年劳动力、农技人员、管理人员都严重短缺，与乡村振兴人才需求之间的矛盾突出。一是稳定高素质的中青年务农就业大军缺乏。当前我国农业劳动力的老龄化、低素质化突出。第三次农业普查数据显示，我国农业生产经营人员中，55 岁及以上者占比超过 1/3，小学、初中文化程度者占比仍高达 85.4%。他们学习农业科学技术能力差，很难从事一定规模的连片生产和管理，农业的可持续发展难以保障。培养新型职业农民、保证农业发展"后继有人"面临新挑战。二是乡村农技人员和管理人才的现实稀缺与未来断代。当前农业技术人员专业素质不高、老龄化严重。同时，基层对农技、管理人员的需求与大学生就业期望之间的结构性矛盾难以化解，涉农专业毕业生脱农化严重，农业教育类毕业生到"三农"一线工作的仅占 12% 左右。农村人才的短缺和断层问题将在较长时间内对乡村振兴形成制约。

### 四　人口流动将从由乡到城的单向流动转向城乡双向流动

改革开放以来我国城乡人口流动主要表现为从农村向城镇的单向流动。近年来，在农村人口继续大量进入城镇的同时，从城镇流向农村的人口反向流动也悄然出现。"十四五"时期，受我国城镇化持续推进、农村人口继续进城，同时受第一代农民工部分返乡、劳动密集型制造业从沿海地区向中西部地区转移、农村"三新"经济造就新的创业就业机会、农村人居环境改善对城镇居民吸引力提升等因素影响，从城镇流向农村的人口反向流动将会显著增加，城乡人口双向流动的特征将更为显著。

与此同时，农村户籍人口与常住人口相背离趋势也将进一步加剧。由于在农村享有承包地、宅基地、集体经济股份等实实在在的权利，大多数农民即便进城也不愿意放弃农村户口、放弃集体经济成员权利。农村常住人口大幅减少，但农村户籍人口并不会随之相应减少，今后农村户籍人口与常住人口相背离趋势将愈发明显。到 2035 年，预计农村户籍人口将比农村常住人口多 4 亿多。这 4 亿多农村户籍人口是农村迁移进城的城市常住人口，他们根在农村、身在城市，人户分离、人地分离、农村集体经济成员权与居住权分离，呼唤着进一步统筹深化改革城乡户籍制度、农村土地制度、农村集体产权制度。

## 第三节　社会资本投向趋势与展望

社会资本是全面推进乡村振兴、加快农业农村现代化的重要支撑力量，应激发社会资本投资活力，切实发挥社会资本投资农业农村、服务乡村全面振兴的作用，更好地满足乡村振兴多样化投融资需求，汇聚社会资本力量推进全面实施乡村振兴战略。

### 一　国家未来鼓励社会资本投资的重点产业和领域

目前，社会资本投资已经在农业农村各个领域发挥着重要作用，社会资本投资农业农村呈现投资主体更加多元、投资模式更加多样、投资领域更加广泛的态势。但同时，在政策、机制等方面也存在一些现实困难，需要深化"放管服"改革，营造公平竞争的市场环境，稳定市场预期，畅通投入渠道，助力破解乡村振兴"钱从哪来"的问题。社会资本投资农业农村亟须强化政策指导，提振投资信心，引导好、服务好、保护好社会资本投资农业农村。应充分发挥财政政策、产业政策引导撬动作用，保护好、发挥好社会资本投资农业农村的积极性、主动性，切实发挥社会资本投资农业农村、服务乡村全面振兴的作用。

2021 年 4 月 22 日农业农村部发布了《社会资本投资农业农村指引（2021 年）》（以下简称《指引》），指出应"按照新发展阶段优先发展农业农村、全面推进乡村振兴的总体部署","聚焦乡村振兴重点领域,创新投融资机制,营造良好营商环境,激发社会资本投资活力,更好满足全面推进乡村振兴多样化投融资需求","为巩固拓展脱贫攻坚成果同乡村振兴有效衔接、大力实施乡村建设行动提供有力支撑"。对标全面推进乡村振兴、加快农业农村现代化,立足当前农业农村新形势新要求,聚焦农业供给侧结构性改革和乡村建设的重点领域、关键环节,促进农业农村经济转型升级,引导社会资本更加精准投向乡村振兴重点领域,《指引》梳理提出了国家未来将鼓励投资的 13 个重点产业和领域。

(1)现代种养业。支持社会资本发展规模化、标准化、品牌化和绿色化种养业,推动品种培优、品质提升、品牌打造和标准化生产,助力提升粮食和重要农产品供给保障能力。(2)现代种业。鼓励社会资本投资创新型种业企业,推进科企深度融合,支持种业龙头企业健全商业化育种体系,提升商业化育种创新能力,提升我国种业国际竞争力。(3)乡村富民产业。鼓励社会资本开发特色农业农村资源,积极参与建设现代农业产业园、农业产业强镇、优势特色产业集群,发展特色农产品优势区,发展绿色农产品、有机农产品和地理标志农产品。(4)农产品加工流通业。鼓励社会资本参与粮食主产区和特色农产品优势区发展农产品加工业,推动初加工、精深加工和副产物综合利用加工协调发展,提升行业机械化、标准化水平,助力建设一批农产品精深加工基地和加工强县。(5)乡村新型服务业。鼓励社会资本发展休闲农业、乡村旅游、餐饮民宿、创意农业、农耕体验、康养基地等产业,充分发掘农业农村生态、文化等各类资源优势,打造一批设施完备、功能多样、服务规范的乡村休闲旅游目的地。(6)生态循环农业。鼓励社会资本积极参与农业农村减排固碳。支持社会资本参与绿色种养循环农业试点、畜禽粪污资源化利用、秸秆综合利用、农膜农药包装物回收行动、病死畜禽无害化处理、废弃渔网具回收再利用,加大对收储运和处理体系等方面的投入力度。(7)农业科技创新。鼓励社会资本创办农业科技创新型企业,参与农业关键核心技术攻关,开展生物种业、高端智能和丘陵山区农机、渔业装备、绿色投入品、环保渔具和玻璃钢等新材料渔船等领域的研发创新、成果转化与技术服务。(8)农业农村人才培养。支持社会资本参与农业生产经营人才、农村二三产业发展人才、乡村公共服务人才、乡村治理人才、农业农村科技人才、乡村基础设施建设和管护人才等培养。（9）农业农村基础设施建设。支持社会资本参与高标准农田建设、农田水利建设，农村资源路、产业路、旅游路和村内主干道建设，丘陵山区农田宜机化改造，规模化供水工程建设和小型工程标准化改造，以及乡村储气罐站和微管网供气系统建设，推动实施区域化整体建设，推进田水林路电综合配套，同步发展高效节水灌溉。鼓励参与渔港和避风锚地建设。（10）智慧农业建设。鼓励社会资本参与建设智慧农业，推进农业遥感、物联网、5G、人工智能、区块链等技术应用，推动新一代信息技术与农业生产经营、质量安全管控深度融合，提高农业生产智能化、经营网络化水平。（11）农村创业创新。鼓励社会资本投资建设返乡入乡创业园、农村创业创新园区和孵化实训基地等平台载体，加强各类平台载体的基础设施、服务体系建设，推动产学研用合作，激发农村创业创新活力。（12）农村人居环境整治。支持社会资本参与农村人居环境整治提升五年行动。（13）农业对外合作。鼓励社会资本参与海外农业投资合作、农业服务出口、农业国际贸易高质量发展基地、农业对外开放合作试验区等建设。

## 二　鼓励社会资本创新投入方式

为保证社会资本实施落地，政府将充分发挥财政资金杠杆撬动作用，创新社会资本投融资模式，实现政府、社会资本、农民等多方共赢。根据各地农业农村实际发展情况，国家鼓励社会资本因地制宜创新投融资模式，通过独资、合资、合作、联营、租赁等途径，采取特许经营、公建民营、民办公助等方式，健全联农带农有效激励机制，稳妥有序投入乡村振兴。国家鼓励的创新投入方式有以下几种。

（1）完善全产业链开发模式。鼓励社会资本聚焦比较优势突出的产业链条，补齐产业链条中的发展短板。支持社会资本参与农机生产、销售、应用等产业发展，壮大农业机械化产业群和产业链。（2）探索区域整体开发模式。支持有实力的社会资本在符合法律法规和相关规划、尊重农民意愿的前提下，因地制宜探索区域整体开发模式，统筹乡村基础设施和公共服务建设、高标准农田建设、集中连片水产健康养殖示范建设、产业融合发展等进行整体化投资，建立完善合理的利益分配机制，为当地农业农村发展提供区域性、系统性解决方案，促进农业提质增效，带动农村人居环境显著改善、农民收入持续提升，实现社会资本与农户互惠共赢。（3）创新政府和社会资本合作模式。鼓励信贷、保险机构加大金融产品和服务创新力度，配合财政支持农业农村重大项目实施，加大投贷联动、投贷保贴一体化等投融资模式探索力度。积极探索农业农村领域有稳定收益的公益性项目，推广政府和社会资本合作（PPP）模式的实施路径和机制，让社会资本投资可预期、有回报、能持续，依法合规、有序推进政府和社会资本合作。鼓励社会资本探索通过资产证券化、股权转让等方式，盘活项目存量资产，丰富资本进入退出渠道。（4）探索设立乡村振兴投资基金。推动设立政府资金引导、金融机构大力支持、社会资本广泛参与、市场化运作的乡村振兴基金。鼓励有实力的社会资本结合地方农业产业发展和投资情况规范有序设立产业投资基金。（5）建立紧密合作的利益共赢机制。强化社会资本责任意识，让农民更多分享产业增值收益。鼓励社会资本采用"农民＋合作社＋龙头企业""土地流转＋优先雇用＋社会保障""农民入股＋保底收益＋按股分红"等利益联结方式，与农民建立稳定合作关系、形成稳定利益共同体，做大做强新型农业经营主体，健全农业专业化社会化服务体系，提升小农户生产经营能力和组织化程度，让社会资本和农民共享发展成果。

### 三　探索构建提升社会资本投资农业农村的效率和质量的体系

国家农业农村部门将加快健全对接平台，为社会资本投向"三农"提供规划、项目信息、融资、土地、建设运营等一揽子、全方位投资服务，促进要素集聚、产业集中、企业集群，实现控风险、降成本、提效率。

（1）完善规划体系平台。国家将充分发挥农业农村规划体系作用，引导社会资本突出重点、科学决策，有序投向补短板、强弱项的重点领域和关键环节。（2）构建现代农业园区平台。国家将围绕农业现代化示范区、粮食生产功能区、重要农产品生产保护区、特色农产品优势区和农业绿色发展试点先行区，建立社会资本投资指导服务机构，发挥园区平台的信息汇集、投资对接作用。（3）建设重大工程项目平台。国家将依托高标准农田建设、优质粮食工程、大豆振兴计划，农业生产"三品一标"提升行动、奶业振兴行动、畜禽种业振兴行动，农产品产地冷藏保鲜设施建设工程，以及畜禽粪污资源化利用整县推进、农村人居环境整治、新一轮畜禽水产遗传改良计划和现代种业提升工程等，建立项目征集和发布机制，引导各类资源要素互相融合。（4）推进项目数据信息共享。国家将汇集农业领域基建项目、财政项目以及各行各业重大项目，形成重点项目数据库，通过统一的信息共享平台集中向社会资本公开发布，发挥信息汇集、交流、对接等服务作用，引导各环节市场主体自主调节生产经营决策。

# 第四节　数字乡村发展趋势与展望

近年来，信息技术作为先导性科学技术，正在驱动农业、农村现代化发展进入新阶段，农业、农村信息化也取得了显著成效。我国数字乡村的概念是在 2018 年乡村振兴战略中正式提出的，是农业农村信息化的升级版。乡村振兴战略明确提出要实施数字乡村战略。数字乡村是在经济社会数字化转型背景下，信息化与农业农村农民深度融合的新型发展范式，是乡村振兴的战略方向，对于尽快缩小城乡差距，转变农村生产生活方式，加快推进农业农村现代化，提升农民的获得感、幸福感和安全感具有巨大的现实意义。

## 一　数字乡村发展形势分析

随着新一轮信息技术在城乡各行业中的逐渐普及，在农业领域，抢占数字技术制高点，加快信息化与农业现代化深度融合，是各国农业提质增效的重要途径。顺应时代发展和国际趋势，我国高度重视数字农业农村建设，将数字乡村建设作为顶层政策设计，使农村地区共享数字红利。在中央与各级政府对数字农业农村发展的大力支持下，数字乡村将迎来良好发展局面。

### （一）国家政策对数字乡村发展提出新要求

党的十九大对建设数字中国做出重大战略部署。农村不应成为数字中国建设的短板，数字乡村是数字中国建设的重要组成部分。《中共中央国务院关于实施乡村振兴战略的意见》明确提出要实施数字乡村战略。乡村振兴战略是党中央统筹推进"五位一体"总体布局、协调推进"四个全面"战略布局的重大战略选择。乡村振兴战略的总要求是产业兴旺、生态宜居、乡风文明、治理有效、生活富裕，这同时也是对数字乡村的总要求。2019年5月，中共中央办公厅、国务院办公厅印发《数字乡村发展战略纲要》，确立了从2020年到21世纪中叶四个阶段的数字乡村发展目标，部署了加快乡村信息基础设施建设、发展农村数字经济、强化农业农村科技创新供给、建设智慧绿色乡村、繁荣发展乡村网络文化、推进乡村治理能力现代化、深化信息惠民服务、激发乡村振兴内生动力、推动网络扶贫向纵深发展、统筹推动城乡信息化融合发展等十项重点任务。战略纲要的发布为未来一段时间我国数字乡村的发展提供了清晰的战略指引。

**（二）新一代信息技术发展为数字乡村提供新支撑**

互联网、物联网、大数据、人工智能等新一代信息技术不断创新，新技术、新应用、新设备不断涌现，且与实体经济深度融合，为数字乡村发展提供了有力的技术支撑。"互联网＋农业"构建新型农业生产经营方式，利用互联网促进分散的小农户集中连片，提升农业企业、家庭农场、合作社等规模化生产主体的产销对接水平，推动生产流通销售方式变革和发展方式转变。"互联网＋医疗"向偏远和欠发达地区延伸，利用互联网实现精准治疗、一站结算、医疗众筹，为农民提供更加便捷的医疗服务。"互联网＋教育"提升农村地区教育教学水平，通过"三通两平台"建设、远程教学、网络助学等方式，改善农村办学基础条件，为农村地区学生提供优质的教学资源。农村电子政务改善农村治理方式，推动政务服务和公共服务向农村基层延伸覆盖，"一网审批"解决农村办事"最后一公里"。

**（三）国内外的形势变化给数字乡村发展带来新挑战**

进入21世纪以来，世界主要国家纷纷把数字农业作为国家战略重点，将现代信息技术广泛应用于农业生产和农村生活，构筑新一轮的产业革命新优势。我国的数字乡村建设与发达国家相比还存在较大差距。美国将信息技术与大规模机械化作业融合发展，大力发展精准农业，农场的精准农业技术应用比例在2013年就已经超过85%。以色列将物联网技术广泛应用于设施农业，在农业滴灌、温室自动控制、农产品追溯等方面处于世界领先水平。德国早在 20 世纪 80 年代就着手建立面向农业的资源数据中心，现在已经将"工业 4.0"与农业紧密结合，着力发展智能化农业生产。我国数字乡村建设需要顺应数字化转型趋势，加强顶层设计和整体规划，加快补齐农业农村发展短板，走中国特色数字乡村发展之路。

当前我国主要矛盾已经转化为人民日益增长的美好生活需要和不平衡不充分的发展之间的矛盾，不平衡不充分问题最为突出地表现在乡村。社会主要矛盾的转化是关系全局的历史性变化，这也对实施数字乡村战略带来了新的挑战。数字乡村需要解决的核心问题是缩小数字鸿沟，促进农民增收，提高农民生活质量，让亿万农民在数字乡村建设过程中有更多获得感和幸福感。同时，我国正处于向农业现代化迈进的关键时期，建设农业强国，抢占全球农业产业制高点，要求数字乡村建设顺应世界农业发展潮流，积极推进以信息化驱动农业现代化，以数字技术引领农业农村高质量发展，不断提升我国农业的国际竞争力和影响力，赢得先机、获取主动。

## 二　数字乡村发展展望

数字乡村是以新一代信息通信技术作为农业生产经营的新工具、农民生活幸福的新驱动、乡村生态保护的新手段，信息化赋能农业生产、经营、管理和服务等各个环节，不断提升农业农村数字化、网络化、智能化水平，提升农民生活智慧化水平，促进农民收入稳步增长、生活质量显著提升。

《数字乡村发展战略纲要》提出了未来我国数字乡村的发展目标：到 2025 年，数字乡村建设取得重要进展。乡村 4G 深化普及、5G 创新应用，城乡"数字鸿沟"明显缩小。初步建成一批兼具创业孵化、技术创新、技能培训等功能的新型农民新技术创业创新中心，培育形成一批叫得响、质量优、特色显的农村电商产品品牌，基本形成乡村智慧物流配送体系。乡村网络文化繁荣发展，乡村数字治理体系日趋完善。到 2035 年，数字乡村建设取得长足进展。城乡"数字鸿沟"大幅缩小，农民数字化素养显著提升。农业农村现代化基本实现，城乡基本公共服务均等化基本实现，乡村治理体系和治理能力现代化基本实现，生态宜居的美丽乡村基本实现。到

21 世纪中叶，全面建成数字乡村，助力乡村全面振兴，全面实现农业强、农村美、农民富。

数字乡村既是一种发展范式，也是新时期乡村发展的目标形态。展望未来，可以从以下六个方面描绘数字乡村的发展特征。

### （一）农村网络普及完善

以有线、无线、卫星等多种方式，在乡村地区构建起高速、泛在、安全的通信网络，提供与城市地区无差别的网络质量和速率，全面支撑农村生产生活和生态保护的数字化转型。适合农民的信息终端和服务供给丰富多样，乡村居民可以通过多种渠道获得各类服务信息。与农村居民生产、生活密切相关的水利、电网、交通、物流等基础设施实现数字化转型升级，农业生产效率和农民生活品质进一步提高。

### （二）农村数字经济发展壮大

农业增加值中的数字经济比重稳步提升，农业产业链数字化特征更加明显，数字技术应用于农业生产经营管理的各个环节之中。遥感监测、智能感知、智能控制等在大田管理、作物种植、畜禽养殖、水产养殖等领域得到广泛应用。智慧农田、智慧牧场、智慧渔场等全面普及，显著提高农业发展质量和效益。农村电子商务基础设施完备，物流四通八达。农村电商成为农产品出村进城的重要渠道，推动农产品实现标准化、品牌化生产。基于数字化的农村一二三产业融合和业态创新速度加快，为农村劳动力提供更多就业机会。

### （三）乡村生态智慧保护

农村物联网在农业生产领域普及应用，现代设施农业、观光农业等绿色农业实现规模化发展。对化肥、农药等投入品实现全程信息化监管，农业投入品减量化使用。卫星遥感技术、无人机、高清远程视频监控系统等应用于对农村生态系统脆弱区和敏感区的重点监测。信息技术和传感设备广泛应用于农村饮用水水源水质的监测保护，农村污染物、污染源全时全程处于被监测状态。

### （四）乡村网络文化繁荣发展

线上线下、互联互通的农村文化网络服务体系完善，面向农民的数字文化资源产品丰富。通过数字博物馆、数字影像馆等对乡村优秀文化资源实现数字化留存和传承，为农民留住乡愁。互联网成为宣传党的农村政策、弘扬孝老爱亲、勤读力耕、诚实守信等中华优秀传统文化的重要阵地。农村网络文化积极向上，农村网络空间风清气正。

**（五）乡村治理体系创新**

面向农村的电子政务服务水平持续提升，"最多跑一次""不见面审批"等改革模式推广至农村，乡村办事流程简化提速。"省—市—县（区）—乡镇—村"五级综合信息服务体系建设完善，实现网上办、马上办、全程帮办、少跑快办。借助互联网不断创新村民自治形式，实现网络村务公开，农民自治能力显著提高。

**（六）信息服务体系城乡一体**

农村地区数字产业助力农村资源资产的有效利用，在民生领域提供多元化技术产品与服务。"互联网＋教育"在乡村得到普及，城市优质教育资源与乡村中小学对接，乡村学生享受与城市学生同样的教育资源，农业数字人才数量不断增加。"互联网＋医疗健康"广泛应用，高速宽带网络全面覆盖乡村医疗机构，医疗机构利用健康大数据为农民提供在线健康管理服务，城市医院向农村基层医疗卫生机构提供远程医疗、远程教学、远程培训等服务。民生保障信息服务丰富完善，社会保障、社会救助系统全面覆盖乡村。网络公益成为向农村留守儿童和妇女、老年人、残障人士以及困境儿童提供关爱的重要途径。

## 第五节　新趋势下推进乡村振兴的路径抉择

未来一段时期，持续、快速、高质量地促进乡村振兴，必须顺应农业农村发展的结构性、趋势性、转折性变化，充分利用社会主要矛盾变化为彰显农业多种功能和乡村多元价值带来的历史机遇，以瞄准城乡市场需求为基础，以农业供给侧结构性改革为主线，以发展乡村"三新"经济和提升乡村生活品质为抓手，促进城乡产业合理分工和耦合互动、城乡要素自由流动和平等交换、城乡公共服务互联互通和无缝对接、城乡生态环境共建共享和休戚与共。

## 一 夯实农业现代化的基础

**（一）围绕城乡居民对高品质农产品的需求，促进农业绿色化发展、规模化经营、品牌化营销，提升农业价值创造和市场竞争能力**

瞄准城乡居民农产品数量需求得到满足后对品质的新需求，推动农业高质量发展，着力提升农产品质量安全水平，着力提升农业价值创造能力和市场竞争力，以高价格覆盖高成本，以高品质支撑高价格。应加大力度培育农产品的品质和品牌优势，提升农产品的品质和品牌溢价。通过高标准、强制度、严监管，倒逼农产品质量安全水平提升，促进农产品质量与食品安全标准看齐乃至超越发达国家水平，全面建立强制性的农产品产地合格证和可追溯证明制度，并将其作为进入终端零售市场的准入条件，实现以问题预警为基础的全过程检查监管。调整农业科技进步路线，从过度追求产量指标转向注重营养、风味物质指标。发挥品牌和认证的增信作用，推进农产品区域公用品牌建设，加强对区域公用品牌和地理标识的法律保护，提升国内绿色、有机农产品认证的权威性和影响力，支持鼓励各类经营主体注册自有品牌和申请产品认证。培育品质消费的市场文化，依托数千年农耕文明的历史积淀与文化传承讲好品牌故事、打造品牌形象，引导国内消费者逐步形成"国产农产品质优价高"的共识和"国产口味依赖"的消费习惯，积极向海外推介中国农产品和中华饮食文化。

**（二）围绕城乡居民对乡村新功能的需求，着力发展乡村新产业、新业态、新商业模式，着力释放农业多种功能和乡村多元价值**

瞄准城乡居民对休闲观光、乡土文化、生态环境等的新需求，促进乡村经济多元化，挖掘和释放农业的多种功能、乡村的多元价值，大力发展乡村新产业、新业态、新商业模式。应强化城乡供需互动性，加强对城镇消费需求变化趋势的研判，创新产业链组织连接模式，以预订、预售、定制、众筹等新商业模式增强消费端与生产端的信息互动，健全优质优价的市场价格传导机制，以消费端的升级带动乡村产业质量品质的提升。强化城乡产业互联性，完善乡村产业基础设施和配套服务建设，依托乡村低密度、低成本优势有选择地承接城市无污染生产环节的转移，借助乡村田园生态、恬静宜人的环境吸引城市创新、创意、创业等人才进驻发展科技、文化等服务业。强化城乡经济的互促性，以更便利、更丰富、更优质的工业品下乡激活乡村消费市场，通过设施化、机械化、信息化、智能化、服务化等提升乡村产业的质量和效率。应大力发展乡村生态产业，支持生态产品交易，促进生态资源价值的充分实现。

**（三）根据农村劳动力快速下降趋势，加快推进农业规模化、机械化、智能化发展**

预测到 2035 年，我国农村劳动力将下降至 1 亿多，比目前减少 1.5 亿以上。农村劳动力快速下降为农业规模化、机械化、智能化发展既提出了挑战，又提供了机会。农业经营体制和经营方式需要及早适应大幅减少的农村劳动力条件以及新的"人地关系"格局，加快农业规模化与机械化发展，提高劳动力与土地、资金、技术、机械等要素的配置效率与规模经营效率。应积极培育新型职业农民与新型农业经营主体，加大农业机械在农业全领域、全过程的应用，创新农业全程社会化服务机制，发展多种形式适度规模经营，努力弥补规模较小与机械不足的短板，不断提高我国农业竞争力。应充分发挥新一代科技革命的优势，大力提高农业智能化水平。将农业大数据、云计算、智慧农机、农业机器人、智能控制系统等智能化技术装备应用于农业全过程、全产业链，应对即将到来的农业农村劳动力相对不足问题，让智能化促进农业脱胎换骨，以智能化促进农业现代化。

**二 提升乡村生活品质**

**（一）实现由脱贫攻坚到乡村振兴的转型**

尽管打赢脱贫攻坚战的目标已经实现，但未来仍需要花费较大精力巩固脱贫攻坚的成果，进一步提高脱贫的质量，有效防止低收入人口返贫致贫，切实增强脱贫的可持续性。针对深度贫困地区和相对落后的农村地区，加大政策扶持和财政转移支付力度，着力巩固农村脱贫攻坚和全面小康的成果，尽快建立农民稳定增收和减贫的长效机制，进一步增强其发展的可持续性。既要巩固脱贫攻坚的成果，又要发力全面实施乡村振兴战略。要在巩固脱贫攻坚成果的基础上，逐步把国家"三农"工作的重点从脱贫攻坚转移到全面实施乡村振兴战略上来。也就是说，在实现脱贫攻坚目标之后，对"三农"工作的支持力度应该进一步加大，要建立政府涉农资金稳定增长机制，并将长期以来被证明是行之有效的扶贫制度安排和政策措施逐步扩大和延伸到支持乡村振兴上来。要通过乡村振兴战略的全面实施，不断完善体制机制、法律制度和政策体系，推动形成农民稳定增收和乡村全面振兴的长效机制。

**（二）围绕提升乡村生活品质，着力改善乡村基础设施和提高公共服务质量，着力加强乡村社会治理能力建设**

坚持以人为中心促进乡村振兴，在振兴产业、增加就业的同时，以建设美丽宜居乡村为目标，在物质和文化层面改善农村人居环境，着力改善乡村基础设施和提高公共服务质量，着力提升乡村社会治理能力。围绕农村基础设施、公共服务、环境治理等薄弱环节，通过实施一批国家重大建设工程，如农村公路提档升级工程、村庄生活污水处理工程、乡村治理能力提升工程、智慧乡村建设工程等，加快补齐农村全面小康的短板，切实提高农村全面小康的质量和水平。应进一步推进农村道路、供水、供电、网络等基础设施提档扩容，重点提高到自然村和农户家庭的通达率。开展农村基本公共服务达标工程，建立农村基本公共服务项目和服务标准清单，通过配置达标、人员交流、待遇倾斜等途径提升农村基本公共服务能力。分类推进美丽乡村建设，对人口外流、空心化严重的村庄加强村内布局优化和环境美化，对搬迁撤并类村庄恢复生态功能，对有历史文化价值的古村落古建筑全面修缮保护。顺应乡村治理主体和客体的深刻变化，发挥自治、法治、德治在乡村治理中的优势。

**（三）根据农村老龄化明显升高趋势，不断健全农村养老保障体系**

农村现代化征程上的养老形势异常严峻，健全农村养老保障体系迫在眉睫。首先，应进一步完善新型农村社会养老保险制度，加大财政补贴与个人缴费力度，逐步提高农村地区养老金水平。其次，应在农村新型合作医疗制度中重点考虑老年人口医疗问题，针对农村老人老年慢性病、居住分散、行动不便、报销不便等特点，推行农村新型合作医疗下沉农村、贴近农村老人的医疗服务。再次，应不断完善农村社会救助体系，重点加强对失能、高龄老人的救助；逐步扩大日间照料中心、养老院在农村地区的覆盖面；探索集中养老、互助合作养老、社会捐助养老等农村养老服务模式。

**（四）根据农村户籍人口与常住人口相背离趋势，进一步统筹深化改革城乡户籍制度、农村土地制度、农村集体产权制度**

首先，应打破农村户籍与集体经济成员权利紧密挂钩的制度，将农民的经济权利与社会权利、居住权利分离。农民进城后，可以落户不断根，依然保留其在农村的集体经济成员权利，而且可以在城市享受社会权利与居住权利，以权利分离实现进城农民人户一致。其次，应积极探索、有序推进进城农民自愿有偿退出农村集体经济成员权利的有效途径。对于那些常年居住在城市、有稳定收入来源与住所、不愿再回到农村的进城农民，应该允许他们自愿有偿退出集体经济成员权利，探索设计进城农民退出农村土地承包经营权、宅基地使用权与资格权、农村集体经济股份权利与收益分配权利等集体经济成员权利的制度，建立市场化交易平台与机制，理顺进城农民的人、地、权关系。

**（五）建立与人口和资本流动相适应的土地资源配置机制**

顺应人口和资本在城乡之间的流动趋势，深化农村土地产权制度改革，以扩大土地产权结构对非本集体成员的开放性为核心，以空间功能布局优化和土地整合效率提升为方向，为乡村振兴提供土地资源保障。应继续完善承包地"三权分置"办法，鼓励离农成员将剩余承包期内的土地经营权一次性流转给其他经营主体，总结和推广各地进城落户农民土地承包权有偿退出试点经验。探索宅基地"三权分置"途径，针对外迁的集体成员缺乏顺畅的退出通道、外来的非本集体成员缺乏顺畅的进入通道的问题，在落实集体所有权、保障成员使用权的基础上，着力放活宅基地的流转使用权，赋予集体所有权、成员使用权、流转使用权不同的权能。深化农村集体建设用地入市制度改革，拓展农村建设用地入市的范围，加强增值收益管理。完善乡村土地利用规划和管理制度，以县为单位推进全域土地整治，优化生产、生活、生态空间布局；规划预留一定比例建设用地指标用于农村基础设施、公益设施、民生项目和产业融合发展项目，支持农村清理盘活废弃建设用地、闲置宅基地；根据休闲、观光、养老等产业分散布局的实际需要，探索点状供地、混合用地等新机制。

## 三　优化乡村人力资本结构

乡村振兴，关键在人。围绕全面推进乡村振兴，全方位培养各类人才，扩大总量、提高质量、优化结构。应大力培养本土人才，引导城市人才下乡，推动专业人才服务乡村，吸引各类人才在乡村振兴中建功立业。

**（一）加快培养农业生产经营人才和农村二三产业发展人才**

加快培养高素质农民队伍，深入实施现代农民培育计划，重点面向从事适度规模经营的农民，分层分类开展全产业链培训，加强培训后技术指导和跟踪服务，支持创办领办新型农业经营主体。实施农村实用人才培养计划，加强培训基地建设，培养造就一批能够引领一方、带动一片的农村实用人才带头人。突出抓好家庭农场经营者、农民合作社带头人培育，深入推进家庭农场经营者培养，完善项目支持、生产指导、质量管理、对接市场等服务。培育农村创业创新带头人，深入实施农村创业创新带头人培育行动，不断改善农村创业创新生态。壮大新一代乡村企业家队伍，完善乡村企业家培训体系，完善涉农企业人才激励机制。加强农村电商人才培育，提升电子商务进农村效果，开展电商专家下乡活动。大力培育乡村工匠，挖掘培养乡村手工业者、传统艺人，通过设立名师工作室、大师传习所等，传承发展传统技艺。打造农民工劳务输出品牌，实施劳务输出品牌计划，围绕地方特色劳务群体，建立技能培训体系和评价体系，完善创业扶持、品牌培育政策，普遍提升从业者职业技能，提高劳务输出的组织化、专业化、标准化水平，培育一批叫得响的农民工劳务输出品牌。

**（二）加快培养乡村公共服务人才**

加强乡村教师队伍建设。落实城乡统一的中小学教职工编制标准，加大乡村骨干教师培养力度，精准培养本土化优秀教师。改革完善"国培计划"，深入推进"互联网＋义务教育"，健全乡村教师发展体系。加强乡村卫生健康人才队伍建设。深入实施全科医生特岗计划、农村订单定向医学生免费培养和助理全科医生培训，支持城市二级及以上医院在职或退休医师到乡村基层医疗卫生机构多点执业，开办乡村诊所，充实乡村卫生健康人才队伍。优化乡村基层卫生健康人才能力提升培训项目，加强在岗培训和继续教育。加强乡村文化旅游体育人才队伍建设。推动文化旅游体育人才下乡服务，完善文化和旅游、广播电视、网络视听等专业人才扶持政策，培养一批乡村文艺社团、创作团队、文化志愿者、非遗传承人和乡村旅游示范者。加强乡村规划人才队伍建设。实施乡村本土建设人才培育工程，加强乡村建设工匠培训和管理，培育修路工、水利员、改厕专家、农村住房建设辅导员等专业人员，提升农村环境治理、基础设施及农村住房建设管护水平。

**（三）加快培养乡村治理人才**

加强乡镇党政人才队伍建设。选优配强乡镇领导班子特别是乡镇党委书记，健全从乡镇事业人员、优秀村党组织书记、到村任职过的选调生、驻村第一书记、驻村工作队员中选拔乡镇领导干部常态化机制。推动村党组织带头人队伍整体优化提升，坚持把政治标准放在首位，选拔思想政治素质好、道德品行好、带富能力强、协调能力强，公道正派、廉洁自律，热心为群众服务的党员担任村党组织书记。实施"一村一名大学生"培育计划，遴选一批高等职业学校，按照有关规定，根据乡村振兴需求开设涉农专业，支持村干部、新型农业经营主体带头人、退役军人、返乡创业农民工等，采取在校学习、弹性学制、农学交替、送教下乡等方式，就地就近接受职业高等教育，培养一批在乡大学生、乡村治理人才。加强农村社会工作人才队伍建设。加快推动乡镇社会工作服务站建设，加大政府购买服务力度，吸引社会工作人才提供专业服务，大力培育社会工作服务类社会组织。加大本土社会工作专业人才培养力度，鼓励村干部、年轻党员等参加社会工作职业资格评价和各类教育培训。加强农村经营管理人才队伍建设。采取招录、调剂、聘用等方式，通过安排专兼职人员等途径，充实农村经营管理队伍。加强农村法律人才队伍建设。加强农业综合行政执法人才队伍建设，加大执法人员培训力度，培养通专结合、一专多能执法人才。通过招录、聘用、政府购买服务、发展志愿者队伍等方式，充实乡镇司法所公共法律服务人才队伍。培育农村学法用法示范户，提高乡村人民调解员队伍专业化水平。

**（四）加快培养农业农村科技人才**

培养农业农村高科技领军人才，推进农业农村科研杰出人才培养，实施农业农村领域"引才计划"，加快培育一批高科技领军人才和团队。培养农业农村科技创新人才，依托现代农业产业技术体系、农业科技创新联盟、现代农业产业科技创新中心等平台，发现人才、培育人才、凝聚人才。加强农业企业科技人才培养。培养农业农村科技推广人才。推进农技推广体系改革创新，完善公益性和经营性农技推广融合发展机制，允许提供增值服务合理取酬。全面实施农技推广服务特聘计划。实施基层农技人员素质提升工程，重点培训年轻骨干农技人员。发展壮大科技特派员队伍，坚持政府选派、市场选择、志愿参加原则，完善科技特派员工作机制，拓宽科技特派员来源渠道，逐步实现各级科技特派员科技服务和创业带动全覆盖。

### 四　深入推进数字乡村发展战略

数字乡村既是乡村振兴的战略方向，也是建设数字中国的重要内容。要遵循乡村发展规律和信息化发展规律，统筹推进农村经济、政治、文化、社会、生态文明和党的建设等各领域信息化建设，助力乡村全面振兴。

#### （一）加快乡村信息基础设施建设

大幅提升乡村网络设施水平。加强基础设施共建共享，加快农村宽带通信网、移动互联网、数字电视网和下一代互联网发展。推进农村地区广播电视基础设施建设和升级改造。完善信息终端和服务供给。鼓励开发适应"三农"特点的信息终端、技术产品、移动互联网应用（App）软件。全面实施信息进村入户工程，构建为农综合服务平台。加快乡村基础设施数字化转型。加快推动农村地区水利、公路、电力、冷链物流、农业生产加工等基础设施的数字化、智能化转型，推进智慧水利、智慧交通、智能电网、智慧农业、智慧物流建设。

#### （二）发展农村数字经济

夯实数字农业基础。完善自然资源遥感监测"一张图"和综合监管平台，对永久基本农田实行动态监测。建设农业农村遥感卫星等天基设施，大力推进北斗卫星导航系统、高分辨率对地观测系统在农业生产中的应用。推进农业农村大数据中心和重要农产品全产业链大数据建设，推动农业农村基础数据整合共享。

推进农业数字化转型。加快推广云计算、大数据、物联网、人工智能在农业生产经营管理中的运用，促进新一代信息技术与种植业、种业、畜牧业、渔业、农产品加工业全面深度融合应用，打造科技农业、智慧农业、品牌农业。建设智慧农（牧）场，推广精准化农（牧）业作业。

创新农村流通服务体系。实施"互联网＋"农产品出村进城工程，加强农产品加工、包装、冷链、仓储等设施建设。深化乡村邮政和快递网点普及，加快建成一批智慧物流配送中心。深化电子商务进农村综合示范，培育农村电商产品品牌。建设绿色供应链，推广绿色物流。推动人工智能、大数据赋能农村实体店，促进线上线下渠道融合发展。

积极发展乡村新业态。推动互联网与特色农业深度融合，发展创意农业、认养农业、观光农业、都市农业等新业态，促进游憩休闲、健康养生、创意民宿等新产业发展，规范有序发展乡村共享经济。

**（三）强化农业农村科技创新供给**

推动农业装备智能化。促进新一代信息技术与农业装备制造业结合，研制推广农业智能装备。鼓励农机装备行业发展工业互联网，提升农业装备智能化水平。推动信息化与农业装备、农机作业服务和农机管理融合应用。

优化农业科技信息服务。建设一批新农民新技术创业创新中心，推动产学研用合作。建立农业科技成果转化网络服务体系，支持建设农业技术在线交易市场。完善农业科技信息服务平台，鼓励技术专家在线为农民解决农业生产难题。

**（四）建设智慧绿色乡村**

推广农业绿色生产方式。建立农业投入品电子追溯监管体系，推动化肥农药减量使用。加大农村物联网建设力度，实时监测土壤墒情，促进农田节水。建设现代设施农业园区，发展绿色农业。

提升乡村生态保护信息化水平。建立全国农村生态系统监测平台，统筹山水林田湖草系统治理数据。强化农田土壤生态环境监测与保护。利用卫星遥感技术、无人机、高清远程视频监控系统对农村生态系统脆弱区和敏感区实施重点监测，全面提升美丽乡村建设水平。

倡导乡村绿色生活方式。建设农村人居环境综合监测平台，强化农村饮用水水源水质监测与保护，实现对农村污染物、污染源全时全程监测。引导公众积极参与农村环境网络监督，共同维护绿色生活环境。

**（五）繁荣发展乡村网络文化**

加强农村网络文化阵地建设。利用互联网宣传中国特色社会主义文化和社会主义思想道德，建设互联网助推乡村文化振兴建设示范基地。全面推进县级融媒体中心建设。推进数字广播电视户户通和智慧广电建设。推进乡村优秀文化资源数字化，建立历史文化名镇、名村和传统村落"数字文物资源库""数字博物馆"，加强农村优秀传统文化的保护与传承。以"互联网＋中华文明"行动计划为抓手，推进文物数字资源进乡村。开展重要农业文化遗产网络展览，大力宣传中华优秀农耕文化。

加强乡村网络文化引导。支持"三农"题材网络文化优质内容创作。通过网络开展国家宗教政策宣传普及工作，依法打击农村非法宗教活动及其有组织的渗透活动。加强网络巡查监督，遏制封建迷信、攀比低俗等消极文化的网络传播，预防农村少年儿童沉迷网络，让违法和不良信息远离农村少年儿童。

**（六）推进乡村治理能力现代化**

推动"互联网＋党建"。建设完善农村基层党建信息平台，优化升级全国党员干部现代远程教育，推广网络党课教育。推动党务、村务、财务网上公开，畅通社情民意。

提升乡村治理能力。提高农村社会综合治理精细化、现代化水平。推进村委会规范化建设，开展在线组织帮扶，培养村民公共精神。推动"互联网＋社区"向农村延伸，提高村级综合服务信息化水平，大力推动乡村建设和规划管理信息化。加快推进实施农村"雪亮工程"，深化平安乡村建设。加快推进"互联网＋公共法律服务"，建设法治乡村。依托全国一体化在线政务服务平台，加快推广"最多跑一次""不见面审批"等改革模式，推动政务服务网上办、马上办、少跑快办，提高群众办事便捷程度。

**（七）深化信息惠民服务**

深入推动乡村教育信息化。加快实施学校联网攻坚行动，推动未联网学校通过光纤、宽带卫星等接入方式普及互联网应用，实现乡村小规模学校和乡镇寄宿制学校宽带网络全覆盖。发展"互联网＋教育"，推动城市优质教育资源与乡村中小学对接，帮助乡村学校开足开好开齐国家课程。

完善民生保障信息服务。推进全面覆盖乡村的社会保障、社会救助系统建设，加快实现城乡居民基本医疗保险异地就医直接结算、社会保险关系网上转移接续。大力发展"互联网＋医疗健康"，支持乡镇和村级医疗机构提高信息化水平，引导医疗机构向农村医疗卫生机构提供远程医疗、远程教学、远程培训等服务。

# 参考文献

1. 秦兴洪、廖树芳：《20世纪中叶以来中国农民五次大解放及其特点》，《学术研究》2009年第1期。

2. 郭跃文、邓智平：《中国共产党乡村经济政策的百年演变和历史逻辑》，《广东社会科学》2021年第4期。

3. 徐小青：《新中国成立70年来我国农业农村发展历程——以农村经济体制改革为线索的回顾》，http://www.71.cn/2019/1015/1062542.shtml。

4. 黄少安：《改革开放40年中国农村发展战略的阶段性演变及其理论总结》，《经济研究》2018年第12期。

5. 《邓小平文选》（第3卷），人民出版社，1993。

6. 李昌平：《一位乡党委书记的含泪诉说》，《中国农村小康科技》2000年第12期。

7. 国务院发展研究中心农村部课题组：《从城乡二元到城乡一体——我国城乡二元体制的突出矛盾与未来走向》，《管理世界》2014年第9期。

8. 孔祥智、张效榕：《从城乡一体化到乡村振兴——十八大以来中国城乡关系演变的路径及发展趋势》，《学习与研究》2018年第8期。

9. 周立：《乡村振兴战略与中国的百年乡村振兴实践》，《人民论坛·学术前沿》2018年第3期。

10. 党国英：《乡村振兴长策思考》，《农村工作通讯》2017年第2期。

11. 宋洪远：《调整城乡关系：国际经验及其启示》，《经济社会体制比较》2004年第3期。

12. 张海鹏、郜亮亮、闫坤：《乡村振兴战略思想的理论渊源、主要创新和实现路径》，《中国农村经济》2018年第11期。

13. 《习近平出席中央农村工作会议并发表重要讲话》，中央人民政府网站，2020 年 12 月 29 日。

14.《国家乡村振兴战略规划（2018—2022 年）》。

15.《习近平新时代中国特色社会主义思想学习纲要》，学习出版社、人民出版社，2019。

16. 李谷成：《提升农业全要素生产率》，《中国社会科学报》2019 年 3 月 6 日。

17.《科学认识和推进农业绿色发展》，《人民日报》2021 年 1 月 25 日，第 9 版。

18. 黄祖辉：《以"两山"理念引领乡村生态振兴》，《农民日报》2020 年 12 月 10 日，第 5 版。

19. 魏锦涛、郑兴明：《习近平乡村生态文明观生成逻辑、理论意蕴与时代价值》2021 年第 1 期。

20. 张俊飚、王学婷：《乡村生态振兴实现路径的对策思考》，《中国地质大学学报》（社会科学版）2021 年第 2 期。

21. 罗志勇：《新时代乡村生态振兴的内涵、意义与路径——以苏南地区乡村生态振兴实践为例》，《云梦学刊》2021 年第 3 期。

22. 符明秋、朱巧怡：《乡村振兴战略下农村生态文明建设现状及对策研究》，《重庆理工大学学报》（社会科学）2021 年第 4 期。

23. 阳盼盼：《乡村生态振兴：理论逻辑、历史演进与实现路径》，《重庆理工大学学报》（社会科学）2019 年第 12 期。

24. 徐勇：《乡村文化振兴与文化供给侧改革》，《东南学术》2018 年第 5 期。

25. 罗志峰：《我国现代化进程中的乡村文化建设研究》，中共中央党校博士学位论文，2019。

26. 刘金祥：《着力发展乡村特色文化产业》，《学习时报》2019 年 3 月 8 日，第 6 版。

27. 夏小华、雷志佳：《乡村文化振兴：现实困境与实践超越》，《中州学刊》2021 年第 2 期。

28. 赵霞：《乡村文化的秩序转型与价值重建》，河北师范大学博士学位论文，2012。

29. 张世定：《改革开放以来中国共产党乡村文化建设研究》，兰州大学博士学位论文，2019。

30. 王盛开、孙华雨：《改革开放以来中国共产党农村文化政策的历史考察》，《新视野》2012 年第 4 期。

31. 夏淼：《当代中国乡村文明建设研究》，兰州大学博士学位论文，2011。

32. 柯晓兰：《改革开放以来我国乡村文化政策的演进与启示——基于 23 个中央一号文件的分析》，《大连干部学刊》2021 年第 7 期。

33. 范建华、秦会朵：《关于乡村文化振兴的若干思考》，《思想战线》2019 年第 4 期。

34. 王磊：《乡村文化振兴是乡村振兴铸魂工程》，《大众日报》2018 年 7 月 5 日。

35. 瀛溪：《乡村文化指向乡村振兴全面发展》，中新网，2020 年 1 月 8 日。

36. 《习近平要求乡村实现"五个振兴"》，http://politics.people.com.cn/n1/2018/0716/c1001-30149097.html。

37. 刘丽娜：《推动乡村文化振兴的对策建议》，《奋斗》2021 年第 9 期。

38. 习近平：《把乡村振兴战略作为新时代"三农"工作总抓手》，《习近平总书记治国理政》（第三卷），外文出版社，2020。

39. 滕翠华：《以乡村文化振兴筑牢中国文化自信之基》，人民网，2019 年 8 月 21 日。

40. 耿达：《乡村文化振兴的内涵界定、理论基础与实现路径》，《中国文化产业评论》2020 年第 1 期。

41. 吴佩芬、初春华：《十九大以来我国乡村文化振兴研究回顾与趋势解析》，《中共济南市委党校学报》2020 年第 4 期。

42. 祁述裕：《提升农村公共文化服务效能的五个着力点》，《行政管理改革》2019 年第 5 期。

43. 姜长云：《日本的"六次产业化"与我国推进农村一二三产业融合发展》，《农业经济与管理》2015 年第 3 期。

44. 谭明交：《农村一二三产业融合发展：理论与实证研究》，华中农业大学，2016。

45. 邱灵：《推进农村一二三产业融合发展：日本做法及其启示》，《全球化》2016 年第 10 期。

46. 刘松涛、罗炜琳、王林萍：《日本"新农村建设"经验对我国实施乡村振兴战略的启示》,《农业经济》2018 年第 12 期。

47. 李锋传:《日本建设新农村经验及对我国的启示》,《中国国情国力》
2006 年第 4 期。

48. 曲文俏、陈磊:《日本的造村运动及其对中国新农村建设的启示》,
《世界农业》2006 年第 7 期。

49. 刘义强、胡军:《动员型自主:韩国新村运动的运作过程与核心机制》,
《青海社会科学》2015 年第 3 期。

50. 张俊、陈佩瑶:《乡村振兴战略实施中内生主体力量培育的路径探析——
基于韩国新村运动的启示》,《世界农业》2018 年第 4 期。

51. 崔鲜花:《韩国农村产业融合发展研究》,吉林大学博士学位论文,2019。

52. 李盼杰:《韩国乡村振兴扶持政策的经验借鉴与启示》,《华北理工大
学学报》(社会科学版)2021 年第 1 期。

53. 王爱玲、郑怀国、赵静娟、串丽敏:《韩国归农归村与中国返乡入乡政
策措施的比较及启示》,《世界农业》2021 年第 2 期。

54. 冯勇、刘志颐、吴瑞成:《乡村振兴国际经验比较与启示——以日本、
韩国、欧盟为例》,《世界农业》2019 年第 1 期。

55. 杨军、董婉璐、王晓兵:《美国农业发展战略及其启示》,《农业展望》
2015 年第 2 期。

56. 张秀青:《美国农业保险与期货市场》,《中国金融》2015 年第 13 期。

57. 赵长保、李伟毅:《美国农业保险政策新动向及其启示》,《农业经济
问题》2014 年第 6 期。

58. 中国农业银行"三农"政策与业务创新部课题组:《发达国家推动乡
村发展的经验借鉴》,《宏观经济管理》2018 年第 9 期。

59. 薛晴、孙怀安:《国外城乡一体化发展成功经验举隅》,《农业经济》
2014 年第 1 期。

60. 胡月、田志宏:《如何实现乡村的振兴?——基于美国乡村发展政策演
变的经验借鉴》,《中国农村经济》2019 年第 3 期。

61. 肖卫东:《美国日本财政支持乡村振兴的基本经验与有益启示》,《理
论学刊》2019 年第 5 期。

62. 郭丽英、陈印军、罗其友、陈京香:《浅谈美国现代农业的几个特点》,

《中国农业资源与区划》2013 年第 6 期。

63. 芦千文、姜长云：《乡村振兴的他山之石：美国农业农村政策的演变历程和趋势》，《农村经济》2018 年第 9 期。

64. 龙晓柏、龚建文：《英美乡村演变特征、政策及对我国乡村振兴的启示》，《江西社会科学》2018 年第 4 期。

65. 熊鹂、徐琳杰、焦悦、翟勇：《美国农业科技创新和推广体系建设的启示》，《中国农业科技导报》2018 年第 10 期。

66. 张莉、张敬毅、程晓宇、李滋睿：《法国生态农业发展的成效、新措施及启示》，《世界农业》2019 年第 11 期。

67. 付饶：《法国：生态农业让农业强农村美》，《中国城乡金融报》2021 年 1 月 20 日，第 3 版。

68. 李光胜：《法国生态农业的成功经验和启示》，《中共合肥市委党校学报》2018 年第 4 期。

69. 王露：《中外乡村旅游内涵及发展模式比较》，《中国名城》2017 年第 3 期。

70. 娄在凤：《法国乡村休闲旅游发展的背景、特征及经验》，《世界农业》2015 年第 5 期。

71. 周建华、贺正楚：《法国农村改革对我国新农村建设的启示》，《求索》2007 年第 3 期。

72. 温建国：《法国的一体化农业》，《国外社会科学情况》1998 年第 4 期。

73. 周璇：《法国领土整治经验以及对我国的启示》，《商》2015 年第 23 期。

74. 吴维海：《城乡融合打通均衡发展通道》，《中国自然资源报》2019 年 8 月 24 日，第 6 版。

75. 罗晓：《法国农业现代化之路》，http://www.nongjitong.com/blog/2008/20969.html. 2007 - 11 - 24/2021 - 06 - 15。

76. 韩玮：《法国："三位一体"模式》，《中国农资》2017 年第 32 期。

77. 易鑫、克里斯蒂安·施耐德：《德国的整合性乡村更新规划与地方文化认同构建》，《现代城市研究》2013 年第 6 期。

78. 陈俊峰、冯鑫、戴永务：《德国乡村竞赛计划对我国乡村振兴的启示》，《台湾农业探索》2018 年第 5 期。

79. 王畅、张晋石、王科:《德国乡村竞赛:"我们的村庄有未来"对我国乡村建设的启示》,《北京规划建设》2021 年第 1 期。

80. 黄波、徐文勇、王全辉、冉毅、刘杰、佟启玉:《德国可再生能源发展的借鉴与启示》,《中国沼气》2021 年第 1 期。

81. 叶兴庆、程郁、于晓华:《产业融合发展推动村庄更新——德国乡村振兴经验启示》,《资源导刊》2018 年第 12 期。

82. 《日本如何搞"一村一品"》,农业行业观察,https://xw. qq. com/cm-sid/20191214A0MT8X00. 2019 – 12 – 14/2021 – 06 – 15。

83. 《借鉴! 8 个发达国家乡村振兴的成功经验(干货)》,重庆农业,ht-tps://www. sohu. com/a/243493565_537832. 2018 – 07 – 26/2021 – 06 – 15。

84. 《美国精确农业及其启示》,三农直通车,http://blog. sina. com. cn/s/blog_698c13930100k7dh. html. 2010 – 07 – 20/2021 – 06 – 15。

85. 《解锁"乡村振兴"新思路,详细解析美国乡村逆袭经验》,https://bai-jiahao. baidu. com/s? id = 1593517480082130961&wfr = spider&for = pc. 2018 – 02 – 27/2021 – 06 – 15。

86. 《农业农村部发布全国乡村产业高质量发展"十大典型"》,人民网,ht-tp://sh. people. com. cn/n2/2021/0303/c176738 – 34603303 – 5. html,2021 – 03 – 03。

87. 《经典案例:乡村振兴背景下产业发展的 10 个模式》,凤凰新闻,https://ishare. ifeng. com/c/s/7oFKDJea8C6. 2019 – 07 – 12。

88. 《山美 水好 业兴——安吉深化美丽乡村建设纪事》,浙江日报,https://baijiahao. baidu. com/s? id = 1602658749200059347&wfr = spider&for = pc,2018 – 06 – 08。

89. 《以生态宜居助推乡村振兴 筑造幸福美丽新安石》,新浪网,http://yn. sina. com. cn/news/m/2020 – 07 – 06/detail – iircuyvk2315426. shtml,2020 – 07 – 06。

90. 《福州村庄清洁行动不断改善人居环境》,东南网,https://baijiahao. baidu. com/s? id = 1696791515130782781&wfr = spider&for = pc,2021 – 04 – 12。

91. 《荣昌:"内外兼修"打造美丽宜居新乡村》,城乡统筹发展网,http://www. zgcxtc. cn/news/220709. html. 2020 – 12 – 22。

92. 《山东武家村：传承弘扬儒家文化助推乡风文明》，中华人民共和国农业农村部，http://www. moa. gov. cn/xw/bmdt/202011/t20201106 _ 6355927. htm，2020 - 11 - 06。

93. 《山西雷家坡村：德孝立村助推成风化人 乡风建设融入农村治理》，中华人民共和国农业农村部，http://www. shsys. moa. gov. cn/xcwhzd/202009/t20200901_6351259. htm，2020 - 09 - 01。

94. 《福建斜溪社区村：勇当乡风文明"领头雁"创造农村事业新动能》，中华人民共和国农业农村部，http://www. shsys. moa. gov. cn/xcwhzd/202011/t20201104_6355772. htm，2020 - 11 - 04。

95. 《湖北二官寨村：文明之花开遍美丽乡村》，中华人民共和国农业农村部，http://www. shsys. moa. gov. cn/xcwhzd/202011/t20201110_6356057. htm，2020 - 11 - 10。

96. 《党建引领三治融合 促进乡村有效治理——浙江省桐乡市探索三治融合实现路径》，中国农村网，http://journal. crnews. net/ncjygl/2019n/d8q/xczl/122160_20190816111609. html，2019 - 08 - 16。

97. 《用"小积分"撬动"自强发展大力量"——湖南新化油溪桥村探索村级事务积分考评管理》，中国农村网，http://journal. crnews. net/ncgz-txcs/2019/dslq/xczl/121871_20190807023903. html，2019 - 08 - 07。

98. 《福建泉州洛江罗溪镇："1 + 1 + S"党建同心圆激活农村基层治理神经末梢》，人民网，http://dangjian. people. com. cn/n1/2019/1014/c429005 - 31399475. html，2019 - 10 - 14。

99. 《一村一顾问 村村办讲堂——广东惠州探索法治乡村新路径》，广东农村政策研究中心，https://rprc. scau. edu. cn/2019/0903/c3602a193947/page. htm，2019 - 09 - 03。

100. 《六盘水市"三变"改革破解"三农"发展难题》，六盘水市委改革办，http://zt. gog. cn/system/2015/12/28/014693514. shtml，2015 - 12 - 30。

101. 《横坎头村的红色文化强村路——中国 100 个乡村振兴样板村纪实（第 10 期）》，搜狐网，https://www. sohu. com/a/400080775_120625034，2020 - 06 - 06。

102. 游祖勇：《乡村产业振兴典范 世界十佳和谐乡村——浙江奉化滕头村

振兴故事（二）》，《当代县域经济》2021 年第 3 期。

103. 《乐清这个村入选浙江省共同富裕示范区"典型案例清单"》，搜狐网，https://www.sohu.com/a/481092872_121117447，2021 - 08 - 03。

104. 《中华人民共和国乡村振兴促进法》，2021 年 4 月。

105. 中共中央办公厅、国务院办公厅：《关于加快推进乡村人才振兴的意见》，2021 年 2 月。

106. 中共中央办公厅、国务院办公厅：《数字乡村发展战略纲要》，2019 年 5 月。

107. 谢玲红：《"十四五"时期农村劳动力就业：形势展望、结构预测和对策思路》，《农业经济问题》2021 年第 3 期。

108. 张琛、张云华：《根据农村常住人口变化趋势谋划乡村振兴》，《中国发展观察》2021 年第 5 期。

109. 叶兴庆、程郁、赵俊超、宁夏：《"十四五"时期的乡村振兴：趋势判断、总体思路与保障机制》，《农村经济》2020 年第 9 期。

110. 崔凯：《乡村数字经济的内涵、问题与发展对策》，载魏后凯、黄秉信、李国祥、孙同全、韩磊主编《中国农村经济形势分析与预测（2019～2020）》，社会科学文献出版社，2020。

111. 余晓晖、杨子真、郭顺义、王莉、韩维娜：《中国数字乡村的发展现状与展望》，载国家信息化专家咨询委员会秘书处主编《中国信息化形势分析与预测（2018～2019）》，社会科学文献出版社，2019。

112. 袁金辉：《乡村振兴战略视域下的乡村治理体系重构》，载龚维斌、赵秋雁主编《中国社会体制改革报告 No.7（2019）》，社会科学文献出版社，2019。

113. 李茂、良立忠：《乡村振兴背景下提升河北乡村治理水平的现实路径研究》，载康振海、王文录、侯建华主编《河北社会发展报告（2018～2019）》，社会科学文献出版社，2019。

114. 唐守祥、李泽、韩智伟：《黑龙江省乡村社会治理困境及对策分析》，载王爱丽、田雨、王欣剑、王建武、张斐男主编《黑龙江社会发展报告（2019）》，社会科学文献出版社，2019。

115. 陈瑾：《2019～2020 年乡贤文化的传承创新在甘肃乡村治理实践中的

作用研究》，载马廷旭、戚晓萍主编《甘肃文化发展分析与预测（2021）》，社会科学文献出版社，2021。

116. 宗成峰、朱启臻：《"互联网＋党建"引领乡村治理机制创新——基于新时代"枫桥经验"的探讨》，载叶敬忠、陈世栋主编《中国乡村振兴学术报告（2019—2020）》，社会科学文献出版社，2021。

117. 李亚楠、韩越：《创新农村社会治理体制机制对策探析》，《农业展望》2020年第7期。

118. 李建伟、王炳文：《强化党建引领，推动乡村治理效能全面提升》，《调查研究报告》2021年第84号。

119. 丁鹏、李明修：《新时代背景下农村基层治理法治化路径研究》，《农业经济》2020年第5期。

# 后　记

　　乡村振兴是新时代"三农"工作的总抓手，是一项覆盖范围广、影响程度深的系统性工程，涉及产业、人才、文化、生态、组织等诸多领域和专业，理解和推动乡村振兴战略就需要在理论和实践上下足功夫，做好文章。早在 2018 年，山西省社会科学院经济研究所就一方面夯实农业经济管理和区域经济的学科基础，一方面加强乡村振兴研究方向人才培养，为编撰《乡村振兴理论与实践研究》一书厉兵秣马。经过两年的调研和积累，2021 年春节过后，此项工作全面提速，进入撰写阶段。本书通过梳理农业农村政策演化和理论发展，着眼山西乡村振兴的实践，结合国内外乡村振兴的经验启示，提出推进乡村振兴的战略重点与路径，力求结构完整、内容系统、观点新颖，具有理论性、前沿性和实践性。

　　全书由山西省社会科学院经济研究所所长、研究员张文丽进行总体设计和把握，并统纂成书。各章节具体分工为：第一章由刘晓明负责，第二章由武甲斐负责，第三章由刘晓明负责，第四章、第五章由张文霞负责，第六章由张保华、田国英负责，第七章由武小惠、武甲斐负责，第八章由武甲斐负责，第九章由全尤负责，第十章由郑玥负责，第十一章由张保华负责。

　　在此，希望本书的出版能为新阶段、新理念、新格局下的乡村振兴理论研究者和具体实务工作者提供有益的参考，更期待此书能够起到抛砖引玉的作用，促进乡村振兴领域的研究更加深入，成果更加丰富。同时，由于研究水平有限，对于乡村振兴理论与实践的研究还有待进一步深入，敬请学者专家批评指正。

编　者

2022 年 3 月

**图书在版编目（CIP）数据**

乡村振兴理论与实践研究：山西乡村发展新路径/
张文丽主编 . -- 北京：社会科学文献出版社，2022.4
　　ISBN 978 - 7 - 5201 - 9872 - 1

　　Ⅰ. ①乡⋯　Ⅱ. ①张⋯　Ⅲ. ①农村 - 社会主义建设 -
研究 - 山西　Ⅳ. ①F327.25

　　中国版本图书馆 CIP 数据核字（2022）第 042894 号

乡村振兴理论与实践研究
　　——山西乡村发展新路径

主　　编 / 张文丽

出 版 人 / 王利民
组稿编辑 / 任文武
责任编辑 / 王玉霞
责任印制 / 王京美

出　　版 / 社会科学文献出版社·城市和绿色发展分社（010）59367143
　　　　　　地址：北京市北三环中路甲 29 号院华龙大厦　邮编：100029
　　　　　　网址：www. ssap. com. cn
发　　行 / 社会科学文献出版社（010）59367028
印　　装 / 天津千鹤文化传播有限公司

规　　格 / 开　本：787mm × 1092mm　1/16
　　　　　　印　张：18.5　字　数：291 千字
版　　次 / 2022 年 4 月第 1 版　2022 年 4 月第 1 次印刷
书　　号 / ISBN 978 - 7 - 5201 - 9872 - 1
定　　价 / 98.00 元

读者服务电话：4008918866